MEDECINE DE L'ESPRIT;

Où l'on traite des Dispositions & des Causes Physiques qui, en conséquence de l'union de l'ame avec le corps, influent sur les opérations de l'esprit; & des moyens de maintenir ces opérations dans un bon état, ou de les corriger lorsqu'elles sont viciées.

Par ANTOINE LE CAMUS, Docteur-Régent de la Faculté de Médecine en l'Université de Paris.

TOME SECOND.

A PARIS,
Chez GANEAU, rue Saint-Severin, aux Armes de Dombes & à Saint Louis.

M. DCC. LIII.

Avec Approbation & Privilege du Roi.

MÉDECINE DE L'ESPRIT.

CHAPITRE VIII.

Du pouvoir de l'âge ſur l'eſprit.

LES changemens que l'âge apporte à nos eſprits, ſeroient-ils en proportion avec ceux qui arrivent à nos corps par la ſuite des temps ? Il y a tout lieu de le croire. L'un & l'autre ont leur enfance, leur adoleſcence, leur maturité & leur vieilleſſe. Il n'y a aucun âge qui ne produiſe des révolutions dans l'eſprit de l'homme : les idées de l'enfance ſe perdent dans celles de la jeuneſſe ; les unes & les autres prennent un autre tour dans l'âge viril jusqu'à ce que la vieilleſſe nous ramene enfin dans notre premier état.

De l'enfance & de la jeunesse.

Dans le premier âge nos corps foibles & délicats ne nous décelent qu'une nature totalement occupée de sa conservation & de son accroissement. L'ame peu agitée de passions, attend, pour ainsi dire, pour se manifester, que les instrumens qu'elle doit mettre en œuvre, ayent acquis un certain point de perfection. Le raisonnement ne paroît que par éclairs; ce n'est pas jugement, c'est plûtôt imprudence; & si la mémoire se présente, ce n'est que pour faire voir sa légereté & son infidelité. Bientôt le spectacle change: ce calme est suivi de la tempête la plus redoutable. Les passions se font sentir avec toute leur vivacité & ne veulent recevoir aucun frein. Les desirs troublent sans cesse la paix de l'ame. A peine la raison se reconnoît-elle, & toujours flotante dans les doutes, ou préoccupée des objets, souvent elle embrasse le plus mauvais parti. Mais le nuage se dissipe, le temps devient plus serein. L'esprit devenu plus tranquille, & enseigné par l'expérience, se replie sur luimême, & à l'aide de la réflexion, il ne craint plus de s'écarter du vrai chemin; il évite les écueils, & au travers de mille dangers il arrive au port qu'il cherchoit depuis long-temps.

Cet état de l'ame pendant la jeunesse & l'âge de consistance, auroit-il quelque analogie avec les états du corps pendant ces deux saisons de la vie ? La ressemblance n'est que trop exacte. Le sang bout dans les veines & n'est frustré d'aucun effet que doit produire son activité. Les solides jouissent du plus grand ressort dont ils soient capables : Par-tout ils le déployent avec la derniere vigueur ; par-tout l'énergie des fibres repond à la force des fluides qui viennent se heurter contre elles. Les maladies aigues dont les jeunes gens sont attaqués, sont une preuve de ce que nous avançons. Les hemorragies, la pleurésie, les fiévres ardentes & toutes les maladies inflammatoires, sont le triste partage de ce bel âge, & il est à remarquer que ces funestes affections font d'autant plus de progrès, & sont par conséquent d'autant plus à craindre, que les corps sont plus robustes & annoncent une santé plus parfaite & une vie plus longue.

De l'âge viril.

L'homme a-t-il atteint l'âge viril ? il est comme à l'abri des orages. Le corps parvenu à ce point de perfection auquel tendoit la nature, ne fait plus entrevoir ces intempéries si marquées de chaleur & de froid, ces vicissitudes de violence & de relâchement, d'apathie & de sensibilité extrême, de mouvemens trop lens & trop vifs. Tout est mésuré, tout tend à l'équilibre. La santé est rarement insultée par les maladies ; elle est à l'épreuve des choses non naturelles qui tendent à la faire sortir de ses retranchemens, Cette exemption de guerres intestines est tout-à-fait désirable & peut-être peu goûtée ; cependant on la sent mieux qu'on ne peut la décrire.

De la vieillesse

Que pouvons-nous ajouter aux tableaux ressemblans qu'on nous a présentés de la vieillesse ; c'est la derniere phase de l'esprit & du corps, qui ne tarderont pas à s'éclipser. Un essain de maladies chroniques accablent le dernier terme de la vie. L'asthme, les catares, les rhumatismes, la goûte, les flux de ventre, assiégent les vieillards. Toutes les fonctions s'exécutent avec lenteur ; chaque partie refuse tour à tour son service, les sens s'affoiblissent, la mémoire devient infidelle, la volonté est opiniâtre, la timidité & l'avarice sont les passions dominantes, le mépris des plaisirs, nous annoncent des organes qui par leur foiblesse & leur peu de délicatesse sont peu sensibles aux attraits de la volupté. Si au milieu de ce désordre l'on entrevoit encore un jugement sain, peut-être ne le doit-on qu'à une nature qui veut perir en héroïne assise sur ses propres ruines.

Exception. Jeunesse prématurée, & vieillesse tardive.

Nous n'ignorons pas que dans chaque âge on a vû des phenoménes qui sembloient ne pas suivre l'ordre naturel; mais cela ne dérange rien au systême général. C'est ainsi que l'on a vû *Hermogène* de Tarse Professeur de Rhetorique à quinze ans (*a*), Auteur à dix-huit, & oublier à vingt-quatre tout ce qu'il sçavoit. C'est de lui qu'*Antiochus* le Sophiste disoit qu'il avoit été vieillard en sa jeunesse & enfant dans sa vieillesse. Quel prodige que le jeune *Sylvius Antoniano* (b); quel étonnement n'ont pas excités *Pascal* (c), *Henry Heineckem* (d),

(a) *Baillet*, Enfans illustres.

(b) *Bayle*, Diction. *Antoniano*, *Strada*, *Prolus. Acad. lib.* 2. *Prolus.* 3.

(c) *Baillet*, *ibid.*

(*d*) Il naquit en 1721 à Lubec, & mourut avec toute sorte de talens en 1725. M. *Chrétien de Schoncick* Précepteur de ce merveilleux enfant, a écrit sa vie. M. *Behm* a aussi publié une brochure sur son sujet. M. *de Seelen* a parlé de lui

Julienne Morel (a) & plusieurs autres (*b*) que l'on doit plûtôt regarder comme ces feux passagers qu'on voit briller dans le Ciel pendant une nuit seraine, que comme ces astres resplendissans qui ne cesseront de fournir leur lumiere que lorsque le monde sera anéanti (*c*). Si nous passons à l'autre extrémité de la vie, on a vû des vieillards malgré le poids des années conserver toute la vigueur de leur esprit (d). *Platon* écrivoit encore à l'âge de quatre-vingt ans. *Isocrate* avoit quatre-vingt-quatorze ans quand il acheva son Oraison Panathénaïque, & il en avoit quatre-vingt-seize lorsqu'il écrivit

dans un article de l'Ouvrage intitulé *Selecta itineraria*. M. *Marchini* a expliqué les raisons naturelles de cette capacité prématurée. Mémoires de Trévoux, Janvier 1731. Mercure de France, Mai 1731.

(a) *Juliana Morella Barcinonensis virgo, duodecimo ætatis anno, Christi verò 1604, Latinæ, Græcæ & Hebraicæ utcunque perita, Lugduni-Galliarum Theses tùm Logicas, tùm Morales, à se tuendas in ædibus paternis proposuit, quas vidimus Margaritæ Austriæ Hispaniarum Reginæ inscriptas : ex biblioth. Andr. Schoti*, pag. 343.

(b) *Pasquier* décrit la science prodigieuse d'un jeune homme âgé seulement de 20 ans. *Recherches*, liv. 6. chap. 39, &c.

(c) *Volo esse in adolescente undè aliquid amputem. Non enim potest in eo esse succus diuturnus, quod nimis celeriter est maturitatem assecutum.* Cic. *de Orat. lib.* 2. *Observatum semper ferè est celerius occidere festinatam maturitatem.* Quintil. *Præm. lib.* 6.

(*d*) Cic. *de Senectute*, Valer. Maxim. *lib.* 8. *cap.* 7. Lucian. *de longæv.* Macrob. 7. Plin. 48. Ælian. 2.

celle qui se nomme Panégyrique. *Gorgias* & *Théophraste* malgré un siecle revolu, s'addonnoient encore à l'étude. *Varron* dit de lui-même au commenmencement du livre des occupations rustiques, qu'il a entrepris cet Ouvrage à quatre-vingt ans passés (a). *Sophocle* plus vieux que tous ces Auteurs, lorsqu'il composa sa Tragédie d'Œdipe en colone, étant appellé en Justice pour être interdit à cause de son grand âge, il employa pour toute défense le premier chœur de cette Tragédie, qu'il venoit d'achever. Il gagna sa cause & fut reconduit favorablement chez lui. Mais qu'avons-nous besoin d'aller chercher des modeles parmi les Anciens, nous avons de nos jours l'exemple de la vieillesse la plus estimable : l'immortel *Fontenelle*, plus que veteran sur le Parnasse, ceuille encore des lauriers dans le sacré vallon.

Comparaison de l'âge avec les climats.

Si nous rapprochons cette théorie de nos principes, nous ne trouverons pas une grande distance des âges aux climats. Un ciel froid & pluvieux, & sous lequel on ne se nourrit par

(a) *Annus octogesimus admonet me ut sarcinas colligam, antequam proficiscar è vitâ. De re rusticâ, lib. I. in init.*

conſéquent que d'alimens dénués de ſels & de ſouffres, ne peut-il pas entrer en paralelle avec la puberté. Une terre brûlée par les ardeurs du ſoleil, doit nous offrir des habitans ſemblables à ceux qui éprouvent la vivacité de la jeuneſſe. Un climat plus chaud que froid, plus ſec qu'humide, nous préſentera des peuples qui comparés avec les perſonnes d'un âge mur, ſeront égaux pour les qualités de l'eſprit. La vieilleſſe enfin dont nous avons annoncé la conſtitution froide & ſéche, reſſemblera aux habitans de ces contrées où ſouffle continuellement le vent du Nord.

Comparaiſon de l'âge avec les tempéramens.

Le parallele ſera encore plus exact ſi vous rapprochez les âges de chaque tempérament. En effet, auſſi-tôt que l'homme monte ſur le théâtre du monde, il paroît d'abord ſanguin, enſuite bilieux, de-là mélancholique, enfin pituiteux : véritables métamorphoſes que l'on ſubit pendant l'enfance, la jeuneſſe, l'âge viril & la vieilleſſe. Il eſt facile d'appercevoir que cette permutation de tempérament n'eſt pas une alternative avantageuſe pour les corps, puiſqu'ils paſſent d'une bonne à une moindre complexion. Au reſte il n'en eſt pas de même à l'égard de l'esprit; il semble que sa constitution devienne meilleure : car il paroît que l'âge amene avec lui le discernement, la sagesse & la prudence. On peut rendre raison de ce fait par le fait même de la vicissitude des tempéramens dans l'ordre que nous venons d'exposer. Ce que nous avançons ici, nous ne le disons que dans le général. Nous ne prétendons pas en faire une regle certaine & invariable. Un tempérament sanguin peut devenir pituiteux, ce qui fait une grande différence pour l'esprit. Il peut en arriver autant aux autres, & l'observation n'y est pas contraire.

Par un examen scrupuleux, mais qui seroit trop long, il seroit aisé de s'assurer que les âges ne changent pas toujours les tempéramens pour le fond : mais qu'ils ont un pouvoir surprenant pour en colorer la surface & en varier les aspects. Cependant si malgré la course rapide de l'âge, quelqu'un, content de son tempérament, vouloit en fixer l'instabilité, ou mécontent de sa condition en desiroit une plus parfaite, il y a des moyens pour atteindre à ce but : ces moyens sont ceux qui agissent immédiatement sur les tempéramens. Tels ſont les climats & le régime de vivre ; leſquels différemment ménagés, peuvent conſerver, perfectionner, changer nos conſtitutions. (*a*). C'eſt-à-dire, maintenir la nature de nos liqueurs, ou leur en conférer une nouvelle & modifier nos ſolides de telle ou telle façon. C'eſt ainſi qu'on peut imiter toutes les modalités de l'âge, puiſqu'elles ne conſiſtent que dans la maniere d'être de nos fluides & de nos ſolides. Donc on peut empêcher la dépravation des tempéramens ; donc on peut conſerver les tempéramens dans leur entier malgré la puiſſance deſtructive des temps ; donc on peut acquérir un nouveau tempérament.

Des principes établis dans ce Chapitre, il s'enſuit :

(*a*) Pluſieurs prétendent que le changement de tempérament eſt impoſſible. Sans doute qu'ils n'ont pas fait attention à ce qu'*Hippocrate*, homme dont toute la pratique eſt fondée ſur l'expérience, dit à la fin du livre *de morbo ſacro. Hoc igitur Medicum . . . noſſe convenit . . . ab eo enim quod eſt conſuetum viget & augetur, ab eo verò quod eſt inimicum extenuatur & retunditur. Quiſquis autem hujuſmodi mutationem in hominibus adhibere noverit, & per victûs rationem hominem humidum & ſiccum, calidum autem & frigidum reddere poterit, is ſanè hunc morbum citrà expiationes & artes magicas . . . ſi eorum quæ conferunt opportunitatem dignoſcat, curare poterit.* Je ſçai bien que ce changement eſt très-difficile ; mais je ſuis bien éloigné d'affirmer qu'il ſoit impoſſible.

COROLLAIRE I.

Que l'âge a un pouvoir ſurprenant pour varier les caracteres & les génies.

COROLLAIRE II.

Que cette variation doit ſon origine au changement de tempérament.

COROLLAIRE III.

Que l'âge malgré ſa tyrannie ne change pas toujours les tempéramens pour le fond. Ce qui n'eſt dû qu'à des cauſes Phyſiques.

COROLLAIRE IV.

Que ces cauſes Phyſiques bien ménagées peuvent altérer, retarder ou fixer les effets de l'âge.

COROLLAIRE V.

Que ces cauſes Phyſiques operent immédiatement ſur les tempéramens, ce qui leur donnent un rapport de cauſalité avec l'âge.

COROLLAIRE VI.

Que l'âge par ce moyen devient une maniere Phyſique & méchanique d'acquérir de l'eſprit & de rémédier à ses défauts. C'est ainsi que nous pouvons tirer les avantages les plus considérables de nos plus grands ennemis.

CHAPITRE IX.

Du pouvoir de la Santé & des Maladies sur l'esprit.

Prix de la santé & ses especes.

LA Santé est un de ces états de la vie, qui sont également distribués aux pauvres comme aux riches. Le Berger & le Monarque peuvent se porter également bien. A quoi servent les richesses ? sinon à nous rendre quelquefois sujets à un plus grand nombre d'infirmités. A quoi servent les honneurs sans la Santé ? sinon à envier le corps rustique de ce Laboureur qui souffre les injures de toutes les saisons sans en être incommodé. A quoi sert la puissance ? sinon à nous inquiéter davantage du bien être des autres, que du nôtre même. Il n'y a donc pas de bien au-dessus de la Santé. C'est un trésor bien précieux : mais hélas ! on n'en connoît jamais mieux le prix que lorsqu'on en est privé ; & souvent on le dissipe comme s'il étoit toujours en notre pouvoir de le recouvrer ſans perte.

Il y a différentes eſpeces de Santé. Elle peut être foible, délicate, chancelante, robuſte, parfaite. Il y a différens degrés dans la Santé. Depuis ce foible moment de la convaleſcence, juſqu'à cette force athlétique qui touche de ſi près à la maladie, on peut compter divers intervalles. Il y a une ſorte de Santé affectée à chaque tempérament : de ſorte que peut-être l'état ſain d'une certaine conſtitution ſeroit une maladie réelle pour une autre. Cette Santé particuliere a été appellée par les Grecs *Idioſyncraſie*. Dans tous les cas poſſibles cette *Idioſyncraſie* dépend de l'action & de la réaction libre des fluides & des ſolides, & c'eſt d'elle que dépendent le caractere & le génie ſpécifique de chaque tempérament. Nous avons ſuffiſamment détaillé précédemment en parlant des diverſes conſtitutions des corps, toutes les cauſes qui modifioient différemment les actes de l'entendement & de la volonté ; il ne nous reſte plus qu'à comparer l'état ſain de toutes ces conſtitutions avec leurs mauvaiſes diſpoſitions & à faire voir dans l'un & l'autre cas la part qu'y prennent les eſprits.

Liberté des fonctions animales pendant le tems de la santé.

Supposer l'action & la réaction libre des fluides & des solides, c'est supposer en même-temps la liberté de toutes les fonctions, & par conséquent l'exécution libre des fonctions animales. On peut donc dire en général que c'est pendant le temps que les corps jouissent de la meilleure Santé que les esprits ont plus de force & plus de vigueur.

De l'embonpoint. Que la maigreur est plus avantageuse pour l'esprit.

Qu'on ne croie pas, comme plusieurs pourroient se l'imaginer, que par une bonne Santé nous entendions cette corpulence, cette graisse, cette habitude fleurie du corps, qui, si elles n'annoncent pas toujours un état sain, en sont du moins un heureux présage. Cet embonpoint n'est pas essentiel à chaque *Idiosyncrasie*. Il se trouve des constitutions qui ont la maigreur en partage & dans lesquelles la Santé est plus ferme que dans celles où l'on voit de ces corps bien nourris & pleins de sucs. Cet embonpoint n'est pas non plus avantageux pour l'esprit, & il étoit passé en proverbe chez les Grecs qu'un gros ventre ne pouvoit pas procurer un esprit délié. Ceux-là, dit *Pline* (a), qui ont le ventre chargé de graisse, ont moins de vivacité d'es-

(a) *Hist. nat. lib.* 11. *cap.* 37.

prit. Cependant *Anaximenes* le Rhéteur avoit le ventre ſi gros, que *Diogene* le prioit de lui en donner une partie; d'autant plus, lui diſoit-il, que vous ſerez déchargé d'un fardeau & que ce que vous me donnerez ne me ſera pas à charge (*a*). Sans doute que par ſes veilles, ſes travaux, ſon régime de vivre *Anaximenes* entretenoit les fibres de ſon cerveau dans un certain état de mobilité qu'elles pouvoient perdre par l'abondance d'une l'ymphe trop nourriſſiere & trop onctueuſe. *Platon* étoit auſſi fort replet : mais il choiſit exprès l'Académie, lieu le plus mal-ſain qu'il y eut à Athènes, pour y demeurer avec ſes diſciples, par cette même raiſon que ce lieu étoit mal-ſain & que le trop d'embonpoint du corps étoit comme ce ſuperflu de la vigne qu'il faut couper (*b*). Ces exemples particuliers ne nous empêcheront donc pas de conclure avec *Hippocrate* que les hommes gras ſont inhabiles aux Sciences, & qu'il eſt bon d'être maigre pour acquérir de la prudence & de l'adreſſe. Pourrions-nous ici ſans craindre la critique, juſtifier les ſoup-

(*a*) Diog. Laert. *lib.* 6. *in vitâ* Diogenis.
(b) *Vid.* Platonis *vitam*, *auctore* Marſilio Ficino.

çons de *César*, ce Capitaine aussi vaillant qu'éclairé. Il craignoit *Brutus* & *Cassius* qui étoient extrêmement maigres, & qui furent en effet ses assassins; tandis qu'il se méfioit peu d'*Antoine* & de *Dolabella* qui avoient beaucoup d'embonpoint.

Exceptions. Santé robuste quelquefois peu avantageuse à l'esprit.

Si dans ce que nous venons de dire en général sur la Santé & sur son pouvoir sur l'esprit, on entrevoit déja les apparences de contradictions avec nous-mêmes, ce qui suit confirmeroit davantage les doutes. Un pareil préjugé enleveroit bientôt toute la confiance que pourroit mériter notre doctrine. Il faut donc entendre avec quelque restriction ce que nous venons de dire & ne point trop généraliser ce qui ne doit être que particulier. On peut jouir de la meilleure Santé & avoir l'esprit faux; parce que, sans qu'il arrive aucun dérangement dans l'économie animale, quelques fibres du cerveau peuvent être ou trop lâches, ou trop roides. C'est ainsi qu'on peut exister & vivre en fort bonne Santé, quoiqu'on ait un visage fort laid & un œil de travers. Rarement voit-on que ceux qui sont naturellement stupides, soient foibles & délicats. Les fous sont moins sujets à la fiévre &

aux

aux autres maladies que le reste des hommes, quoiqu'on les expose à mille infirmités par la façon dure & presque inhumaine dont on les traite. Les hommes d'un esprit borné se portent mieux & vivent plus long-temps que les personnes les plus spirituelles. Il y a une compensation de biens & de maux dans cet univers.

Santé foible souvent avantageuse à l'esprit & même certaines maladies. Exemples.

D'un autre côté on peut être foible & infirme & avoir un esprit supérieur : ce qui ne seroit pas arrivé si l'on eût joui de toute la force de son tempérament. Parce qu'alors les fibres d'un cerveau trop humide se trouvent desséchées par la chaleur de la fiévre. Le liquide nerveux trop lent & trop grossier, est mis en mouvement & broyé par la rapidité de la circulation. Quelquefois l'ame acquert d'autant plus de force, que le corps est plus près de sa destruction. On observe tous les jours que les enfans qui sont rachitiques ont cela de particulier, qu'ils ont l'esprit plus mur à cinq ans que les autres à quinze (*a*). On remarque encore dans les phtisiques plus de pénétration & une sage raison, qui n'est pas ordinaire à leur âge (*b*).

(a) Traité des Maladies par M. *Helvetius*, pag. 306.
(b) *Boerhaave* Aphorism. 1198.

Vous voyez encore ces enfans qui à peine sortis du sein de la terre, vont y rentrer : quoique l'usage ne leur ait pas encore appris à juger exactement des choses, vous les entendez cependant raisonner avec un bon sens, qui est presque toujours le fruit de l'étude & de l'expérience. Ils ne seroient pas sans doute aussi éclairés, si leur état de langueur ne mettoit leurs organes dans un degré compétent de sensibilité. Consultez ces personnes qui par devoir ou par piété, vont recueillir les derniers soupirs de ceux qui vont descendre dans le tombeau ; elles vous diront toutes (& leur témoignage est respectable) que souvent elles ont vû des hommes qui, pendant le cours de leur vie, avoient paru de foibles génies, & n'avoient jamais donné de marques de sentimens nobles & élevés, montrer la plus haute grandeur d'ame, tenir les discours les plus pathétiques & tirer des assistans des larmes qui étoient moins le fruit de la tristesse & du regret, que des mouvemens qu'excitoient dans le cœur une certaine assurance dans une situation terrible & au milieu des douleurs les plus aigues, une expression vive, frappante & naturelle, & l'éloquence d'orateurs aussi sinceres & aussi persuasifs. On pourroit justement comparer alors ces hommes aux Cignes du Caïstre, ou du Meandre, qui chantent beaucoup plus agréablement lorsqu'ils sont prêts de mourir (*a*).

Ouvrons les Annales de la Médecine & nous y trouverons mille exemples frappans de cette puissance étonnante des maladies sur l'esprit. *Olaus Borrichius* raconte qu'un jeune homme (*b*) d'un esprit lourd & qui n'avoit pu profiter des doctes leçons d'un Précepteur qui avoit déja fait germer les sciences dans le sein d'un de ses freres, fut attaqué d'une fiévre maligne. Le troisiéme jour sans aucune appa-

(a) *Ciceron* compare l'admirable Discours que fit *Crassus* dans le Sénat peu de jours avant sa mort à la voix mélodieuse d'un Cigne mourant. *Illa tanquam Cycnea fuit divini hominis vox & oratio. lib. 3. de Orat. n. 6.* Et *Socrate* disoit que les gens de bien devoient imiter les Cignes, qui, par un instinct secret & une espece de divination, sentant l'avantage qui se trouve dans la mort, meurent en chantant *Providentes quid in morte boni sit cum cantu & voluptate moriuntur. lib. 1. Tuscul. quæst. n. 73. Vide etiam* Platonem *in Phædone circà medium.*

Ce sera là que ma lire
Faisant son dernier effort
Entreprendra de mieux dire
Qu'un Cigne près de sa mort.

Poësies de Malherbe liv. 2. Ode à *Henry* le Grand.

(b) *Th. Bartholini* act. Hafniensia vol. V. pag. 162.

rence de délire, il raisonnoit sur le mépris de la mort, sur la fragilité de la vie, sur le néant des choses périssables de ce monde, avec tant de bon sens, qu'on l'auroit pris pour un descendant de *Seneque*.

Jourdain Guibelet rapporte une histoire fort singuliere d'une Demoiselle qu'il traitoit de suffocations hystériques (*a*). Dans ses accès qui duroient ordinairement plus de vingt-quatre heures sans aucune apparence de mouvement ni de sentiment, quoique la langue ou les autres parties qui servent à la formation de la voix ne fussent point empêchées, elle discouroit avec tant de jugement & de délicatesse d'esprit, qu'il sembloit que sa maladie lui donnât de l'entendement, & lui fut beaucoup plus libérale que la Santé. On n'a jamais vû raisonner avec tant d'art & discourir avec tant de facilité. On pourroit dire, ajoute notre Auteur, que le corps étant comme mort pendant la violence de ce mal, l'ame se retiroit chez elle & jouissoit de tous ses privileges. Les conceptions de l'ame doivent être d'autant plus nettes & plus relevées,

(*a*) Examen de l'Examen des esprits, chap. 20, pag. 358.

qu'elle eſt plus débarraſſée des liens du corps & de la matiere.

Après ces obſervations, il eſt facile de comprendre que ſouvent les facultés intellectuelles s'affoibliſſent par la force du corps, & que ſouvent elles acquérent plus de vigueur par la foibleſſe du corps. De-là vient que ceux qui ont la chair dure, ont l'eſprit dur ordinairement ; & que ceux qui l'ont délicate, ont auſſi l'eſprit délicat. On a pu remarquer que les hommes les plus ſçavans & doués du plus beau génie étoient d'une conſtitution foible & étoient ſouvent infirmes. C'eſt ce que nous apprend l'hiſtoire au ſujet d'*Ariſtote*, de *Pyrrhon*, de *Carneades*, de *Chryſippe*, de *Plotin* & de pluſieurs autres anciens Philoſophes. Saint *Baſile*, juſtement ſurnommé le Grand, étoit continuellement malade. *Eraſme* & *Paſcal* étoient preſque toujours valétudinaires. Mais il eſt inutile de citer ici de nouveaux exemples, ils ne doivent être allégués que pour des choſes rares, ou douteuſes.

Des conſtitutions vicieuſes des corps.

Il eſt des conſtitutions vicieuſes des corps, ſans leſquels les ames qui les habitent n'auroient jamais été ce qu'elles ont paru. *Eſope*, *Ageſilaus*, *Hypponax*, *Socrate* n'auroient peut-être pas été de si grands hommes ; s'ils eussent été mieux conformés. Ce n'est pas sans raison qu'on accorde plus d'esprit aux bossus qu'à des personnes beaucoup mieux faites. Ils ont la tête enfoncée dans les épaules, le cerveau est plus près du cœur, le sang y monte avec plus de force & de vîtesse. Ces différences doivent nécessairement changer les qualités de l'esprit. Ajoutez à cela que les bossus peuvent entrer dans la classe des valétudinaires. Leurs poulmons se trouvent gênés par la mauvaise conformation de la poitrine, la respiration est difficile, la distribution du sang est inégale ; ce qui dérange toute la suite des fonctions vitales & naturelles.

De la grandeur & de la petitesse de la taille.

Nous ne nous imaginons pas que la grandeur ou la petitesse de la taille donnent des différences essentielles à l'esprit. Au moins nous n'en voyons pas les rapports Physiques. D'un côté *Homere* donne un petit corps à *Ulysse*, qui étoit un homme fin & rusé. *Alexandre*, le plus grand de tous les Conquérans, étoit de petite stature. *Chrysippe*, grand Philosophe, étoit de la petite taille. *Pierre Pomponace*, un des plus célébres Péripatéticiens du seiziéme siécle, étoit si petit, qu'il tenoit plûtôt du nain que d'un homme ordinaire. *Voiture* disoit que c'étoit dans les plus petites boëtes qu'on mettoit les meilleures essences. Par cette maniere fine & détournée il excusoit sa taille & élevoit son esprit. De l'autre côté *Juvenal*, le Pape *Leon X. Jules Scaliger* ont été de grands hommes de corps & d'esprit. Et l'on a vû des héros & des gens distingués dans tous les états, soit qu'ils fussent de moyenne taille, soit qu'ils fussent fort grands. Toutes choses nous paroissent égales de chaque côté. On peut être bien conformé dans chacun de ces états & jouir d'une parfaite Santé. Il est donc certain que l'homme de quelque stature qu'il soit, peut avoir des talens & devenir sçavant.

Que la tête doit être bien conformée.

Au reste dans chacun de ces états, nous supposons la tête bien conformée. C'est le magasin où l'ame trouve les instrumens pour exercer ses facultés. Nous condamnons avec les autres Naturalistes, les têtes trop pointues, trop rondes & serrées vers les tempes. Elles supposent un trop grand rétrécissement des ventricules du cerveau. Il y a déja long-temps que les têtes trop grosses sont décriées & qu'il est passé en proverbe que les grosses têtes n'ont pas d'esprit. On voit à Marseille dans le Couvent de l'Observance la tête d'un nommé *Borduni*, laquelle est d'une grosseur prodigieuse. Cet homme, qui vivoit au commencement de ce siécle, n'avoit que quatre pieds de haut & sa tête faisoit le quart de cette hauteur & avoit trois pieds de circonférence. Il avoit si peu d'esprit, que lorsqu'on vouloit parler d'un homme qui n'a pas de bon sens, on disoit *il a l'esprit de Borduni* (a). On voyoit encore cette année à Paris un certain *Gerard Vavveick* Hollandois, âgé de trente-six ans, haut de deux pieds trois pouces. La grosseur de sa tête faisoit la longueur de son corps. Cet homme avoit très-peu d'imagination & de jugement.

Un pareil accroissement de la tête qui se fait toujours aux dépens des autres parties du corps, annonce que toute la nourriture se portant au cerveau, cette masse moelleuse s'est gonflée, que ses vaisseaux lymphatiques se sont dilatés & que ses fibres sont devenues plus grosses. Quoique cet organe soit plus ample, il ne s'en sépare pas pour cela une plus grande

(a) Voyages historiques de l'Europe, tom. I. pag. 32.

quantité

quantité d'esprits animaux. C'est un crible au travers duquel la lymphe passe sans avoir été suffisamment travaillée & sans avoir acquis ce degré d'affinement nécessaire pour devenir un fluide animal d'une bonne qualité. Si cependant par le concours de plusieurs causes Physiques la chose arrivoit, les hommes qui se trouveroient dans le cas de cette exception, jouiroient des mêmes privileges que ceux qui ont la tête bien conformée. Ces cas sont rares, il est vrai : mais ils ne sont pas sans exemples. *Periclès*, homme sage & sçavant dans le maniement des affaires, avoit la tête fort grosse & si mal faite, qu'il donnoit occasion à ses ennemis de s'en mocquer. Quoique *saint Thomas d'Aquin* eut la tête fort grosse, il avoit l'esprit si sublime & si divin, qu'il fut nommé l'Aigle & l'Ange de l'Ecole.

De toutes ces réflexions concluons donc avec *Epicure*, que toute habitude du corps n'est pas propre à faire un homme sage, ou un homme d'esprit (*a*). C'est ainsi qu'autrefois on ne pouvoit pas faire de tout bois la statue de *Mercure*. Concluons encore que dans certains tempéramens la Santé n'est

(*a*) Diog. Laert. *lib. X. in vitâ* Epicuri.

pas toujours le mode des corps le plus avantageux pour l'eſprit ; que ſouvent il faut des mouvemens extraordinaires pour mettre en jeu des organes trop lâches ou trop groſſiers. La fiévre eſt à ces conſtitutions, ce qu'eſt un mouvement de colere dans les phlegmatiques, elle les anime, les échauffe & leur fait étendre les limites de leur imagination. On pourroit encore la comparer à cette fiévre, qui, levant les obſtacles qui ſe trouvent dans le cerveau, diſſipe une attaque d'apoplexie & rend l'ame maîtreſſe de tous ſes droits.

Maladies qui empêchent l'exercice des fonctions animales.

Mais, hélas ! s'il eſt quelques maladies qui donnent quelques avantages à l'eſprit, il en eſt un plus grand nombre qui l'oppriment & lui font ſubir la plus dure ſervitude. Qu'eſt devenu l'empire de l'ame dans l'apoplexie, dans la catalepſie, dans l'épilepſie, dans la manie & dans toutes les affections ſoporeuſes du cerveau ? Il ne reſte aucunes traces de ſa liberté, & l'homme n'eſt tout-au-plus dans ces momens que cette belle machine dont les reſſorts rouillés retardent les mouvemens, & dont le balancier trop péſant empêche l'action. Mais perſonne ne doute que ces triſtes

& funeſtes maladies ne portent une terrible atteinte à la plus noble partie de nous-mêmes, & que quand bien même nos complexions ſeroient aſſez robuſtes, ou les remedes aſſez puiſſans pour repouſſer & terraſſer des ennemis auſſi redoutables, nos ames ſortent toujours fatiguées du combat, & perdent toujours quelque peu de leur vivacité & de leur éclat. C'eſt pourquoi nous n'entrerons ici dans aucun détail, & nous renvoyons aux Traités Pathologiques de nos *Hippocrates*, où l'on trouvera les cauſes, les ſignes diagnoſtiques, l'explication Phyſique des ſymptômes & la cure raiſonnée de ces cruelles maladies. Il nous ſuffiſoit de faire remarquer ici que ſi nos eſprits acquéroient quelques qualités par certaines indiſpoſitions des corps, ils en perdoient auſſi, & quelquefois toutes leurs facultés par les attaques d'autres maladies longues & opiniâtres. Tant il eſt vrai que l'ame ſuit tous les penchans du corps, & que peut-être la tête garnie ou dégarnie de ſes cheveux donne des différences eſſentielles à la ſubſtance ſpirituelle qui l'anime.

En reſumant en peu de mots tout ce que nous venons de dire, voici les Corollaires les plus importans qu'on en peut tirer.

COROLLAIRE I.

En général la ſanté eſt l'état de nos corps le plus propre pour l'exercice des fonctions animales.

COROLLAIRE II.

Il y a des eſpeces d'*Idioſyncraſies* qui ſont exceptées de cette regle générale.

COROLLAIRE III.

L'embonpoint eſt ſouvent nuiſible à l'exercice des fonctions animales ; tandis que la maigreur rend l'ame plus agile, plus adroite & plus pré‑ ante.

COROLLAIRE IV.

C'eſt ainſi que la foibleſſe des corps eſt préférable à leur force, lorſqu'il s'agit de s'addonner aux ſciences & aux belles lettres, les eſprits en ſont plus libres & plus ſubtils.

COROLLAIRE V.

Un grand nombre des maladies qui attaquent le cerveau oppriment l'imagination, renverſent le raiſonnement, le jugement & la mémoire, détruisent même quelquefois le sentiment; mais aussi il se trouve certaines infirmités qui font rentrer l'ame dans tous ses droits & lui donnent plus de force & d'activité.

COROLLAIRE VI.

De même qu'il y a certaines constitutions vicieuses des corps qui alterent la beauté de l'ame, il y en a aussi qui lui fournissent plus de moyens de paroître tout ce qu'elle est; mais dans ces cas la tête doit être bien conformée.

CONCLUSION
de ce second Livre.

Conséquences de tout ce que nous venons de dire pour la Médecine, le Médecin & le genre de vie qu'on embrasse.

NOUS avons, à ce que nous pensons, suffisamment prouvé la puissance des climats, de l'éducation tant morale que Physique, du regime de vivre, des températamens, des saisons, &c. sur l'esprit. En developpant la maniere d'agir de toutes ces causes, nous avons vû en même-temps combien elles contribuoient à la diversité des génies, des carecteres, des vertus, des vices, des passions & des mœurs. C'est sur ces principes que nous établissons le pouvoir de la Médecine sur les ames, & le pouvoir du Médecin pour regler les penchans & les fonctions animales des hommes. On pourroit ajouter de plus, que ce seroit sur l'examen & les rapports de toutes ces causes qui forment les inclinations & la maniere de penser de tous les hommes, qu'on devroit les soumettre comme d'eux-mêmes à de certaines loix, les ranger à un certain genre de vie selon leur force & leur humeur; en un mot, fonder sur ces importantes vérités le choix & le bonheur des états. Cette carriere est immense & épineuse à parcourir, & ces conséquences quoique liées à notre sujet, sortent du plan que nous nous sommes proposés. Ainsi contens de connoître cette admirable union qui regne entre l'homme & toute la nature, nous excitons les autres à monter sur un théatre où les rôles qu'on doit jouer sont de difficile exécution & de longue haleine, mais qui sont en même temps dignes de la curiosité des sages. Sans étendre donc notre Ouvrage au-delà de ses bornes, nous ne parlerons que de ce qui regarde l'esprit, & de tous les divers sujets que nous venons de traiter dans ce second Livre, nous en deduirons les moyens Physiques & méchaniques de rectifier les défauts de l'esprit, d'en augmenter la mesure & d'en conserver les bonnes qualités. C'est pourquoi il faut avoir les principes que nous venons de poser bien présens à la mémoire, afin de comprendre ce que nous dirons dans le Livre suivant, & de voir la connexion de ces mêmes principes. Voici donc en peu de mots nos conclusions.

I. Nous héritons des vices & des vertus de nos peres, & par consé- *Les vices & les vertus des parens se* communiquent aux enfans.

quent de leur esprit & de leurs mœurs. C'est un problême que propose l'expérience & que resout la raison. Mais nous ne pouvons par nous-mêmes atteindre à cette source vivifique, qui saine & pure, nous donne le germe de la sagesse & de la prudence, ou qui troublée & empoisonnée, transmet soit le feu primitif des folles passions, soit le principe de l'ignorance & de la stupidité. C'est donc aux parens qui desirent avoir une lignée spirituelle & vertueuse, à faire attention a la qualité & à la quantité de leurs humeurs. Les peres doivent avoir un sang bien temperé & abondant en parties spiritueuses, non pas de celles que lui fournissent le vin ou toute autre liqueur fermentée, qui sont plûtôt un aiguillon qui porte à l'incontinence, que ce mouvement naturel qui excite à se perpétuer dans son espece: mais de celles qui resultant d'une bonne nourriture, sont comme un baume qui échauffe, ranime les organes & fait sentir un nouvel être à celui qui se prépare à donner la vie à un nouveau germe. Les meres doivent avoir ces égards non seulement avant de se livrer aux transports de leurs époux, & pendant qu'elles jouissent de leurs tendres embraſſemens ; mais encore après la conception. La formation de l'homme eſt le plus grand ouvrage de la nature : pourquoi n'en livreroit-on la conduite qu'au plaiſir & jamais à la raiſon ? Qu'elles uſent donc ſur-tout d'un bon regime de vivre pendant le temps de leur groſſeſſe ; qu'elles ſe livrent peu à ces paſſions vives qui alterent la conſtitution de leur ſang ; qu'elles prennent garde de donner une mauvaiſe conformation à l'enfant, ſoit par imprudence, ſoit par le ſot orgueil de conſerver la fineſſe de leurs tailles ; qu'elles ſongent enfin qu'elles nourriſſent un innocent qui portera l'empreinte des fautes d'une mere coupable, & qui l'accuſera juſtement de ſa negligence ou de ſa vanité.

Le ſexe différencie les eſprits.

II. C'eſt à leur premiere conſtitution organique que les femmes ſont redevables de ce naturel plus doux, plus gai & plus enjoué que celui des hommes. Elles ſont plus vives, plus badines, plus volages que les hommes : leur imagination eſt plus riante & plus gracieuſe ; mais leur jugement eſt moins ſolide. Les hommes ont la gravité & même la ſévérité en partage ; ce n'eſt que par le commerce avec les femmes qu'ils perdent cette rudesse dans la société, & qu'ils acquérent cette politesse des mœurs qui se manifeste dans tous leurs travaux; de même que les femmes par l'habitude qu'elles ont avec un certain cercle d'hommes éclairés, approchent insensiblement du génie des hommes & perdent peu-à-peu ce goût qu'elles avoient pour le futile & le clinquant. C'est-là un des principaux nœuds qu'a formé la Providence dans la chaisne qui doit lier les hommes avec les femmes.

Les climats trop chauds ou trop froids sont peu favorables pour l'esprit.

III. Les climats ou trop chauds ou trop froids, sont peu favorables aux organes destinés à l'exécution des fonctions animales. Les premiers consument le suc nerveux en le volatilisant trop, & desséchent les fibres par le mouvement trop acceleré d'un sang échauffé & presque brûlé. Les derniers rendent les esprits animaux trop massifs en les coagulant, & les fibres trop roides en les tendant ou les nourrissant trop. C'est pour cette raison que dans les pays chauds les hommes ont plus d'esprit que de courage, & que dans les pays froids les hommes ont plus de courage que d'esprit.

Les climats temperés sont les plus propres pour modifier avantageusement les esprits. Les uns, tels que les plus chauds parmi les temperés, disposent à la vivacité; les autres, tels que les plus froids dans cette zone temperée, insinuent la force. Ceux qui tiennent le milieu entre ces deux especes, donnent naissance à la politesse. Nous avons donné les raisons de ces différences, & c'est de-là que nous avons conclu le pouvoir autentique, universel & immuable des climats sur les esprits, les caracteres, les coutumes & les mœurs. C'est de-là que nous tirerons aussi cette facilité d'acquérir tel ou tel génie par la puissance qu'on a d'habiter sous un tel climat plûtôt que sous un autre.

Les climats tempérés sont les plus avantageux.

IV. Mais tandis qu'au-dessus du même climat le soleil parcourt les douze signes du Zodiaque, l'année se trouve divisée en quatre saisons, à la puissance desquelles les esprits de telle nature qu'ils soient, ne peuvent échapper. Lorsque les Zéphires annoncent le printemps, l'imagination est plus féconde & plus brillante, & le sentiment plus vif & plus voluptueux. Pendant l'été, l'imagination quoique vive & agréable, n'est pas

Les saisons influent beaucoup sur les esprits.

cependant aussi soutenue que dans le printems. On amasse un si grand nombre d'idées pendant ces deux premieres saisons, que presque toujours dans les plus belles heures de l'automne, on raisonne davantage & avec plus de facilité. Dans ces tristes jours de l'hyver où l'imagination est rallentie & plus froide, le jugement acquére de nouvelles forces, & nous fait appercevoir les conséquences certaines de chaque chose. Le mois d'Avril est fait pour les Poëtes, & le mois de Décembre est fait pour les Philosophes.

Avantages que l'on retire de la bonne éducation morale.

V. Toutes ces causes qui forment la base de notre caractere, peuvent être retardées, ou empêchées dans leurs effets par la puissance de l'éducation. Ainsi joignons autant qu'il sera possible, une bonne éducation spirituelle à une bonne éducation corporelle. Un homme sans éducation ressemble à cet homme nud qui peut avoir, il est vrai, un beau corps; mais s'il a des défauts, ils sont bientôt apperçus, & frappent la vûe d'une façon désagréable. Celui qui est bien éduqué, ressemble à cet homme qui est habillé. Il joint les charmes de la parure aux graces de son corps, & souvent les habits cachent bien des défauts. Ce qui exige toujours la main adroite d'un habile tailleur, de même que la bonne éducation morale exige tous les soins d'un sage précepteur. Nous n'avons donc pas prétendu renverser le pouvoir des préceptes pour donner tout à la nature. Nous soutenons seulement que lorsque la doctrine est jointe à la vigueur naturelle de l'esprit, elle pousse encore plus avant ses racines & étend plus loin ses branches. Une heureuse éducation augmente & fortifie le courage, & pour peu qu'elle vienne à manquer, les ames les mieux nées, sont sujettes à se deshonorer par des fautes irréparables.

En effet sans décrire ici tous les avantages réels qu'on peut retirer d'une bonne éducation, qu'on en juge par ceux qu'on reçoit de la lecture, qui est une de ses parties. Par son moyen des richesses immenses qui étoient dispersées nous deviennent propres. Elle fait de nous pour ainsi dire, des hommes nouveaux. Ici les Philosophes nous dévoilent l'univers entier, nous délivrent du joug des préjugés & de l'erreur, nous ouvrent les sentiers les plus droits de la morale, & nous montrent l'étoile qui doit y diriger nos pas. Là les historiens nous découvrent l'inconſtance des choſes humaines, nous font voir la vertu recompenſée & le vice puni; d'autres fois la vertu gémiſſante dans les fers & le crime ſur le trône. Ils nous donnent des modeles à imiter, des exemples à fuir, des préceptes à pratiquer. Enfin ils nous éclairciſſent mille faits importans ſur leſquels nous nous ſerions toujours trompés. Ici les orateurs nous font pénétrer les replis du cœur humain, nous indiquent les routes par leſquelles il faut marcher pour le toucher, nous revelent le ſecret d'inſtruire ſans ennui, de plaire ſans flaterie, de ſe défendre ſans animoſité, de déployer ſes armes avec efficacité, d'attaquer, de bleſſer & de remporter la victoire. Là les Poëtes nous découvrent les reſſorts qui mettent en jeu les paſſions humaines, remuent toutes les puiſſances de l'ame, & nous enlevent par la beauté de l'expreſſion, la cadance & l'harmonie du ſtyle.

C'eſt ſur des motifs auſſi puiſſans que nous concluons que l'éducation morale eſt abſolument néceſſaire pour nous rendre vraiment ſpirituels. Ce n'eſt pas auſſi ſur des motifs moins puiſſans que nous concluons en même temps que ceux ſur leſquels l'éducation morale ne fait aucune impreſſion, doivent avoir recours aux puiſſances qui opérent directement ſur le fond de l'eſprit, afin d'acquérir des diſpoſitions propres à profiter d'une bonne éducation morale, qui, quoique méchanique par la façon dont elle ſe communique, n'agit pas cependant directement ſur les cauſes qui conſtituent eſſentiellement la différence des eſprits.

Avantages qu'on retire de la bonne éducation corporelle.

A l'égard de l'éducation corporelle, il eſt certain que les enfans nourris par leurs propres meres, doivent être plus ſpirituels que ceux qui ſont confiés aux ſoins d'autres femmes. Motif bien puiſſant pour engager les meres à nourrir elles-mêmes leurs enfans. Quant à l'uſage des choſes non naturelles, qui concerne l'éducation corporelle, nous en avons parlé lorſque nous avons traité du régime de vivre. C'eſt pourquoi les conſéquences que nous tirerons ſur cet article, pourront encore ſe rapporrer ici.

Quels ſont les tempéramens les plus avantageux pour l'eſprit.

VI De même que la force des corps ou la pente qui les diſpoſe à telles affections dépendent des tempéramens, de même auſſi la vigueur où les inclinations des esprits reconnoissent pour principe ces mêmes tempéramens. C'est une conséquence nécessaire des prémisses que nous avons déja posées. Parmi les tempéramens simples le chaud est préférable au sec ; vient ensuite le froid, & le dernier de tous est le tempérament humide. Parmi les tempéramens composés, le mélancholique obtient la palme, le bilieux est un des premiers disputans, & le phlegmatique suit le sanguin. On doit entendre ce que nous disons ici dans le vrai sens de cet Ouvrage ; c'est-à-dire que l'on fait ici abstraction de tous les autres rapports, pour n'avoir égard qu'aux relations qu'ont les tempéramens à l'esprit : car nous n'ignorons pas que le tempérament sanguin est le meilleur pour la santé, & qu'il faudroit suivre tout un autre ordre si nous faisions attention à cette maniere d'être de nos corps.

Quel genre d'occupations est le plus propre pour chaque tempérament.

Par les diverses couleurs avec lesquelles nous avons représenté les différens genres d'esprit de chaque tempérament, on pourra juger à quelles occupations seront propres les personnes qui les possedent. Celles qui ont un tempérament chaud ou sec, peuvent s'addonner aux sciences & y esperer

esperer un certain succès. Celles qui sont d'un tempérament froid ou humide, doivent différer de se mettre à l'étude jusqu'à ce qu'elles ayent corrigé leur mauvaise complexion. Les mélancholiques ne doivent pas négliger leurs heureuses dispositions. Par leur jugement exact, par leur patience & leur assiduité au travail, ils réussiront dans les Sciences les plus profondes, telles que les Mathématiques, la Philosophie, le Droit, la Médecine, la Métaphysique & la Théologie. Nous reservons les bilieux pour être Historiens, à cause que les faits interressans font beaucoup d'impression sur eux, & qu'ils doivent par conséquent mieux les retenir & en parler mieux que d'autres. Ils pourront encore se distinguer dans le Barreau ou dans la Chaire par rapport à cette admirable subtilité qu'ils ont à saisir les choses, à les éclaircir & à les ranger à leurs places. Les sanguins ayant l'imagination assez vive & la mémoire heureuse, ils pourront faire de grands progrès dans les Belles-Lettres, dans l'Architecture, dans la Géographie, dans la Chymie, &c. Nous ne voyons pas à quoi l'on puisse employer les phlegmatiques. : ils ont une complexion si ingrate, que les germes des Sciences doivent plûtôt y être étouffés qu'y fructifier.

Il faut encore entendre dans un sens général ce que nous venons de dire; car dans chaque espece de tempérament il y a des degrés sensibles. Ces degrés proviennent de la quantité du sang, de même que la nature de la complexion naît de sa qualité. Les passions, par exemple, d'un bilieux qui a beaucoup de sang, seront plus vives que celles de celui qui en a moins. Ce qui n'empêche pas que la qualité de ce fluide ne soit à-peu-près la même dans tous les bilieux. Nous disons à-peu-près la même, puisque celle-ci peut être plus saline, celle-là plus sulphureuse, &c: mais elle porte toujours le caractere d'un sang propre aux bilieux.

Quels sont les alimens les plus propres pour l'esprit.

VII. Nous avons examiné en général & en particulier le pouvoir du régime de vivre sur l'esprit, & il nous paroît que nous avons suffisamment établi & développé nos preuves. Parmi les alimens solides nous avons préféré ceux qui pouvoient produire un chyle d'une bonne nature, délicat & un peu actif. Les raisons que nous en avons donné nous paroissent évidentes. C'est du chyle que toutes nos humeurs prennent leur source ; c'est de la masse totale des humeurs qu'est séparé le fluide animal, & c'est de la parfaite essence de ce fluide que dépend en partie la liberté de l'ame dans l'exercice de ses fonctions. Or demandant un chyle d'une bonne nature, c'est demander aussi un fluide animal d'une qualité avantageuse pour l'esprit. De plus un chyle qui seroit trop épais, outre qu'il fourniroit un suc nerveux inhabile au mouvement, nourriroit trop les fibres du cerveau, les rendroit trop grossieres & à peine vibratiles : ce qui seroit un grand obstacle dans l'exécution des facultés de l'ame. Ainsi requérant un chyle tel que nous l'avons décrit, c'est requerir une disposition organique du cerveau propre à l'exercice des fonctions animales.

Quelle est la boisson la plus convenable pour l'esprit.

Il nous a paru constant aussi que la boisson qui fournissoit au sang des parties plus déliées, plus actives, plus volatiles, sans être pour cela contraire à la constitution foible de nos corps, comme le sont l'eau-de-vie, l'esprit de vin & les autres liqueurs fortes, étoit celle qui mettoit en nous les dispositions les plus propres à faire usage de notre esprit. En effet nous avons fait voir dans notre premier livre, que la liberté & la promptitude des mouvemens soit du suc nerveux, soit des fibrilles du cerveau rendoient l'ame aisée & vive dans ses opérations. Mais ces qualités requises dans les mouvemens ne peuvent provenir que de la bonne nature du suc nerveux & de la juste tension des fibres. Cette bonne nature & cette juste tension peuvent être l'effet d'une boisson telle que celle que nous demandons pour nous disposer efficacement à jouir de toute l'étendue de notre entendement & de toutes les prérogatives de notre volonté.

Des récrémens & des excrémens relativement à l'esprit.

Une partie des alimens tant solides que liquides, laisse après la chylification un marc qui doit être expulsé hors de nos entrailles. L'autre partie entre dans les vaisseaux lactés, parvient dans les routes de la circulation, nourrit les parties qui avoient besoin de réparation, subit différentes métamorphoses & est aussi chassée du corps par diverses routes ouvertes par la nature. C'est ce qui forme les excrémens & les récrémens ausquels il faut apporter une singuliere attention lorsqu'on veut entretenir soit la santé du corps, ſoit la liberté de l'ame. Imaginez-vous un palais où tout eſt entretenu dans la plus exacte propreté, & d'un autre côté une noire priſon où l'on reſpire l'air le plus infect. L'état de l'homme dans l'une ou l'autre de ces demeures ſeroit bien différent.

De l'exercice, du repos, de la veille & du ſommeil relativement à l'eſprit.

C'eſt encore ſur l'exacte vibratilité des fibres & le mouvement facile du ſuc nerveux que nous avons proportionné l'exercice & le repos, la veille & le ſommeil. La regle la plus générale qu'on puiſſe établir ſur cet article, c'eſt qu'il faut dans la jouiſſance de ces choſes non naturelles, obſerver un ſcrupuleux milieu afin d'obtenir la plus grande aptitude pour la pratique des opérations de l'ame. Nous n'ignorons pas que cette loi quoique générale, n'eſt que relative, & qu'elle eſt ſujette à mille exceptions par rapport au tempérament, à l'âge, au ſexe, à la ſaiſon, aux circonſtances de la vie, &c : mais c'eſt à l'homme prudent de combiner tellement les choſes, qu'il n'en puiſſe retirer que ce qu'il jugera lui être utile.

Pouvoir de l'âge ſur les eſprits.

VIII. Tandis que le corps ſubit toutes les différentes altérations que lui occaſionnent les diverſes cauſes Phyſiques qui l'environnent, il reçoit différens changemens par l'âge qui par degrés le conduit à sa destruction. Ces degrés sont l'enfance, l'adolescence, la jeunesse, l'âge viril, la vieillesse & la décrépitude. Pendant ces divers espaces de la vie, la nature de nos corps panche vers un certain tempérament. D'abord phlegmatiques, nous devenons insensiblement sanguins, bientôt nous devenons bilieux & nous finissons par être mélancholiques. C'est sur cette variation des tempéramens que nous avons présumé que l'on pourroit imiter les effets de l'âge sur l'esprit, & se disposer à cueillir dans un certain âge des fruits qui étoient reservés pour une autre saison.

Puissance de la santé & de la maladie sur l'esprit.

IX. Il paroîtroit d'abord vrai que dans quelques circonstances que nos corps se trouvent, la santé soit toujours le model le plus avantageux pour l'esprit : car il est difficile que les fonctions tant naturelles que vitales soient lesées, sans que les fonctions animales languissent. Il y a cependant des cas où cette regle souffre des exceptions, & qu'elle n'est relative qu'aux tempéramens. La vigueur de nos constitutions nous dispose plûtôt aux exercices du corps, qu'à ceux de l'esprit ; & souvent la foiblesse de nos organes prête de nouvelles forces à nos ames.

Diverses autres causes Physiques dont on n'a pas parlé dans ce II. livre.

Nous aurions pû encore ajouter dans ce second Livre différentes causes Physiques qui agissent sur les esprits par les effets qu'elles produisent sur les corps. C'est ainsi que certains lieux, certaines promenades, certaines expositions, certains spectacles, nous affectent plus ou moins, & impriment dans nos ames un caractere qui leur est propre. C'est ainsi que les matins on se trouve plus disposé à l'étude qu'après les heures du repas. C'est ainsi que certaines conversations, certains tons de voix, certains gestes, reveillent en nous de nouveaux sentimens. Mais toutes ces choses auroient été d'une trop longue discussion ; il nous suffira d'en rapporter des exemples dans notre troisiéme Livre, où nous ferons voir aussi quel genre d'esprit est attaché aux vertus & aux passions.

Précis des deux premieres parties de cet Ouvrage, & matiere du III. livre.

Les principes que nous venons de poser étant suffisamment discutés, nous allons commencer la troisiéme Partie de notre Ouvrage, qui est l'accomplissement de notre dessein. Car 1°. Nous avons vû le méchanisme des fonctions animales. 2°. Nous avons examiné les causes qui pouvoient faire varier le méchanisme de ces mêmes fonctions. Il ne nous reste donc plus maintenant qu'à considerer les divers changemens qu'il faut apporter à nos corps pour corriger certains vices de l'esprit, en augmenter la mesure & l'entretenir dans un bon état.

Fin du second Livre.

LIVRE TROISIEME.

La Médecine de l'Esprit.

INTRODUCTION.

NOUS ne parlerons pas ici des vices de l'entendement & de la volonté qui partent des maladies réelles du corps. Nous renvoyons nos lecteurs aux Traités Pathologiques, dans lesquels ils verront la maniere dont l'ame est affectée dans la manie, dans l'apoplexie, dans les vapeurs, &c. & de quels moyens on peut se servir pour la délivrer du poids qui l'accable dans ces sortes d'affections. Notre projet est plus hardi puisque nous sommes les premiers qui osons le tenter. Il est peut-être aussi d'une plus difficile exécution par la pente naturelle qu'ont les hommes à éviter tout remede lorsqu'ils n'apperçoivent aucune altération sensible dans leurs constitutions. Nous considererons les hommes jouissant d'une pleine santé, mais privés

Objet de cette III. Partie.

d'une partie de la capacité & de l'action dont pourroient jouir leurs ames ſi elles n'étoient enchaînées dans des liens trop peſans, & ſi les rayons lumineux de ces mêmes ames pouvoient ſe manifeſter au travers des corps trop opaques.

Maxime fondamentale de notre ſyſtême.

Si la trempe des eſprits dépend de la nature du cerveau & de la vapeur ſubtile qui s'y ſépare; c'eſt à ceux qui ont la noble ambition de jouir de toute la liberté de leur entendement & de ſe rendre propres aux Sciences & aux Beaux-Arts, à tellement diſpoſer leurs corps, que leur cerveau ſoit pourvu de toutes les bonnes qualités dont il eſt capable, & n'engendre qu'un ſuc nerveux pur, ſubtil, & tempéré (*a*). C'eſt cette maxime fondamentale de notre ſyſtême que nous allons étendre depuis l'imbécille, juſqu'au ſçavant; depuis l'homme qui ſe contente d'un eſprit ſociable, juſqu'à celui qui veut communiquer aux autres ſes réflexions ou par écrit, ou de vive voix; depuis celui qui ne veut s'occuper que des

(a) *Qui nobile, & ad ſublimitates rerum capiendas aptum ſibi conciliare inſtituit ingenium, imprimis curet ut ingeneret ſpiritum ſanguini ac corpori benignum, purum atque temperatum.* Fred. Hoffman. *tom. V. in fol. cap. 2. de prolongandâ litteratorum vitâ per regulas diæteticas.*

choſes ſenſibles, juſqu'à celui qui prenant un vol plus hardi, ſonde la nature abſtraite des choſes. Enfin nous prétendons par des voies purement méchaniques faire de tout homme un homme d'eſprit, ou, ce qui revient au même, procurer à ſon ame tout le ſolide & tout le brillant qu'il ſouhaitera.

Par le terme d'un *homme d'eſprit*, nous n'entendons pas ce ſçavant, qui, tout hériſſé de grec, ne décide rien que ſur l'autorité de quelque ancien Philoſophe, ni cet autre qui, toujours emporté par l'entouſiaſme & ſoutenu par les aîles du ſublime, quitte notre ſphere pour être admiré d'un autre monde. Nous n'appellons pas ſeulement un homme d'eſprit, celui qui, prompt en heureuſes reſſources, ſçait cacher adroitement ſes défauts, celui qui enrichit le Libraire de ſes productions, celui qui ſçait tellement aſſaiſonner les converſations du ſel de l'enjouement, qu'il ſe fait deſirer dans toutes les compagnies. Mais en général nous appellons un homme d'eſprit, *celui qui ne cherche pas avec peine ſes idées, qui raiſonne facilement & qui juge exactement.*

Ce qu'on doit entendre ici par le terme d'un homme d'eſprit.

Les moyens Phyſiques pour acque-

Moyens qu'on doit

employer pour avoir de l'esprit.

rir ces excellentes qualités ne sont pas au-dessus de notre portée. On sçait conséquemment aux principes établis ci-dessus, qu'elles ne dépendent que de la disposition organique du cerveau, de la qualité & des mouvemens du sang. On peut modifier différemment ces êtres matériels & par conséquent affecter l'ame d'une telle ou telle maniere. C'est pourquoi *Ciceron* dit, » qu'il est fort important à l'ame d'être » logée dans certains corps : puisque » de cette machine terrestre s'élevent » ou des fumées qui l'obscurcissent, » ou des principes de lumiere qui la » rendent plus éclatante (*a*).

Ceux qu'on employe ordinairement sont insuffisans.

Nous ne sommes pas surpris que tous les hommes cherchent à avoir de l'esprit, c'est leur plus bel ornement & la partie qui les approche le plus de la divinité ; mais nous sommes surpris de la maniere dont ils veulent l'acquerir. Ils se livrent tout-à-coup aux préceptes, à la lecture, aux réflexions des maîtres : & fort souvent de tous leurs travaux ils n'en recueillent qu'un fruit vil, de peu de valeur & quelquefois méprisable. Il est donc des fonds

(a) *Et ipsi animi magni refert quali in corpore locati sint, multa enim è corpore existunt quæ acuant mentem : multa quæ obtundant. Tuscul. quæst. lib. 1.*

ingrats & pareſſeux que la Médecine doit défricher avant d'y confier aucune ſemence. Les fleurs de la Rhétorique ſont bientôt étouffées dans ces champs où il ne croît que des ronces & des épines. Il faut la main d'un Jardinier habile & vigilant pour engraiſſer avant cette terre, & la rendre fertile. C'eſt ainſi qu'avec une certaine induſtrie l'on vient à bout de ſe former un eſprit plus ſubtil & plus actif, que celui qu'on avoit reçu des mains de la nature (*a*).

Nous n'ignorons pas qu'il y a certains avantages naturels qui, s'ils ne nous rendent pas ſpirituels, annoncent au moins de l'eſprit. Tels ſont ceux dont jouiſſent quelques mortels fortunés ; une phyſionomie qui plaît, des yeux où étincelle l'eſprit, un air fin, noble & prévenant, ce ſont des faveurs de la nature, & perſonne n'eſt en droit de reclamer contre elle lorſqu'elle les refuſe, parce qu'elle eſt libre dans la diſtribution de ſes bienfaits. L'art médical, malgré toute ſa puiſſance, ne peut pas les procurer, & nous abuſerions de la crédu-

(a) *Ex ipsa hominum ſolertiâ eſſe aliquam mentem & eam quidem acriorem & divinam exiſtimare debemus. Id. de naturâ Deorum. lib. 2.*

lité de nos Lecteurs, si nous leur faisions une pareille promesse. Mais il y a des talens acquis, qui font honneur à l'entendement humain, & qui ne dépendent pas de la force du destin. Tels sont ceux qui naissent de la culture des dispositions que l'on a reçu du ciel. L'art de conserver la santé & de guérir les maladies peut atteindre à ce point, & produire des effets inattendus jusqu'à présent, parce que les hommes se servent ordinairement du même instrument pour les mêmes usages, ne prévoyant pas toujours à combien d'autres usages ils pourroient l'employer.

Objection contre notre systême, & solution.

Mais dira-on, pensez-vous de bonne foi faire un homme d'esprit d'un stupide ? Oui, nous le croyons. Modifiez d'abord différemment ses organes, ensuite instruisez-le, & donnez-lui les mêmes soins que ceux que vous apporteriez aux personnes qui jouiroient des meilleures dispositions. Que les changemens arrivés aux organes puissent procurer des changemens si étonnans dans l'ame, c'est une chose que l'expérience confirme. Nous en rapporterons quelques exemples des plus sensibles avant d'entrer en matiere, afin qu'on ne lise pas ce qui ſuit avec un certain pyrrhoniſme qui engageroit à ſe méfier de nos preuves même les plus conſtantes.

Exemples qui confirment ce que nous avançons.

Un jeune homme tout-à-fait diſgracié de la nature du côté des talens, preſque imbécille, à charge à ſa famille, fut renfermé dans un cloître. Son emploi étoit de ſonner les cloches. Un jour rempliſſant cet emploi de ſon mieux, il ſe laiſſa tomber. La chûte fut ſi violente, que tout le cerveau en fut ébranlé. Mais cet événement, bien-loin d'être malheureux pour le Moine, lui fut des plus favorables. Il devint tout-à-coup intelligent, & fit un des plus grands hommes de lettres de ſon ſiécle.

Baudouin Ronſſeus rapporte qu'on avoit tenté toute ſorte de remedes pour guérir une femme de la folie (*a*). L'art fut inutile, elle ne ſe trouva pas ſoulagée. Un jour elle ſe débarraſſa de ſes liens, & ſe jetta par la fenêtre dans la rue. Cette chûte violente la guérit de ſa folie.

Le Pape Clement VI. avoit une mémoire ſi prodigieuſe, qu'il ne pouvoit, quand il l'auroit voulu, oublier rien de tout ce qu'il liſoit. On prétend

(a) *In ſuis Miſcellaneis epiſt.* 3.

qu'une bleſſure à la tête lui avoit cauſé ce talent ſingulier (*a*).

Nous ne prétendons pas indiquer de pareils moyens ; le remede ſeroit pis que le mal. Tout ceci n'a été allégué que pour détruire la penſée d'impoſſibilité, qui pourroit naître contre notre ſyſtême. En effet ce que le hazard a produit, l'art raiſonné & dirigé par une main habile peut y atteindre. L'art dont nous parlons ici, n'eſt que les moyens conſéquens des principes que nous avons déja établis. Ce ſont les cauſes Phyſiques qui agiront ſur l'eſprit en opérant ſur les corps. C'eſt ainſi que le choc de l'acier contre un caillou en fait ſortir une étincelle en briſant les liens qui la retenoient captive. Entrons donc en matiere.

(a) *Petrarca lib. 1. rerum memor. & lib. 8. rerum familiarium.*

PREMIERE PARTIE.

De l'Entendement.

Ordre que l'on doit observer dans tout ce livre.

NOUS reprenons le même ordre que nous avons tenu dans notre premier Livre, afin que l'on ſoit en état de comparer les principes avec leurs conſéquences. Dans l'une & l'autre Partie nous avons parlé du méchaniſme de l'Entendement & de la volonté ; il s'agit maintenant de mettre l'ame à portée de faire un plein uſage de ces deux facultés en n'employant que des cauſes Phyſiques, ſoit pour les rectifier, ſoit pour les maintenir dans un juſte état ſi elles s'y rencontrent. C'eſt pourquoi les ſenſations étant les mouvemens les plus ſimples de nos corps, qui contribuent le plus aux opérations de l'Entendement, & étant liées néceſſairement avec elles, nous allons commencer par elles.

CHAPITRE PREMIER.

Des Senſations.

Connexion des Senſations avec toutes les facultés de l'ame.

NOTRE raiſon eſt ſujette à toutes les viciſſitudes qui arrivent à nos Sens. Sont-ils dans leur plus grande vigueur ? c'eſt alors que notre entendement eſt le plus parfait. Viennent-ils à s'affoiblir ? on voit auſſi toutes les facultés de l'ame s'affoiblir inſenſiblement. Nous en avons un exemple frappant dans les deux extrémités de la vie ; l'enfance & la veilleſſe. Les choſes doivent être ainſi puiſque toutes les facultés de notre entendement & de notre volonté dépendent abſolument des ſens, & qu'il n'y a aucune connoiſſance diſtincte & poſitive qui ne nous vienne des ſens. Sans eux nous manquons d'évidence dans chacune des opérations de notre ame, & ſans eux toute certitude eſt renverſée. Ecoutons *Lucrece* ce fameux diſciple d'*Epicure*, dont nous blamons l'Athéiſme ; mais dont nous reſpectons le jugement lorſqu'il prête un nouveau jour à la vérité. » Vous trouverez,

„dit-il (*a*), que toute connoiſſance du „vrai tire ſon origine des ſens, que „nous n'avons aucune faculté capable „de refuter leur témoignage, & que „rien ne merite plus de confiance „qu'eux.... Ce qui s'apperçoit dans „les objets, ajoute-t-il, eſt véritable. „Si notre eſprit ne peut reſoudre cette „difficulté, pourquoi une tour quarrée „nous paroît ronde lorſqu'elle eſt vûe „de loin, il vaut mieux que celui qui „n'a pas une bonne ſolution à donner „de ce phénomene, explique imparfaitement les cauſes de l'une & l'autre figure, que de porter atteinte „aux notions manifeſtes, de violer la „premiere regle de toute vérité, & „de ruiner entierement les fondemens „ſur leſquels notre vie & notre conſervation ſont étayées. Car non ſeulement toute raiſon tombe; mais la „vie même eſt détruite ſans la confiance aux ſens, qui nous fait éviter „les précipices & les autres choſes nuiſibles.„

Toutes les connoiſſances *ſenſibles* ſont évidentes.

Ciceron prétend (*b*) que „c'eſt une

(a) *Invenies primis ab ſenſibus eſſe creatam Notitiam veri, neque ſenſus poſſe refelli*, &c. Lib. 4. v. 479. & ſeq.

(b) *Qui omnem ſenſibus denegant fidem in Deos vel contumelioſiſſimi exiſtunt, quaſi rebus intelligendis vel diſpenſandis fallaces ac mendaces internuntios præfecerint.* Acad. quæſt. lib. 4.

» opinion injurieuse aux Dieux, que » de refuser toute confiance aux sens, » comme si nous n'avions reçu des » Dieux que des organes faux & trompeurs pour servir aux fonctions de » l'entendement. » Que ces Philosophes qui reconnoissant *Parmenides* pour chef, ne cessent de se recrier sur l'illusion des sens, cessent leurs vaines objections. Ce n'est pas sur les sens mêmes qu'elles portent ; c'est sur quelques opérations mixtes de nos ames. Nous n'avons pas de connoissances plus évidentes que les connoissances *sensibles*, comme nous l'avons démontré dans notre premier Livre. Les connoissances ou *réflechies* ou *mixtes* n'ont pas le même degré de certitude quoiqu'elles émanent des sens ; mais elles sont composées d'un principe qui nous affecte moins & qui peut par conséquent nous induire en erreur. C'est pourquoi nous n'en parlerons que par occasion dans ce troisieme Livre, puisqu'il nous suffit de chercher à procurer le libre exercice des fonctions animales qui tirent immédiatement leur origine des sens, pour rendre en même-temps plus parfaites celles qui n'en sont que des émanations adoptées par la réflexion, ou combinées avec elle. Imaginez-vous un homme qui apperçoit la lumiere d'un flambeau ſans aucun intermede : tel eſt l'homme qui ne connoît que par ſes ſens. Imaginez un autre homme qui apperçoit la lumiere de ce même flambeau dans une glace : tel eſt l'homme qui fait uſage de ſes connoiſſances réflechies. C'eſt toujours le flambeau qui éclaire ; c'eſt toujours l'organe de la vûe qui eſt affecté. La lumiere ne peut pas être augmentée ou diminuée ſans que tous les deux ne s'en apperçoivent. Mais il ſe trouve cette différence entre l'un & l'autre ſpectateur, que le premier voit bien plus sûrement que le ſecond, qui ne voit pas directement & qui ne peut pas par conſéquent avoir de ſon côté une auſſi grande certitude : parce que la glace peut être inégalement polie & multiplier les rayons de lumiere, parce que la glace peut être plus ou moins tranſparente & d'un verre plus ou moins compacte, parce que la glace peut être altérée de quelque couleur qui change la nature des rayons lumineux. C'eſt ainſi que celui qui ne connoît que par le retour qu'il fait ſur lui-même, peut par la réflexion groſſir, diminuer, ou multiplier les objets ſuivant ſon beſoin, ſon intérêt, ſes diſpoſitions, ſa prévention.

Ce principe n'eſt pas incompatible avec ceux de la morale.

Nous ne craignons ici que les conſéquences trop précipitées de quelques eſprits inquiets par zèle pour leur foi. Nous reſpectons leur zèle, & bien-loin de vouloir les allarmer nous cherchons à les raſſurer. Qu'on deſcende un moment en ſoi-même & qu'on examine les choſes ſans partialité, on verra que c'eſt d'abord par les ſens qu'on reçoit les principes les plus inébranlables de ſa Religion, c'eſt ſur l'ordre admirable & fixe de cet univers, c'eſt ſur l'organiſation de nos corps indépendante de notre volonté, c'eſt ſur le développement des ſemences que ſont fondées les preuves les plus convaincantes de l'exiſtence d'un Dieu. La creature nous fait penſer à un Createur qui ne doit tenir l'exiſtence que de lui-même. C'eſt ce même Createur, cette premiere cauſe intelligente & bienfaiſante, qui nous a donné préciſément la meſure de ſenſibilité qui convenoit le mieux à nos beſoins & à notre bonheur. Nous ſommes avertis tout-à-coup par un ſentiment de douleur de ce qui nous ſeroit nuiſible : au contraire un ſentiment agréable nous attire vers tout ce qui peut favoriſer la conſervation de notre être, la perfection & le bon état de nos facultés. Or cette ſenſibilité qui eſt indiviſible par elle-même, eſt un attribut qui ne peut convenir à la matiere qui eſt diviſible à l'infini. Elle nous force donc à reconnoître en nous un être qui en eſt le ſujet, qui ne peut être que ſpirituel, qui doit être la même choſe que la ſubſtance qui penſe en nous, ou qui veut par un mouvement qui lui eſt propre. Ainſi bien-loin de vouloir donner atteinte ici à la ſpiritualité & à l'intelligence de nos ames, en ſoutenant que la plus grande certitude que nous puiſſions avoir en cette vie, eſt celle qui nous eſt donnée par les ſens : nous briſons les armes des Spinoſiſtes & des Athées qui reſtent alors ſans défenſe. Tout ce que nous avons prétendu ſoutenir ici, c'eſt que nos ames ne peuvent pas jouir d'une conception pure, tant qu'elles ſeront attachées à la matiere, & que nos ames étant unies à nos corps, notre intelligence & notre perception ſeront tellement jointes enſemble, que la lumiere céleſte de l'une aura toujours beſoin du feu matériel de l'autre pour agir & ſe faire ſentir.

L'état des sens le plus propre pour avoir des idées conformes à la nature des objets.

Qu'on nous pardonne cette digression ; il s'agissoit de défendre contre des attaques sérieuses un des principaux fondemens de notre systême. Car si les idées qui nous sont communiquées par les sens sont incertaines, & si nous ne concevons dans les objets d'autres qualités que celles que les sens nous présentent, il ne nous reste plus aucun signe de la vérité, aucune marque de nos erreurs, ni aucune voie sûre pour rémédier aux vices de l'entendement & de la volonté. Si au contraire les idées qui nous viennent par les sensations sont évidentes, la plus grande partie des matériaux de nos connoissances sont démontrées, toutes les opérations soit réfléchies, soit mixtes de nos ames, sont appuyées sur une base certaine, toutes les facultés intellectuelles peuvent recevoir un nouveau degré de perfection en opérant immédiatement sur les sens. Or ce degré de perfection consiste à avoir des organes délicats, suffisamment tendus & susceptibles de la plus grande impression. Alors les sensations seront vives, distinctes & se feront assez remarquer pour que l'ame soit exactement instruite de tout ce qui l'environne. Alors nous serons à portée de juger

juger des objets tels qu'ils ſont en eux-mêmes, & des relations qu'ils peuvent avoir entre eux, ou avec nous. Cette délicateſſe, cette vivacité, cette diſtinction dans les impreſſions, eſt donc abſolument néceſſaire pour que l'eſprit jouiſſe de tous ſes droits; puiſque la répréſentation des objets eſt d'autant plus marquée que leur impreſſion eſt plus forte. Auſſi remarque-t-on tous les jours que les ames ſont plus ou moins affectées, ſelon que le ſentiment eſt plus ou moins exquis. Des perſonnes ſont touchées d'un ſpectacle, tandis que d'autres n'en ſont nullement émues. Un concert ravit celui-ci, tandis que celui-là reſte tranquille. Nous avons vû des perſonnes s'évanouir en écoutant attentivement la deſcription d'une opération de Chirurgie, ou le récit du ſupplice de quelque malfaiteur; tandis que d'autres regardent d'un œil ſec & fixe les opérations & les châtimens les plus cruels & les plus terribles.

C'eſt pour atteindre à ce point exquis du ſentiment, que nous allons examiner les ſens en général & en particulier. Nous remarquerons les vices qui les font dégénérer de ce degré de sensibilité nécessaire, nous parlerons de leur utilité pour les Sciences & les Arts, & nous observerons comment ils peuvent nous distraire de nos réflexions.

ARTICLE PREMIER.

Des Sens en général.

Sentiment aboli.

L'ACTION de chacun des sens qui sont le sujet des Sensations, peut être abolie & par conséquent l'ame privée du sentiment qui lui fournissoit les idées archétipes des choses. Cette abolition peut être générale comme dans l'apopléxie & dans la léthargie. Cette abolition peut être particuliere comme dans la paralysie, la surdité, l'aveuglement. Ces privations du sentiment que les Grecs ont connu sous le nom d'*anaisthésie*, & que nous pouvons rendre par celui d'*insensibilité*, regardent absolument la Pathologie, & sortent de notre Traité où nous ne considerons les hommes que dans l'état de santé.

Sentiment diminué.

Cette action des sens peut être aussi diminuée, & cette diminution doit être regardée comme une dégradation du sentiment, si l'on part de ce point de perfection qu'il doit avoir. Cette dégradation reconnoît deux causes générales : sçavoir les fibres des corps ou trop lâches, ou trop roides. Ces deux causes sont les effets d'un principe plus général ; c'est-à-dire, de la nature du sang, qui étant trop aqueux relâche les fibres, ou qui étant trop âcre & trop salin, les tend au-delà de leur *ton*. Mais les moyens que nous proposerons pour attaquer l'une & & l'autre cause, agissant immédiatement sur le principe, il nous suffira de parler de la cause prochaine pour combattre en même temps la cause éloignée.

TITRE PREMIER.

Du relâchement des fibres comme cause prochaine de l'altération du sentiment.

Nature des impressions faites sur des fibres trop lâches.

IL est évident que l'impression faite sur des fibres trop lâches, doit être moindre que celle qui est faite sur des fibres exactement tendues. Il faut donc que ceux qui ont les fibres trop lâches, remédient à ce vice pour parvenir à cette délicatesse de sentiment qui transmet à l'ame la vraie nature des impressions que font sur les corps les qualités sensibles des objets.

Causes du relâchement des fibres.

Le relâchement des fibres, où leur foiblesse dépend ordinairement 1°. des digestions imparfaites dont résulte nécessairement un chyle qui s'assimilera mal avec le sang & qui ne parviendra jamais à cette perfection qu'il doit avoir, 2°. de la trop grande quantité de sérosité dans le sang, 3°. du mouvement trop foible des liqueurs, qui provient presque toujours de l'inaction des muscles, 4°. d'une trop grande tension qui a précédée.

Ceux dans lesquels se rencontre ordinairement ce relâchement des fibres.

Il est facile de voir que ce défaut de ressort dans les fibres doit être commun chez les enfans, les femmes, les personnes qui menent une vie sedentaire & oisive, qui se nourrissent d'alimens gras & aqueux, & qui sont d'un tempérament froid & humide. Outre que le sentiment se trouve émoussé par cette seule cause, elle est aussi la racine d'une infinité de maux aussi terribles par leur issue, que difficiles à guérir. Souvent on en voit naître la cachexie, la cacochymie, la phtysie, l'empieme, l'hydropisie, l'atrophie, &c. double motif qui doit d'autant plus engager à y apporter remede, que les suites en sont plus funestes.

Comment on doit re-

1°. On remediera à la foiblesse des

fibres qui dépend des digestions imparfaites, soit en prenant des alimens faciles à digérer, soit en prenant des médicamens qui donnent du ressort à l'estomac.

médier au relâchement des fibres qui vient des mauvaises digestions.

Les alimens que nous conseillerions comme les plus utiles, sont le lait, les œufs, les bouillons, les consommés, les gelées, les potages, les viandes des jeunes animaux; en un mot tout ce qui peut fournir de bons sucs & un chyle presque préparé. A l'égard de la boisson, elle doit être de bon vin vieux, pur, ou mêlé avec suffisante quantité d'eau.

Voyez le chap. 7. du 2. livr.

Les médicamens les plus convenables dans ce cas, sont les amers & les aromatiques. On peut d'abord commencer par les plus foibles pour finir par les plus forts. La chicorée sauvage, la centaurée, la garance, la rhubarbe, le quinquina, &c. sont de très-bons stomachiques amers. Les principaux aromates peuvent servir à assaisonner les mets, tels que sont la canelle, la muscade, l'écorce d'orange & le citron, le gérofle, le poivre, le gingembre, l'anis, la coriandre, le thim, le serpolet, l'origan, la sarriette, &c. La confection d'hyacinte, la thériaque, l'opiat de Salomon, &c. sont les meilleurs remedes que présente les Pharmacopées.

Au relâchement des fibres qui vient de la trop grande quantité de sérosité.

2°. On remediera à la foiblesse des fibres qui provient de la trop grande quantité de sérosité dans le sang, en vivant dans un air chaud & sec, en faisant usage des diurétiques, des diaphorétiques & des purgatifs. Les diurétiques dans le cas présent doivent être chauds. Tels sont les racines de persil, de pissenlit, de petit houx, &c. On commencera par les plus legers diaphorétiques, & l'on viendra par degrés aux sudorifiques. Nous ne disons rien des purgatifs; il faut beaucoup de sagesse & de prudence pour les employer à propos, & l'on doit s'en rapporter aux Maîtres de l'Art dans ces conjonctures. Nous passons aussi sous silence les remedes astringens, âcres, échauffans, spiritueux, salins & sulphureux pour les mêmes raisons.

Au relâchement des fibres qui vient du défaut de ressort.

3°. On remédiera au défaut de ressort occasionné par le mouvement trop foible des fibres, en se livrant à un exercice moderé, tel que la danse, la promenade à pied, à cheval, en carosse. La course & les autres exercices du corps; les frictions séches seront aussi très-salutaires.

4°. On remédiera au relâchement des fibres qui arrive après une trop grande tension, en éloignant tous les obstacles, & en employant tous les moyens qui peuvent empêcher les fibres de tomber dans l'atonie.

Et de la trop grande tension précédente.

TITRE II.

De la roideur des fibres comme cause prochaine de l'altération du sentiment.

LES fibres trop tendues sont moins fléxibles; par conséquent moins propres au mouvement & moins disposées à communiquer les impressions qu'elles reçoivent. Plusieurs causes peuvent produire cet effet. 1°. Tout ce qui est capable de remédier au relâchement des fibres. 2°. La force avec laquelle le liquide artériel est poussé dans les grands vaisseaux. De-là il est facile d'appercevoir que ce défaut est plus familier aux hommes, aux personnes qui s'exercent beaucoup & qui sont douées d'une constitution forte & robuste. De-là il est aisé de concevoir que le cours du sang ne sera pas toujours égal, & par conséquent les sécretions inégales, que souvent le cœur aura de grandes résistan-

Causes de la trop grande tension des fibres.

ces à vaincre, que les liqueurs dépouillées de leurs parties, les plus fluides, seront condensées. De-là ces dispositions inflammatoires, cette multitude de maladies aigues, ces suffocations & la mort. Ainsi quand bien-même l'intérêt de l'esprit n'exigeroit pas qu'on reformat une constitution aussi dangéreuse, l'intérêt du corps engageroit à y apporter remede.

Remédes contre la premiere cause de la rigidité des fibres.

On obviera à la premiere cause qui peut procurer la trop grande force des fibres, 1°. En évitant tous les moyens que nous avons indiqué pour augmenter leur ressort. 2°. En se servant des contraires ; les bains, un air humide, le repos rempliront exactement toutes les indications.

Il faut aussi que le régime de vivre soit approprié. Les humectans, les adoucissans, les émolliens, les antispasmodiques sont très-convenables. Presque toutes les herbes potageres & tous les fruits sont rangés dans ces classes.

Voyez le liv. 2. chap. 7.

Remédes contre la seconde cause de la trop grande tension des fibres.

On s'opposera à la seconde cause qui produit la rigidité des fibres, 1°. En diminuant le volume du sang par la saignée qui ne doit etre pratiquée qu'ayant égard à l'âge, au tempérament, a la saison, au sexe, aux circonstances

constances. 2°. En diminuant sa densité ; ce que l'on obtiendra par une abondante boisson d'eau chaude, du petit lait, des eaux minérales appropriées. 3°. En diminuant les résistances ; ce qui doit arriver par l'usage des moyens que nous avons indiqués.

Si l'on se sert de tous les secours que nous venons d'offrir, & si l'on observe toutes les précautions dont nous avons parlé, on peut parvenir à ce point de délicatesse & de perfection du sentiment qui nous procure cette imagination vive & subtile, ce raisonnement juste & facile ; enfin ce jugement certain & irréfragable.

Etat de perfection du sentiment relatif à l'homme.

Si nous sommes assez heureux pour atteindre à ce but, ne nous plaignons pas de ce que le linx voit plus clair que nous, de ce que le lievre entend plus distinctement, de ce que le chien a l'odorat plus fin, le singe le goût plus pénétrant & l'araignée le tact plus exquis. Il est vrai que nous jugerions plus promptement & plus sainement des choses ; mais un seul ne peut avoir tout : & ne suffit-il pas à l'homme d'avoir la raison qui l'éleve au-dessus de tous les animaux ! „Que voudroit-il „cet homme, s'écrie M. *Pope* (a) :

Quelquefois moins parfait que celui des bêtes.

Mais qui souvent lui

(a) Essai sur l'homme, Epist. 2. Voyez aussi

seroit contraire & même pernicieux.

» tantôt il s'éleve, & moindre qu'un
» Ange, il voudroit être d'avantage.
» Tantôt baissant les yeux, il paroît
» chagrin de n'avoir pas la force du
» taureau & la fourrure de l'ours : s'il
» dit que toutes les créatures sont fai-
» tes pour son usage, de quel usage
» lui seroient-elles s'il en avoit toutes
» les propriétés ? ... Pourquoi l'hom-
» me n'a-t-il pas un œil microscopi-
» que ? En voici une raison claire :
» l'homme n'est pas une mouche. Et
» quel en seroit l'usage si l'homme
» pouvoit considerer un ciron & que
» sa vûe ne pût s'étendre jusqu'aux
» Cieux ? Quel seroit l'usage d'un tou-
» cher plus délicat, si, sensibles &
» tremblans de tout, les douleurs &
» les agonies s'introduisoient par cha-
» que pore ? D'un odorat plus rafiné,
» si les parties volatiles d'une rose par
» les vibrations qu'elles exciteroient
» dans le cerveau, nous faisoient mou-
» rir de peines aromatiques ? D'une
» oreille plus fine ; la nature tonneroit
» toujours & nous étourdiroit par la
» Musique des spheres roulantes. O
» combien nous regretterions alors que
» le Ciel nous eut privés du doux bruit

l'Essai Philosophique de *Locke*, liv. 2. chap. 23. §. 8.

» des zephirs & du murmure des ruif-
» ſeaux ! Qui peut ne pas reconnoî-
» tre la bonté de la Divine Providence
» également & dans ce qu'elle donne
» & dans ce qu'elle refuſe.»

En un mot, les bêtes dépourvues d'un certain jugement, n'ont beſoin de Senſations auſſi fortes que pour la conſervation de leur individu ; tandis qu'il ſuffit à l'homme d'être pourvu d'une certaine doſe de ſentiment pour en tirer une ſuite de conſéquences par la vertu de ſa raiſon. Quelques animaux peuvent avoir, il eſt vrai, certains ſens plus aigus que ceux de l'homme : ce qui doit leur donner des notions plus exactes des qualités de certains objets ; mais l'action plus vive de ces ſens ne ſe fait peut-être qu'au détriment d'autres ſens qui peuvent être plus foibles & plus languiſſans : tandis que l'homme par cette juſte proportion de ſenſibilité qui ſe trouve repandue dans tous ſes organes, peut combiner entre elles les qualités des objets, raiſonner ſur leur compatibilité & leur incompatibilité, & juger des différens attributs de la matiere.

ARTICLE II.

Des sens en particulier.

Anatomie des sens.

IL s'agit de décomposer l'homme & d'examiner les connoissances qu'il tient de chaque sens. Ces connoissances sont si particulieres & tellement attachées à chaque sens, qu'il n'est pas possible de les recevoir d'ailleurs que par ces sens. De sorte que supposant une société de cinq personnes, qui n'auroit chacune qu'un sens différent, il est certain qu'elles ne pourroient pas s'entendre entre elles & se communiquer leurs idées. L'une n'auroit que les notions de lumiere & de couleurs, & l'autre que celles des sons: ce que ne pourroit comprendre la personne qui n'auroit que le goût, l'odorat ou le tact pour juger des choses. Cependant elles auroient deux sentimens qui leur seroient communs, le plaisir & la douleur; mais elles raisonneroient encore differemment sur la nature de ces modes généraux & universels.

Ils sont de deux especes.

Les organes des sens reçoivent les impressions soit immédiatement, soit médiatement. Ceux qui reçoivent les impressions immédiatement, ont des houpes nerveuſes plus ou moins avancées & recouvertes de l'épiderme. Tels ſont les organes du tact, du goût & de l'odorat. Les autres plus délicats, tels que ſont les yeux & les oreilles, ne reçoivent les impreſſions que par l'entremiſe de l'air, & n'ont que des membranes liſſes & polies qui ſont les expanſions des nerfs qui tranſmettent au cerveau le mouvement imprimé à l'organe.

TITRE PREMIER.

Des ſens qui reçoivent immédiatement l'impreſſion des objets.

CES ſens ont entre eux des diverſités & des reſſemblances ; c'eſt ce que l'on verra par l'examen particulier que nous en allons faire. Nous commencerons d'abord par le tact, qui eſt le ſens le plus étendu, le plus général & en même temps le plus ſimple.

PARAGRAPHE PREMIER.

Du Toucher.

Connoiſſances qui nous ſont données par le toucher.

COMBIEN le toucher a-t-il aidé à faire des découvertes dans les Sciences ? Il ſuffit de conſiderer les

Les Mathématiques.

aveugles nés qui n'ont presque que cette maniere d'acquerir leurs connoissances. Avec combien d'art & de dextérité parviennent-ils à leur fin ? Ils mesurent, ils comptent, il combinent & ne se trompent point. On pourroit dire en un mot que le tact est de tous les sens le plus Mathématicien & le plus Philosophe. En effet avec lui seul nous pouvons posséder presque toutes les Sciences qui ont la grandeur & la quantité pour objet ; c'est-à-dire, tout ce qui se peut concevoir composé de parties. Ces parties sont-elles séparées ? Elles forment un nombre, & c'est l'objet de l'Arithmétique. Sont-elles continues ? Elles forment une étendue, & c'est l'objet de la Géométrie. Par le toucher nous connoissons le nombre, nous jugeons de la longueur, de la largeur & de la solidité des objets, nous pouvons donc avec lui seul devenir Arithméticiens & Géometres.

La Physique.

Ce n'est pas là les seuls avantages que l'ame retire du toucher. C'est par lui qu'elle connoît la distance ou la proximité des objets, leur mouvement ou leur repos, leur chaleur ou leur froid, leur sécheresse ou leur humidité, leur dureté ou leur mollesse, leur superficie rude ou polie, leur forme & leur situation. Ne diroit-on pas que ce seroit du toucher que nous recevrions les premiers élémens de la Physique ? Ne diroit-on pas aussi que c'est de lui que nous viennent ces premieres perceptions qui nous font éviter certains objets & desirer les autres lorsque nous tendons machinalement à notre conservation.

Le tact est l'organe du plaisir & de la douleur, & donne les premieres idées de la morale.

Si le tact est le plus sçavant de tous les sens, il est aussi le plus voluptueux. On ne se contente pas toujours d'entendre ou de voir un objet; on veut encore le toucher. L'ame reçoit, il est vrai, un grand plaisir par l'ouie & par la vûe : mais c'est sur l'organe du toucher que se fait le plus grand chatouillement, & c'est par lui qu'on éprouve cette singuliere démangeaison qui nous entraîne vers la volupté. Cependant ce bonheur est contrebalancé par un mal. Cet organe du plaisir est en même temps le siege de la douleur. Sage précaution de la nature ! A peine penserions-nous à nos besoins si pendant l'yvresse de nos plaisirs, la douleur ou un sentiment presque douloureux ne nous avertissoit de songer à notre conservation. Quelle foule d'idées se présente alors à notre imagination lorſque l'ame ſe repliant ſur elle-même, conſidere ces ſentimens, ſoit triſtes, ſoit agréables. Tantôt elle rejette le paſſé, ou le regrette : bientôt elle goûte le préſent, ou cherche à l'éloigner. Tantôt elle eſpere l'avenir, ou le regarde comme un ſujet d'inquiétude. C'eſt le tact qui nous fournit par conſéquent les idées du bien & du mal, de notre félicité & de notre malheur. C'eſt donc avec raiſon que nous le regardons comme le plus Philoſophe de tous les ſens.

Vices du tact. Remédes.

C'eſt pourquoi ſi quelqu'un veut acquerir certaines connoiſſances conſéquentes aux idées qui dépendent de la ſenſibilité du toucher, il doit entretenir ce ſens dans toute ſa délicateſſe, ou tâcher d'atteindre à ſon point le plus exquis ſi l'on s'apperçoit qu'il ſoit émouſſé ou preſque aboli. Nous avons déja propoſé des moyens en parlant des ſens en général. Si ce ſont des vices particuliers, ſoit de la peau, ſoit de la maſſe du ſang qui produiſent cet effet, il faut conſulter des perſonnes verſées dans l'art des *Machaons*.

PARAGRAPHE II.

Du Goût.

Nature du goût & ses rapports avec l'esprit.

LE goût est un tact fort sensible qui se fait dans la bouche, parce que c'est-là la porte par où doivent passer les alimens dont les saveurs agréables doivent exciter l'appétit, & engager les hommes à réparer les pertes que leurs corps ont souffertes, & dont les saveurs disgracieuses doivent les éloigner d'une pareille nourriture. Plus ou moins de sensualité pour les plaisirs de la table, un discernement plus ou moins exquis des mets & des liqueurs montre souvent la qualité du jugement. *Paul Jove* remarque sur le Pape *Adrien VI.* (*a*) que comme il avoit le discernement faux en ce qui regarde le gouvernement, aussi avoit-il le goût dépravé en ce qui concerne la bonne chere, & qu'il aimoit la merluche au point que tout le marché de Rome se mocquoit de voir cette vile denrée extraordinairement rencherie par le goût du Pape. Nous ajouterons encore

(a) *Merluceo Plebeio admodum pisci* Adrianus VI. *sicut in administrandâ republicâ hebetis ingenii, vel depravati judicii, ita in esculentis insulsissimi gustûs adeò delectatus ut suprà mediocre pretium, ridente toto foro piscatorio, fuerit.* in Adrian. VI.

qu'on peut obſerver tous les jours que ceux qui prennent les alimens ſans choix, ſans diſcernement & qui les avallent d'une façon vorace, ſont pour la plûpart des hommes froids & de peu de génie.

Science du goût.

On connoît aiſément comment à l'occaſion des ſaveurs l'ame reçoit des ſentimens de plaiſir ou de peine : mais peut-être ne conçoit-on pas avec la même facilité comment on peut diſcerner la capacité des eſprits par l'impreſſion que font les ſaveurs ſur la langue ou ſur les parties qui l'environnent. La difficulté eſt réelle, & ſubſiſtera toujours ſi l'on ne fait pas attention que le goût qui a été donné à tous les hommes, & dont ils ne ſondent pas aſſez la nature, peut être réduit en une ſcience auſſi poſitive que la Muſique ou la Peinture. L'oreille nous a donné la ſcience des ſons, les yeux ont fait un art des couleurs, pourquoi la bouche ne formeroit-elle pas une ſcience des goûts. Peut-être n'y a-t-il que ſept goûts primitifs dans la nature, de même qu'il n'y a que ſept couleurs & ſept tons. Sans doute qu'il ſe trouve auſſi des ſemi-tons dans les ſaveurs, de même qu'il ſe trouve des ſemi-tons tant dans les ſons que dans les couleurs. Obſervez la progreſſion des ſaveurs & vous les rencontrerez. Prenez pour exemple ces goûts douçâtres, doux, aigre-doux, aigrelets, aigres, &c. Il ſeroit poſſible d'avoir dans les ſaveurs une harmonie plus réelle encore, que celle que pourroit former le clavecin des couleurs. Ces ſauſſes où il entre différens aſſaiſonnemens, ne ſont-elles pas un concert de ſaveurs dont nos palais ſont les juges ? Cet art dont nous eſquiſſons ici la théorie, n'étoit autrefois connu dans la pratique que ſous le nom de cuiſine. Encore cette pratique eſt-elle reléguée à de viles ſervantes, ou à des gens peu inſtruits ? On a ſenti de nos jours que cet art pouvoit être exercé par des mains plus nobles, & s'embellir par des goûts plus délicats. *Comus* a des éleves qu'il peut avouer, & nous enrichir de *ſes dons*. Diſputant de gloire avec Apollon il aura à ſa ſuite des hommes qui joignant une certaine capacité à une étude profonde, connoîtront la vertu des alimens, le choix qu'il en faut faire, les réſultats de leur mixtion, le degré de cuiſſon qu'il leur faut pour les rendre plus faciles à digerer, les qualités qu'ils doivent avoir pour entretenir la ſanté, pour cooperer à la guériſon des maladies, pour reſtaurer les convaleſcens, pour convenir aux perſonnes maigres ou graſſes, foibles ou robuſtes, oiſives ou qui fatiguent beaucoup, aux enfans, aux jeunes gens, aux vieillards, aux filles, aux femmes groſſes, aux femmes en couche, en un mot à tous les hommes dans toutes les circonſtances de la vie. Nous avons tous les jours beſoin de nourriture, la cuiſine eſt donc un art néceſſaire, fort étendu par le nombre de materiaux qu'il employe, & par les connoiſſances qu'il exige de celui qui le poſſede, utile à tous les hommes, qui, trompés par les apparences, prendroient un poiſon comme quelque choſe de ſalutaire, ou un aliment indigeſte au lieu d'un aliment facile à digerer.

Par le goût on connoît la qualité des alimens.

C'eſt au goût ſeul que nous ſommes redevables de toutes ces notions. Voyez les animaux dont le goût eſt le ſeul inſtinct, c'eſt par lui qu'ils connoiſſent la vertu des plantes & les alimens les plus analogues à la nature de leur être. Pourquoi les hommes doués d'organes auſſi délicats seroient-ils dénués de ce privilege? L'expérience ne leur apprend-t-elle pas que tous les acides ſont rafraîchiſſans, temperent l'âcreté des humeurs, en appaiſent l'effervescence, diminuent la ſoif & facilitent l'excrétion des urines? Que tous les amers ſont ſtomachiques, fébrifuges, aperitifs, vermifuges? Que tous les aromatiques ſont échauffans, cordiaux, carminatifs, emmenagogues? Il n'y a point de claſſe de ſaveurs qui n'ait ſa vertu ſpécifique & déterminée. Ne ſçait-on pas encore par expérience, que les mets que nous déſirons ſe digerent beaucoup mieux que ceux que le raiſonnement nous feroit accroire plus convenables dans ces cas? N'a-t-on jamais remarqué que dans certaines maladies la nature excitoit un appétit extraordinaire pour des choſes qui devenoient alors le remede de ces maladies.

Vices du goût. Remédes.

Mais nous ne finirions pas s'il falloit détailler ici toutes les utilités du goût & les avantages qu'il procure à l'eſprit. Il paroît que le Public en eſt ſuffiſamment perſuadé, puiſqu'il appelle un homme *de bon goût* celui qui a un diſcernement fin & un jugement ſolide. Cette conviction générale, qui ne vient ſans doute que de ce qu'il eſt évident que l'eſprit ſuit les modifications des ſens, ſuffit pour prouver notre thèſe. Ce qui prouve en même temps la néceſſité d'une certaine délicateſſe dans le goût qui varie ſuivant les âges & les tempéramens. Si cette délicateſſe eſt altérée par l'uſage des choſes exceſſivement chaudes, trop froides ou trop aigres, il faut s'abſtenir de ces choſes & uſer de leur contraire. Si ce vice provient des cauſes que nous avons citées en parlant des ſens en général, il faut y appliquer les remedes indiqués. Le ſcorbut, les fumigations mercurielles, la carie & la noirceur des dens, les aphtes, la pourriture des gencives, les ulceres du nés occaſionnent auſſi une certaine dépravation dans le goût. Il faut attaquer la cauſe de toutes ces maladies & l'on voit bientôt les ſymptômes s'évanouir. L'eſtomac chargé de mauvais levains rend la bouche pâteuſe ou amere, ce qui indique preſque toujours la néceſſité des émétiques ou des purgatifs. La perte du goût eſt ſouvent l'effet de la paralyſie des nerfs de la langue, & quelquefois du défaut d'action des ſucs ſalivaires, comme il arrive aux vieillards. Il faut tâcher d'y remédier par les céphaliques & les remedes qui peuvent pénétrer jusqu'à l'origine des nerfs. On se sert avec succès des semences de moutarde, du gingembre, de la pyrethre, de la décoction de roquette dans du vin. On recommande beaucoup le suc de sauge & de mâcher du raifort avant le repas.

PARAGRAPHE III.

De l'Odorat.

OUTRE que le nés sert à modifier la voix, il sert aussi à la respiration & la lymphe mucilagineuse dont il est enduit, empêche que l'air par son passage continuel ne desseche la membrane pituitaire & ne la rende par-là incapable de recevoir les impressions que doivent faire sur elle les odeurs. C'est dans la portion veloutée de cette membrane que se distribuent principalement les nerfs olfactifs, & c'est cette portion qui doit être regardée comme le siege de l'odorat. Siége de l'odorat.

Ce sens nous a été donné par la nature, non-seulement pour notre plaisir, mais encore pour notre utilité. Les uns se pâment sur une rose & goûtent la plus douce volupté en respirant Son utilité.

les exhalaiſons de l'ambre ou du muſc, tandis que d'autres doivent fuir de pareilles odeurs. Elles donnent des vapeurs, des convulſions, des maux de tête aux perſonnes qui ont le genre nerveux fort ſenſible. Il s'échappe de tous les corps odorans une quantité étonnante de particules ſi déliées & ſi fines, qu'il peut en émaner pendant un grand nombre d'années ſans que ces corps diminuent ſenſiblement de leur poids. Ces particules peuvent également ſervir à notre conſervation, comme à mettre le trouble dans nos eſprits. *Democrite* ſçut retarder pendant trois jours l'heure de ſon trépas en reſpirant la vapeur du pain chaud. Certaines odeurs volatiles & ſpiritueuſes nous rappellent à la vie en un inſtant. Nous ſommes avertis par l'odorat des qualités bonnes ou mauvaiſes de la plûpart des choſes qui doivent ſervir à notre nourriture. Un aveugle n'a pas d'autre moyen de connoître les alimens avant de les porter à ſa bouche. Il ſuit le principe général de la nature, qui a attaché un ſentiment de plaiſir à tout ce qui nous convient, & un ſentiment déſagréable à tout ce qui nous eſt nuiſible. C'eſt une impreſſion douce qui caractériſe

térise l'odeur des alimens qui sont de nature à se changer en notre propre substance, tandis que les alimens dangereux répandent des exhalaisons desagréables. C'est ainsi que toutes les plantes suaves à l'odorat sont analeptiques, & que celles qui sont d'une odeur vireuse, sont ou des poisons, ou somniferes. On pourroit établir ici la même doctrine que celles dont nous avons donné les élémens en parlant du goût.

Ses raports avec l'esprit.

Cardan croit qu'un odorat excellent est une marque d'esprit (*a*). Parce que la qualité chaude & séche du cerveau est propre à rendre l'odorat plus subtil, & que ces mêmes qualités rendent l'imagination plus vive & plus féconde. C'est pourquoi les Latins appelloient un homme d'esprit *Vir emunctæ naris*, & que *Martial* donne aux Romains la finesse de l'odorat du Rhinoceros (*b*). Cette opinion fondée sur l'expérience, est très-conforme à la raison. En effet ces émotions

(a) *Qui olfactu præstant sunt ingeniosiores, quia calida & sicca cerebri temperies olfactu præstat. Talis verò ad imaginandum prompta & imaginum tenax ob siccitatem est. De subtilit. lib.* 13. Voyez aussi *Duncan* du sens commun. pag. 316.

(b) . . . . . . *Juvenesque, senesque,*
Et pueri nasum Rhinocerotis habent.
lib. 1. epigram. 3.

que l'ame ressent par la présence des corps odorans, sont si douces qu'elles ne peuvent que lui rappeller les idées de son bien être. Elle ne les regarde pas comme des secours propres à la soulager dans son indigence ; mais elle les considere comme de nouveaux biens qui augmentent le trésor de ses plaisirs. Leur jouissance est une source de volupté pour elle : & leur absence n'est point un mal. Nos peres qui ont aimé les odeurs jusqu'à la superstition, se procuroient de douces extases par la vapeur des parfums. Ils parfumoient leurs corps, leurs habits, leurs maisons pour se disposer à l'étude & tenir leurs ames éveillées par l'attrait du plaisir. Dans cette fameuse ville qui domine sur le Bosphore de Thrace, on a bâti un temple à l'Amour. Sur les autels de ce Dieu on brûle continuellement l'encens le plus exquis, & le grand Prêtre de ce Temple croiroit au milieu de ses amusemens les plus sensuels, qu'il manqueroit quelque chose à sa félicité, si l'air qu'il respire n'étoit chargé des plus suaves aromates. Ceux qui ont les organes trop épais, sont privés de sentimens aussi doux & leur ame est privée par conséquent de ces charmantes émorions qui lui fournissent mille idées gracieuses & qui sont le sceau de son bonheur.

Ses vices. Remédes.

Si malheureusement vous êtes privé de l'odorat par quelque paralysie ou qu'il soit dépravé par quelque rhume de cerveau, il faut être très-attentif à y apporter remède. *Ettmuller* recommande dans l'un & l'autre cas (*a*) la marjolaine de quelque maniere qu'on l'employe, comme le remède le plus efficace pour procurer le rétablissement de l'odorat. On se sert de la graine de nielle (*Nigella arvensis cornuta* C. B. *pin.* 145. ou *melanthium Sylvestre* J. B. 3. 209. Dod. pempt. 303.) pour résoudre la matiere glaireuse qui s'amassant dans les sinus frontaux, forme l'enchifrenement. On peut encore faire usage du pouillot, du romarin, du parfum de succin ou de gomme animé; en un mot de tous les remédes qui conviennent au catharre. L'*ozène* est un ulcère sordide caché dans les narines qu'il faut traiter méthodiquement pour recouvrer l'intégrité de l'odorat qui dans cette maladie est continuellement frappé par les émanations de corpuscules pourris & infects. Le polype du

(*a*) *Opera medica tom. 2. part. 1. pag. 790. in-fol.*

nés est encore un mal qui empêche la liberté de cet organe, & qu'il faut détruire pour jouir de toute la bonté du sens dont nous parlons.

Enfin par l'habitude qu'on a de respirer des eaux spiritueuses, ou par l'usage continuel du tabac, l'odorat peut être émoussé & n'être plus susceptible des impressions que devroient faire sur lui des corps odorans moins vifs & moins pénétrans. C'est ainsi qu'en sortant d'un grand jour à peine appercevons-nous les objets éclairés par une foible lumiere. De même aussi les sternutatoires font à peine leur effet sur les personnes qui usent habituellement du tabac ; tandis qu'ils picottent vivement la membrane pituitaire & excitent de violens éternumens dans ceux qui s'abstiennent, ou qui usent très-peu de cette poudre qu'on prend souvent plûtôt par caprice, que par nécessité. Il n'y a pas d'autre moyen pour combattre efficacement cette cause, que de se priver de ces eaux volatiles, & de rompre l'habitude qu'on a de prendre du tabac, ou au moins de n'en user que modérément.

TITRE II.

Des sens qui ne reçoivent pas immédiatement les impressions des objets.

L'AIR, ce fluide élastique qui environne tous les corps sublunaires, doit avoir pour transmettre les mouvemens des objets jusqu'à nos organes, certaines qualités dont il ne peut être privé sans que les impressions changent de nature. Est-il trop rare ou trop condensé, trop humide ou trop sec, trop chaud ou trop froid, trop pesant ou trop leger? La maniere dont les mouvemens sont communiqués, est plus prompte ou plus lente, & l'impression faite sur les organes qui sont encore différemment modifiés par les différentes qualités de l'air, est plus vive ou plus foible. Un air pur, serain & temperé est celui qui est le plus propre pour agir sur nos sens & pour les conserver dans cette vigueur & cette souplesse nécessaires afin de communiquer au cerveau tous les ébralemens qu'ils reçoivent. Il ne s'agit donc pas dans l'examen des sens tels que la vûe & l'ouie, de faire seulement attention à l'or-

Il faut aussi faire attention au milieu qui communique les impressions.

gane; il faut encore avoir égard au milieu qui communique l'impreſſion. Mais nous abandonnons cette partie aux Phyſiciens pour ne nous occuper que de ce qui doit exiger les ſoins du Médecin Métaphyſicien.

PARAGRAPHE PREMIER.

De la Vûe.

Avantages de la vûe.

L'AME reçoit tant de connoiſſances par les yeux, qu'être privé de la vûe, c'eſt déja avoir fait la moitié du chemin qui conduit au tombeau. Ne connoître ni la lumiere ni les couleurs, c'eſt être une créature d'un rang inférieur à l'homme. C'eſt en vain que le Ciel roule ſur nos têtes ces ſpheres brillantes qui achevent leurs cours dans des temps preſcrits. C'eſt en vain que les campagnes ſe parent de verdure & de fleurs. C'eſt en vain que les quadrupedes ſont vêtus de peaux diverſement bigarrées & que les oiſeaux ſont couverts de plumes dont le divers aſſortiment de couleurs forme le plus agréable ſpectacle. C'eſt en vain que la beauté eſt repandue ſur les membres du corps humain, & que les graces ſe ſont épuiſées à former un beau viſage. Toujours craignant d'être ſurpris ou de nous tromper nous-mêmes, la vie n'eſt qu'une ſuite d'inquiétude, d'ennui & de triſteſſe. Semblables à ces hommes auſquels on enleve la liberté & qu'on précipite dans les cachots les plus obſcurs, on ne vit qu'avec ſoi-même; & encore eſt-ce vivre lorſque la mort eſt une conſolation? Il eſt vrai qu'il ſe trouve des aveugles moins triſtes & moins ſombres, qui ſe croient dédommagés par les avantages de la converſation, de la perte qu'ils ont fait: mais c'eſt un effort particulier de leurs ames, qui ſe contentent du peu de bien qui leur reſte, & qui mettent à profit les délabremens de leur fortune.

Mais ouvrons les yeux à cet aveugle né: quel enchantement! C'eſt une ſeconde naiſſance pour lui. Il ne ſe reconnoît pas dans cet univers. Il croit être tranſporté dans un nouveau monde. Son ame ſe multiplie; il n'a cependant qu'une ſenſation de plus. Il admire l'ordre, la ſimetrie, la forme, l'agrément de tous les objets. Une roſe eſt non ſeulement faite pour ſon odorat, mais encore pour ſes yeux. Les fruits frappent non-ſeulement ſon palais agréablement, mais encore ils réjouiſſent ſa vûe. Les ruiſſeaux qui par leur murmure n'avoient de charmes que pour ſon oreille, lui plaiſent encore par la tranſparence de leurs eaux & l'aménité de leurs rives. Toutes les qualités des objets ſont doublées, & l'imagination eſt enrichie d'un ſi grand nombre d'idées, qu'elle en eſt preſque accablée dans le premier moment.

Elle donne naiſſance à la Peinture, à la Sculpture, à l'Architecture, à l'Optique &c.

Les yeux charmés de la beauté d'un tableau ſi magnifique & ſi varié, excitent dans l'ame le deſir d'en conſerver la mémoire, & pour la rendre plus durable, ils l'engagent à faire des efforts pour en tirer une copie exacte. C'eſt de-là que prennent leur origine la Peinture, la Sculpture l'Architecture, l'Optique & toutes ſes parties. Dites-nous, ſçavans Diſciples des *Appelles*, des *Phidias*, des *Vitruves*, quels ont été vos guides dans ces chefs-d'œuvre qu'a admiré votre poſtérité? Ne ſont-ce pas vos yeux qui frappés de la ſimetrie, de l'accord, de la juſte proportion des choſes, ont formé en vous l'image de ces enſemble reguliers & agréables dont l'exécution hardie & méſurée fait l'admiration de tout l'univers. Illuſtre *Perrault*, l'honneur de la Médecine & de l'Architecture, toi que j'ai célébré autrefois dans

dans mes vers (*a*), découvre-nous les trésors où tu as puisé toute ta science ! N'est-ce pas dans cette divine harmonie que tu as trouvé dans le corps humain, dans ces nobles proportions que tu as apperçu dans tous ses membres, que tu as conçu ces idées sublimes qui t'ont rendu pere de ces productions vraiment grandes & vraiment belles ?

S'il n'est pas possible de douter que toutes ces connoissances ne soient parvenues à nos ames que par l'entremise des yeux, on ne peut pas nier non plus que c'est le même organe qui nous a fait découvrir les loix de l'Optique & des autres parties de cette Science, qui considerent soit les réflexions, soit les refractions de la lumiere, & qu'il a plû à nos peres de nommer dioptrique & catoptrique. De combien de découvertes ne sommes-nous pas redevables aux lunettes, aux telescopes & aux microscopes. C'est par leur moyen que les hommes ont apperçu clairement ce qu'ils ne voyoient que dans l'ombre ; qu'ils ont découvert mille phénomenes dans cet univers, qu'ils auroient toujours ignorés ; qu'ils

(a) *Amphitheatrum Medicum. Poëma pro solemni restaurati Amphiteatri inauguratione, an.* 1745.

ont été enrichis d'un nouveau monde plus petit que celui qu'ils habitent, mais qui par sa propre petitesse prouve la grandeur de l'ouvrier qui l'a formé.

Toutes ces observations sont oculaires, il est vrai; mais qui seroit assez injuste pour ne pas reconnoître dans les *Keplers*, les *Cassinis* & les *Bernouillis* une supériorité de jugement qui les a conduits à l'immortalité? Ces observations sont oculaires; mais qui seroit assez stupide pour refuser à *Nevvton* cette pénétration & cette intelligence qui l'ont distingué des autres hommes? Les verres lenticulaires, ajoutera-t-on, sont plus propres à favoriser la subtilité des yeux des observateurs, qu'à prouver leur sagacité: mais ne seroit-ce pas être aveugle ou bien peu clairvoyant, que de ne pas appercevoir une vaste étendue de genie dans les *Leevvenoecks*, les *Malpighis* & tant d'autres qui ont couru la même carriere avec tant de succès.

Elle donne quelques idees de Politique de l'Imprimerie, de la Gravure, des Pantomimes.

Une vûe perçante est donc bien propre à favoriser toutes les opérations de l'entendement. C'est par elle que nous jugeons même de toutes les situations de l'ame, & que nous pouvons connoître ses vices & ses vertus.

Regardez les visages & sur-tout les yeux qui sont les vrais miroirs de l'ame; ils vous en peignent toutes les affections. Ceux-ci ne peuvent vous celer la colere, la fureur, le courage, la hardiesse, la douleur, la tristesse de l'être qui les anime. Ceux-là vous indiquent la joie, la timidité, la peur, la noblesse, le bon naturel du principe qui les fait mouvoir. C'est là-dessus que vous pouvez établir la regle de votre conduite, mesurer les discours que vous devez tenir dans la société, connoître les égards que vous devez avoir dans la vie civile. Les yeux sont donc encore des précepteurs qui nous avertissent de nos devoirs, & qui nous conduisent dans nos actions. Que pourroient faire de mieux des Philosophes suffisamment instruits des préceptes de la morale, & qui seroient continuellement assis à nos côtés. Au reste si nos mouvemens intérieurs se manifestent au-dehors malgré nous par des traits que notre front ne peut démentir, notre ame n'a-t-elle pas cherché elle-même à peindre à notre vûe ses sentimens les plus secrets & ses pensées les plus intimes? Par l'écriture nos yeux jouissent des mêmes privileges que nos oreilles, & les paroles qui n'étoient qu'un ſon fait pour l'organe de l'ouië, par une étrange métamorphoſe, prennent un corps & deviennent ſenſibles à la vûe. C'eſt donc à cet organe qu'il faut rapporter l'invention & la connoiſſance de cet art admirable & preſque magique qui fut trouvé à Mayence, qui multipliant à l'infini les Ecrits des Auteurs, les préſerve de l'oubli, les tranſmet à la poſtérité & porte le dernier coup à l'ignorance. C'eſt à cet organe qu'il faut rapporter l'invention du geſte qui confere au diſcours une vertu particuliere par laquelle l'acteur ou l'orateur remuent plus ou moins fortement les paſſions. Par le geſte on peint tellement ſa penſée ou le mouvement qui agite, qu'on ſe fait entendre des ſourds & des nations qui parlent un autre idione que nous. *Roſcius* excelloit tellement en ce genre, qu'il parioit contre *Ciceron* exprimer par le geſte tout ce qu'il pourroit mettre dans ſes harangues. C'eſt encore à cet organe qu'il faut rapporter l'invention du jeu des pantomimes, qui par leurs geſtes & leurs poſtures repréſentent les actions & les perſonnes. Les Anciens avoient pouſſé cet art à un plus haut degré de perfection que nous,

Vices de la vûe. Remedes.

De tout ceci il en resulte la nécessité d'un bon organe pour bien voir & bien distinguer les objets. C'est une conséquence qu'en peut retirer l'esprit le moins attentif. Mais, hélas! si la vûe est un des sens qui a le plus d'utilités, c'est aussi celui qui est accablé du plus grand nombre d'infirmités. Ces infirmités sont communes ou particulieres, & demandent toute la sagacité d'un Médecin pour y remédier. Cette multitude de maux n'est enfantée que par le grand nombre de parties qui servent à la vision. Ici les humeurs transparentes de l'œil doivent modifier par différentes refractions les rayons de lumiere : mais ces humeurs peuvent être épaissies par un vice général des liqueurs, ou par un vice qui leur est particulier. Là une membrane fine & déliée doit recevoir les impressions des rayons visuels, & le nerf optique communique au cerveau les impressions qu'elle reçoit. La prunelle doit se dilater dans l'éloignement des objets & dans l'obscurité, & doit se retrecir à la proximité des objets & à la clarté. Les muscles du globe & ceux des paupieres doivent approcher ou éloigner le cristallin de la retine. Mais toutes ces parties peuvent être trop foibles ou trop fortes, paralysées ou trop tendues, enflammées ou œdemateuses.

Tantôt la glande lachrymale doit humecter le devant du globe, le clignotement de la paupiere supérieure étendre cette sérosité, & la rencontre des deux paupieres la diriger vers les points lachrymaux. Mais cette glande peut être obstruée, l'humeur qui en coule être d'une mauvaise nature, les points lachrymaux & le sac nasal être bouchés. Tantôt les sourcils doivent détourner la sueur & l'empêcher de tomber sur l'œil, & les cils empêcher la poussiere & les insectes d'entrer dans les yeux pendant qu'on les tient ouverts. Mais les sourcils peuvent tomber & les cils être renversés en dedans ou être collés par une chassie dure & séche. Les noms, les définitions, les différences, l'éthiologie, les caracteres de ces maladies suffisent seuls pour remplir d'amples volumes, & leur cure exige les soins les plus particuliers des hommes les plus versés dans l'anatomie & la pratique Médicale. Ce sont ces hommes qu'il faut consulter lorsqu'il s'agit de remédier aux vices de la vûe. Nous ne pourrions en donner ici qu'une notion fort légere ; insuffisante par conséquent pour les personnes qui sont peu initiées dans les mysteres de la Médecine, & inutile pour ceux qui ont consacré leur vie entiere à l'étude & à la guérison des maux qui attaquent la race humaine.

PARAGRAPHE II.

De l'Ouie.

Avantages de l'ouie. Connoissance de la Musique.

IL n'est pas besoin pour prouver les charmes des sons & le pouvoir de la Musique sur nos cœurs, de rappeller ici l'histoire d'*Orphée* qui attiroit les animaux & les choses insensibles aux sons de sa lyre, & de faire descendre ce puissant Chantre de la Thrace aux enfers pour en retirer sa femme *Euridice* en attendrissant le cœur peu flexible de *Pluton* par la douceur de son harmonie. Il n'est pas besoin de retracer ici la fable d'*Amphion* qui rebâtit les murs de Thebes en attirant les pierres au son de son luth, ni le prodige d'*Arion* qui par les accords touchans de sa harpe rendit un dauphin sensible à sa disgrace & se sauva des eaux porté sur le dos de ce poisson. Il suffit de se rappeller ces doux ravissemens qu'on a éprouvé dans un concert, ou cette volupté qu'on a ressenti au chant d'une voix mélodieuse. La Musique donne du courage aux soldats qui vont affronter les perils de la guerre, elle repand l'allegresse sur les convives les plus sevéres, elle charme les cœurs tendres & exprime les plaintes & les soupirs des amans. On rapporte même qu'elle excita la fureur, & que par un admirable enchantement elle ramena le calme dans tous les esprits agités.

Avantages de la Musique.

Transportons-nous dans ce palais bâti par la main des Fées, où tout semble fait pour plaire à nos sens. Quelle aimable troupe de Nymphes se présente à notre vûe; le chœur enjoué des Graces forme des danses légeres & badines, les Jeux & les Ris les enchaînent avec des guirlandes de fleurs, les Sirenes mêlent leurs voix aux accords des instrumens les plus touchans. Tantôt ce sont des jardins éclairés par l'Aurore qui fuit les embrassemens du vieux Titon pour se précipiter dans les bras du jeune Cephale. Tantôt c'est la Cour brillante de Venus entourée des plaisirs & recevant les hommages les plus purs des mortels. Ici c'est un temple dont les colomnes d'or massif soutiennent un toît d'yvoire, les portes ſont d'argent parſemé des pierres les plus précieuſes & les plus brillantes, dans le fond s'éleve un trône où eſt aſſis le Soleil environné de toute ſa gloire & de toute ſa lumiere. L'imprudent *Phaëton* ſe proſterne à ſes pieds pour obtenir de lui la permiſſion de gouverner ſon char pendant un jour. Ici c'eſt *Armide* qui uſe de tout le pouvoir dans la magie ; elle change les rochers en palais magnifiques, les torrens en caſcades agréables, les deſerts en campagnes fleuries & abondantes. Si vous fermez vos oreilles, tout ce ſpectacle devient muet, le charme eſt diſſipé, & ce n'eſt qu'un jeu de l'imagination que la moindre réflexion détruit. Tous ces palais ne ſont plus que de ſimples décorations, & toutes ces Divinités ne ſont que des automates qu'on croiroit agir par reſſort, ou plûtôt des pantomines dont les geſtes ridicules amuſent pour un inſtant. Si au contraire vous rendez la liberté à votre ouie, tout s'anime. Vous entendez le ramage des roſſignols, les gémiſſemens des tourterelles, le murmure des ruiſſeaux, les mugiſſemens de la mer, le ſifflement des vens. Vous n'êtes plus ce ſpectateur froid & désintéressé qui ne prend aucune part à ce qui se passe sur la scène. Malgré vous la consonance de plusieurs sons bien proportionnés, excitent dans vous des sentimens de joie & de magnificence. Le chromatique vous dispose à la douleur & à la tristesse. Les dissonances non préparées & réiterées annoncent la surprise, la fureur, le désespoir. L'agitation des esprits semble être conforme aux mouvemens différens des airs. La mesure est-elle vive & animée ? l'allegresse & La gayeté s'emparent de votre ame. la mesure est-elle précipitée ? l'ame participe à cette vivacité. Elle manifeste ainsi son dépit & sa colere, de même que la nature annonce son couroux par la tempête & les orages. La mesure est-elle grave ? elle éleve vos sentimens : est-elle lente ? elle vous dispose à la mollesse & au repos : est-elle languissante ? elle peint la douleur d'une personne affligée. Cette image passe dans votre cœur, émeut sa pitié & lui fournit le germe de la mélancholie & de la tristesse.

Origine de la danse.

Pour peu que vous soyez Physicien, vous comprendrez comment la danse naît de la Musique, & pourquoi même à ce villageois grossier il faut au moins un Corydon qui faſſe gemir ſous l'archet les cordes d'un inſtrument enroué pour le faire entrer en cadence, & lui faire inventer mille poſtures plus biſarres les unes que les autres. La portion dure des nerfs qui ſe ſont diſtribués à l'oreille, communique avec les nerfs de toutes les extrémités. C'eſt de-là que dans un concert vous battez des pieds & des mains la meſure ſans vous en appercevoir. C'eſt de-là que cet enfant ſans connoiſſance, s'agite ſur les bras de ſa nourrice aux ſons d'un air badin & enjoué. C'eſt donc à l'oreille que nous devons les premieres notions de la danſe. Des démarches compaſſées, des attitudes étudiées, exécutées ſans la Muſique, ſont de froides momeries & des tours inſipides de ſoupleſſe.

Origine de l'éloquence, de la poëſie, de la déclamation.

Mais les nerfs de l'ouie communiquent non ſeulement avec les nerfs des extrémités ; ils envoyent encore des rameaux à la langue & communiquent avec ceux qui ſe diſtribuent aux organes de la voix. Ce qui lie entre eux un commerce fort étroit, & ce qui rend leurs intérêts communs. C'eſt pourquoi ce ſourd de naiſſance eſt muet ; c'eſt pourquoi vous n'entendez qu'avec peine les ſons qui ſe prononcent avec quelque difficulté ; c'est pourquoi vous avez la démangeaison vouloir chanter un air qui vous est connu, & que vous entendez chanter par une autre personne. Il faut donc rapporter à l'oreille tous les avantages de l'art de communiquer ses pensées par la parole. C'est elle qui a enfanté l'Eloquence, la Poësie & la Déclamation. L'Eloquence qui est cette Musique naturelle qui ravit les esprits & subjugue les cœurs. Elle est douce dans *Isocrate*, vive dans *Demosthene*, nombreuse dans *Ciceron*, concise dans *Tacite*, mâle dans *Bossuet*, ornée dans *Flechier*. La Poësie, cette autre fille de l'oreille, cette sœur de la Musique, mais plus ornée & plus brillante que l'Eloquence, ne marche qu'en mesure & qu'en cadence. Faite pour chanter les Dieux, les héros, la vertu, elle soupire avec les infortunés, elle prête ses plus doux accens aux plaisirs & à la volupté. Si la parole exprime la pensée, le ton donne la force, l'agrément & la valeur à la parole. Ce talent de donner le ton qui convient à chaque chose dans un discours, nous le nommons Déclamation. Un recit oratoire toujours monotone, ennuit & endort.

Les sons mêmes les plus agréables trop souvent répetés, deviennent désagréables par la continuité fatiguante de leur action sur les mêmes fibres. Les accens de la voix doivent donc varier selon les parties qui composent le discours, selon les passions qui y regnent & selon les figures qui l'embellissent.

Suivant la doctrine que nous venons d'exposer, on peut conclure qu'un des plus grands avantages pour les hommes, est de posseder un organe de l'ouie sensible, fin & délicat. Leur esprit en est beaucoup meilleur, & leur ame en retire mille notions qu'elle n'auroit pas, si les corps étoient privés de cet organe, ou si cet instrument étoit défectueux. De-là vient que ceux qui ont l'oreille fine, ont presque toujours les opérations de l'entendement faciles, & que les enfans qui ont cet avantage, montrent ordinairement plus de raison qu'on n'en devroit esperer à leur âge. On auroit pû augurer que cet homme dont parle *Petrarque* (a), qui étoit moins charmé du chant des rossignols, que du croassement des grenouilles, avoit le jugement faux : de même que ce physionomiste qui, sans connoître de visage

(a) *De remed. Fortun.* l. 2.

le fameux *Coypel* (a), assura qu'il étoit Peintre après l'avoir vû pendant la représentation d'une piece qui l'appliquoit beaucoup, tenir son pouce levé comme s'il eût été employé à soutenir sa palette. Nous connoissons un homme qui sans avoir la voix fausse, n'a jamais pû mettre sur l'air la moindre chanson : ce qui ne provient sans doute que du vice de son oreille. Cet homme est absolument inepte pour toutes les Sciences, quoiqu'il ait embrassé une profession qui exige beaucoup d'étude ; il deraisonne même sur les plus petites choses qu'on peut apprendre par l'usage.

Vices de l'ouie. Remédes.

Si la finesse de l'ouie est altérée par le trop grand relâchement ou la trop grande tension, il faut y apporter les remédes que nous avons indiqués en parlant des vices généraux des sens. Ces vices sont-ils particuliers tels que les ulceres, les tintemens, les douleurs de l'oreille, l'érosion & la rupture du timpan ? il faut consulter les Médecins, qui, souvent par des remédes efficaces, dissiperont cette difficulté d'ouie & cette surdité que le vulgaire est tenté de croire incurable.

(a) Lettres Philosophiques sur les physionomies, part. 2. lett. 5.

ARTICLE III.

Des Sens comme causes des distractions.

Causes des distractions.

LES avantages qui résultent d'avoir des sens exquis sont contrebalancés par un inconvénient leger, il est vrai, mais qui empêche l'ame de faire attention à ses opérations. Chacun des sens a cet inconvénient & peut détourner ailleurs les esprits dans le temps même qu'on est à réfléchir. Il n'y en a pas qui y soient plus sujets que l'ouie & la vûe. Il arrive tous les jours lorsque nous méditons, qu'un instrument de musique, qu'une voix sonore, qu'un bruit confus ou inopiné, font cesser tout-à-coup notre application, & nous font perdre de vûe l'objet de nos réflexions. Souvent différens objets qui passent devant nos yeux, nous causent mille distractions : parce que les mouvemens qui excitent les sentimens étant plus forts que ceux qui produisent les idées, l'ame cesse de réfléchir pour ne plus s'occuper que de ce qui frappe les sens, à la conservation desquels elle est toujours attentive. De-là il est facile de voir que nous ne pouvons être distraits que dans les opérations *réfléchies* de notre ame, puisque nos connoissances *sensibles* doivent être multipliées par les sensations.

Il arrive quelquefois que notre application est si forte, que nous n'entendons ni ne voyons les objets qui se présentent à nos sens d'une maniere assez vive. Ce qui provient de ce que la détermination du mouvement par lequel les esprits sont alors agités, ne peut être changée par le reflux direct que doivent occasionner les impressions. Mais ces cas sont rares & exigent la plus grande attention de notre ame.

Les lieux tranquilles sont les plus propres pour y méditer.

C'est pourquoi ceux qui s'addonnent aux Sciences & qui desirent retirer quelque fruit de leurs travaux, doivent pendant le temps de leurs études, choisir un lieu tranquille où ils puissent se concentrer en eux-mêmes, & où leurs ames ne puissent pas être détournées par les objets extérieurs lorsque se repliant sur elles mêmes, elles font attention à toutes leurs idées (*a*).

(*a*) . . . . » Pour animer ma voix
» J'ai besoin du silence & de l'ombre des bois . . »
» Tantôt un livre en main errant dans les prairies
» J'occupe ma raison d'utiles rêveries.

Le

Presque toujours la solitude invite à faire des réflexions. On se trouve soi-même, & il est difficile de ne pas entendre alors la voix non étouffée de sa conscience ou de sa raison.

Lorsqu'il s'agit de se concentrer en soi-même & de jouir de toute la liberté de son esprit par ce calme des sens & des passions, les uns préferent la cime d'une montagne, les autres se plaisent au pied d'une coline. Ceux-ci aiment à errer dans une rase campagne, ou dans des jardins fleuris; ceux-là cherchent la fraîcheur des bosquets & le silence des bois. Chacun doit en agir là-dessus selon son tempérament, sa façon de penser, son goût & même son caprice, qu'il est très-permis de satisfaire en cette occasion. On pour-

» Tantôt cherchant la fin d'un vers que je construi »
» Je trouve au coin d'un bois le mot qui m'avoit fui»
Boileau, ep. 6.

Le P. *Vanier*, sur la fin du premier livre de son *Prædium rusticum*, déplore la destruction d'un bois qui appartenoit aux Jésuites de Toulouse.

Ubi nunc virides tacitique recessus,
Qui tantos aluere viros? Instaret acerba
Cum jam penè dies perituris ultima sylvis
Proh! Quali tonuit Parnassia murmure rupes, &c.

roit ici faire un reproche à *Quintilien* d'être trop ſevere en regardant les bois & les forêts comme des lieux peu propres à favoriſer l'étude. Il les condamne d'une maniere trop générale & trop abſolue ſur ce que la liberté de l'air qu'on y reſpire, la fraîcheur de l'ombre & des feuillages, la beauté des arbres, l'aménité du lieu, le bruit des zéphirs peuvent ſouvent nous détourner. Une pareille retraite, dit-il; inſpireroit plutôt le plaiſir & la molleſſe, qu'elle n'engageroit à s'occuper des penſées qu'enfante un eſprit qui ſe replie ſur lui-même. L'endroit qu'on choiſit pour faire ſes méditations doit être le palais du ſilence *(a)*; Jettez les yeux ſur *Demoſthene* qui ſe cachoit dans un lieu d'où il ne pouvoit ni rien voir, ni rien entendre, afin d'être entierement occupé de ſon travail & de n'en être pas diſtrait par ſes ſens *(b)*. Fondé ſur ce principe, ce célébre Rhéteur recommande de travailler la nuit ſans cependant intéreſ-

(a) *Mihi certè jucundus hic magis quàm ſtudiorum hortator videtur eſſe ſeceſſus.* M. Fab. Quintil. *Inſt. Orat. lib. X. cap.* 4. & *quam altiſſimum ſilentium ſcribentibus maximè convenire nemo dubitaverit.* Id. Ibid.

(b) Demoſthenes *meliùs qui ſe in locum ex quo nulla exaudiri vox, nihilque proſpici poſſet, recondebat, ne aliud agere mentem cogerent oculi.* Id. Ibid.

ſer ſa ſanté. Précepte qui peut s'accomplir pendant le jour même, ſi l'on ſe renferme dans une demeure tranquille & ſi exactement fermée, qu'on empêche toute lumiere extérieure d'y pénétrer. On éclairera alors cette obſcure ſolitude avec une bougie dont les foibles rayons ne feront pas aſſez d'impreſſion ſur les yeux, pour détourner l'ame de l'attention qu'elle veut donner à ſes propres opérations. C'eſt ainſi que le jour même on peut imiter ce calme & ce ſilence de la nuit, pendant lequel l'eſprit peu diſtrait, réunit toutes ſes forces, abandonne la matiere qui l'environne, jouit de ſa propre lumiere & goûte cette heureuſe liberté pour laquelle il avoit été formé, & qu'il ſent ſi ſouvent opprimée par le poids du corps auquel il ſe trouve enchaîné. Sans doute que l'ignorant *Zoïle* qui reprochoit à *Demoſthene* que ſes Ouvrages ſentoient l'huile, avoit peu éprouvé ces puiſſans efforts de l'eſprit qui s'élance dans ſa ſphere, & ces entouſiaſmes précieux qu'inſpire une nuit profonde.

Il ne faut pas tellement prendre ces choſes au pied de la lettre, qu'on abandonne précipitamment ſes tra-

Que les regles établies ci-devant ne ſont pas ſans exception.

vaux à cauſe du moindre bruit qu'on entend : le ſcrupule ne doit pas être pouſſé ſi loin. Au contraire il faut s'accoutumer à réfléchir dans les endroits les plus tumultueux. *Demoſthene* lui-même, qui aimoit tant les lieux retirés & éloignés du fracas du monde, nous ſervira encore d'exemple. Ce foudre d'éloquence ſe promenoit quelquefois ſur les bords de la mer, afin que ſon attention peu diſtraite par le bruit des flots, ſe conſervât auſſi entiere lorſqu'il parcourroit les rues les plus fréquentées & les marchés les plus tumultueux de la Ville. Ce n'étoit pas là le ſeul avantage qu'il ſe procuroit, il en retiroit encore un autre non moins réel. C'étoit de ne pas s'effrayer de ces frémiſſemens populaires qui s'élevoient lorſqu'il prononçoit ſes harangues.

Ces exceptions à la regle générale, bien loin de l'affoiblir, ne font que la confirmer. Ainſi l'on peut regarder comme une loi sûre, celle que nous venons de propoſer au ſujet de ce ſentiment exquis qu'on regarde comme le premier inſtrument de l'ame : c'eſt d'empêcher que les Senſations extérieures ne détournent ailleurs les esprits. La même loi n'est pas moins certaine pour les Sensations intérieures, & l'expérience le prouve assez. Souvent une Sensation interne nous cause mille distractions. C'est ainsi que l'envie d'uriner sera une cause occasionnelle de ce que nous pensons plus foiblement. Alors une certaine quantité d'esprits est obligée de couler dans le sphincter de la vessie pour balancer l'effort des tuniques qui résistent à leur dilatation, le poids du liquide qui est contenu, la pente & l'acrimonie de l'urine qui cherche à s'échapper. Deperdition d'esprits inutile, & qui souvent arrive soit par paresse, soit par l'attachement au travail. On doit dire la même chose des autres Sensations internes, & ce seroit vouloir se répéter, ou se jetter dans des détails inutiles, que d'en parler plus au long.

Que les Sensations internes peuvent également nous détourner.

CHAPITRE II.

De l'Imagination.

ON consulte tous les jours les Médecins sur les maladies qui dérangent totalement l'Imagination & l'ordre des idées, comme il arrive

Sujets qu'on doit traiter dans ce Chapitre.

dans la manie, la démence, la folie, le délire, la phrénésie; parce qu'on est intimement persuadé que l'ame par elle-même n'est point susceptible de ces altérations, & qu'il n'y a que les désordres du corps qui puissent produire de pareils changemens dans l'esprit. Pourquoi ne pense-t-on pas également à remédier à certains principes défectueux qui se rencontrent dans les opérations animales? Seroit-ce parce qu'on ne seroit pas convaincu que ces vices particuliers dépendent de l'organisation corporelle? Mais par les mêmes raisons qu'on est engagé à croire qu'un grand dérangement dans les facultés intellectuelles provient du déréglement de la machine humaine, on est aussi fondé à penser que certaines dépravations de l'esprit naissent de la mauvaise habitude des corps. Seroit-ce parce que ces défauts sont legers, & n'intéressent ni la santé, ni la vie? Mais ces défauts paroîtront d'autant plus legers, qu'on aura plus besoin d'y remédier; & celui qui ne connoît d'autre bien que la vie vegetative, se trouve toujours privé de la douceur de la vie civile, & de la consolation de la vie intérieure. Que les hommes connoiſſent donc une fois leurs véritables intérêts. Qu'ils découvrent aux Médecins les vices de leur entendement & de leur volonté. Ce ſont des maîtres qui ne prétendront pas les guérir par des préceptes, ou des leçons, vrayes amulettes des maladies de l'eſprit : mais qui les guériront en y appliquant des remédes appropriés. Nous allons expoſer ces remédes en examinant ici les vices de l'Imagination que nous réduiſons à trois chefs : défaut d'idées, médiocrité de génie, imagination trop forte. Nous ne dirons rien du renverſement total de cette opération de l'entendement ; ce détail regarde la Pathologie : mais pour offrir un terme de comparaiſon, nous parlerons de l'état qu'on peut regarder comme le plus parfait dans l'Imagination.

ARTICLE PREMIER.

Du défaut d'idées.

IL y a des hommes qui par leur ſtupidité, leur peſanteur naturelle & leur vie méchanique, nous engageroient preſque à croire qu'ils n'ont pas en eux aucun principe qui penſe ; ſi la raiſon & la Religion ne nous aſſu-

Il y a des hommes qui ſe diſtinguent à peine des bêtes.

roient que l'ame & le corps ſont de l'eſſence abſolue de l'homme. En effet on ne les voit jamais s'élever au-deſſus de ce qui regarde leurs intérêts & la conſervation de leur individu. On les trouve entierement conformes aux animaux, puiſqu'on ne les voit pas aller plus loin qu'eux ; & à peine peut-on les compter parmi les hommes, puiſqu'ils ne font aucun uſage de la plus noble partie que la ſageſſe du Créateur a donné également à chaque homme pour le diſtinguer des autres êtres qui vivent, qui reſpirent, qui végetent, & qui ſe multiplient ſur la ſurface de la terre.

Cauſes de cette ſtupidité & maniere dont on doit y remédier. *Liv. 1. part. 1. chap. 2. art. 2.*

C'eſt ici que l'on doit rappeller dans ſa mémoire tout ce que nous avons dit ſur les ſources des idées ſoit ſimples, ſoit compoſées. Les idées ſenſibles tiennent la premiere place, viennent enſuite les idées réfléchies ; mais il faut avoir déja des idées ſenſibles avant de réfléchir ; c'eſt pourquoi nous ne nous occuperons ici que des notions qui nous viennent par les ſens. Nous avons vû dans le Chapitre précédent tout ce qu'il falloit faire pour avoir des ſenſations exquiſes & délicates : or c'eſt annoncer en même temps tout ce qu'il convient de faire

pour

pour obtenir cette Imagination parfaite à laquelle nous tendons. Car les opérations de notre ame sont tellement liées entre elles, que ce qui nuit à l'une nuit à l'autre, & que ce qui est avantageux à celle-ci, est aussi avantageux à celle-là : de sorte qu'il seroit moralement impossible à l'esprit humain d'y poser quelques limites. Cependant sans nous répéter ici, nous examinerons ce qu'il y a de plus particulier dans le défaut d'Imagination, que nous rapporterons à cinq causes différentes. 1°. La trop petite quantité d'esprits. 2°. Leur qualité imparfaite. 3°. Leur mouvement trop foible. 4°. Les fibres du cerveau trop lâches ou trop roides. 5°. Leur difficulté à se mouvoir. Enfin une ou plusieurs de ces causes peuvent être réunies & produire un effet plus considérable.

De l'imbecillité produite par la trop petite quantité des esprits.

1°. Nous ne croyons pas que dans l'état de santé la quantité d'esprits soit continuellement assez modique pour empêcher les actions de l'ame. Les fonctions du corps seroient bientôt dérangées, & les mouvemens naturels & vitaux seroient dans une telle langueur, qu'il y auroit lieu de tout craindre pour la destruction de la machine. Quoique nous ne l'ayons pas obſervé, nous ne nions pas cependant que cela ne puiſſe arriver : mais ſi la choſe arrivoit, on pourroit en juger relativement aux cas Pathologiques que nous allons rapporter.

Exemple de cet épuiſement des eſprits.

Un homme âgé de quarante ans, d'un caractere doux & ſociable, addonné aux belles lettres, menant une vie ſédentaire, reſta hémiplectique après une attaque d'apoplexie. Il ſe trouva, dans un tel accablement par l'épuiſement des eſprits, que preſque toutes les parties du corps tomberent dans l'atonie, & que ſon ame devint la proie du chagrin le plus noir & le plus rebelle. Les prieres, les exhortations, les plaiſanteries, les ſtratagémes, les bouffonneries ; rien ne pouvoit écarter cette humeur ſombre. Si elle ceſſoit pour quelque temps, elle renaiſſoit avec de nouvelles forces, & l'on eût dit que ſes accroiſſemens étoient meſurés ſur ſes intervalles. Je cherchai long-temps un reméde convenable à cette foibleſſe des organes corporels, & à cette maladie de l'ame. Après avoir tenté différens moyens, enfin je réuſſis. Le malade avoit coutume de boire une chopine de vin à chaque repas, je fis doubler la doſe. Bientôt l'Imagination fut beaucoup plus libre, les idées furent plus riantes, la gayeté succéda aux profondes rêveries. Le malade avoua qu'il se sentoit maître de lui-même : mais qu'avant de suivre ce régime, il se laissoit saisir malgré lui par cette tristesse qui le rendoit insupportable à lui-même & aux autres.

Parmi plusieurs observations de la même nature, je choisis celle-ci qui me paroît prouver invinciblement le dérangement de l'Imagination, à cause de la trop petite quantité de suc nerveux. Un homme avoit passé sa jeunesse au milieu de la bonne chere & des plaisirs ; l'âge ayant mis un frein à ses passions, il songea à mener une vie plus reglée, à ménager quelque bien pour sa vieillesse & à écarter ses compagnons de débauches. Quelque temps après qu'il eut mené une vie rangée, il eut tous les symptômes d'un vaporeux. Il s'attristoit sans sujet, il se croyoit dangereusement malade, il perdoit toute espérance de recouvrer sa santé, & ne se présageoit rien que de sinistre en se représentant tous les objets sous des idées affreuses & effrayantes. Souvent il lui prenoit des foiblesses qui lui faisoient perdre connoissance. En un mot, il avoit mille autres signes qui caractérisent les va-

Seconde observation sur le même sujet.

peurs, dont le détail ne serviroit nullement à éclaircir le fait que nous proposons. Il se confia à différens Médecins, qui tous apporterent quelque soulagement à ses maux. Ennuyé de ne pas parvenir à une parfaite guérison, il se livra aux charlatans qui échouerent dans leurs conjectures. Parmi eux cependant il y en eut un qui lui donna une boisson spiritueuse qui parut le guérir. Il en fit usage pendant un an entier, & pendant cette année il n'eut aucune attaque de vapeurs. Il se sentit extrêmement échauffé par cette potion, il l'abandonna pour un temps : mais bientôt il l'abandonna tout-à-fait, soit à la sollicitation de ses amis, qui lui persuaderent que cette liqueur lui brûleroit les entrailles par le long usage, soit parce qu'il n'y a rien de si inconstant que la volonté des vaporeux. Les vapeurs recommencerent : mais moins fréquemment & avec moins de violence que dans les premiers temps. Je fus enfin consulté. Après avoir comparé le régime de vivre antécédent & la diéte actuelle à laquelle le malade s'étoit astraint, je conclus que le mal provenoit de l'épuisement des esprits. Ma conséquence se trouva juste : car ayant ordonné au malade de boire tous les matins deux ou trois verres de vin, il se sentoit alerte & gay toute la journée : s'il y manquoit, il étoit sûr que ses vapeurs lui reprenoient dans le jour.

Troisiéme observation tirée de *Sydenham*.

Nous avons une pareille observation dans *Sydenham* (a). Un jour, dit ce fameux Praticien, je fus appellé par un homme de qualité qui avoit beaucoup d'esprit : il relevoit depuis peu de jours d'une fievre, où par le conseil d'un Médecin il avoit été saigné & ensuite purgé trois fois : on lui avoit aussi défendu l'usage de la viande. Je le trouvai habillé, & l'ayant entendu discourir avec jugement de plusieurs sortes d'affaires, je priai de dire pourquoi on m'avoit fait venir : un de ses amis repondit que j'attendisse un peu & que je verrois moi-même le sujet de ma visite. M'étant donc assis & prolongeant le discours avec le malade, j'observai bientôt après que sa lévre inférieure se poussoit en avant, & pendoit avec tremblement, comme on le remarque aux enfans de mauvaise humeur, qui bou-

(a) *Opera Medica*, *tom.* 1. *pag.* 264. *Dissertatio Epistolaris de affectione hysterica.* Voyez aussi la pag. 60. *de Febr. intermitt. an.* 1661. &c.

dent & qui ſe mettent à pleurer. Incontinent après il repandit un torrent de larmes, avec des gemiſſemens & des ſoupirs qui alloient juſqu'à la convulſion : l'effuſion de ces larmes ne dura pourtant pas beaucoup. Je jugeai que cette indiſpoſition venoit du défaut des eſprits, cauſé en partie par la longueur de la maladie paſſée, & par les évacuations que les remedes avoient procurées ; & en partie par l'inanition & par l'abſtinence de chair que le Médecin avoit ordonné que cette perſonne obſervât même quelques jours après la convaleſcence, afin qu'elle fut moins en danger de retomber dans ſa premiere maladie. Mais je l'aſſurai qu'elle ne devoit plus appréhender la fiévre, que les ſymptômes dont je venois d'être témoin, procédoient ſeulement d'inanition, & qu'il devoit par conſéquent manger à ſon ſouper d'un poulet rôti & boire un peu de vin. Ayant ſuivi cet avis & ayant mangé de la viande avec modération, il ne lui eſt plus arrivé de telles pleurs convulſives.

C'eſt encore ici où l'on pourroit rapporter ce que *Henri Etienne* raconte de lui-même ; qu'après avoir eû une fievre quarte, il eut un tel dégoût des Lettres & des Etudes, que le seul souvenir lui en déplaisoit.

Du défaut des idées qui naît de la qualité imparfaite des esprits.

2°. Les esprits trop grossiers sont un obstacle à l'Imagination; s'ils sont trop épais, la sécrétion n'en est pas abondante; s'ils sont trop aqueux, leur mouvement est difficile. Les personnes qui mangent un pain grossier, qui vivent de légum s & de chairs salées, qui se nourrissent souvent de ragoûts ou d'alimens froids, qui boivent des liqueurs trop fortes & qui se livrent à des exercices trop violens, se trouvent dans le premier cas. Il faut donc qu'elles abandonnent ce régime de vivre, qu'elles n'usent que d'alimens faciles à digérer, qu'elles ne prennent qu'un exercice moderé, que pour rendre la fluidité à leur sang, leur boisson ne soit que de l'eau simple dans laquelle si l'on veut l'on fera bouillir quelque plante aromatique, carminative, stomachique, &c.

Trop grossiere.

Nous croyons les émétiques encore d'un excellent usage dans ce cas, par les secousses qu'ils excitent dans le cerveau, & par l'atténuation des humeurs qu'ils procurent. Nous lisons que *Carnéades* (a) avoit coutume de

(a) Plinius, *lib.* 35. *cap.* 5. A. Gellius, *lib.* 17. *cap.* 15. Carneades *Academicus scripturus adversùs*

ſe purger avec l'ellebore lorſqu'il ſe préparoit à refuter les dogmes des Stoïciens, ſoit afin d'avoir l'Imagination plus vive, ſoit afin d'avoir le raiſonnement plus ſubtil. On rapporte le même fait de pluſieurs autres Philoſophes.

Trop aqueuſe.

Les perſonnes qui vivent dans l'inaction, qui n'uſent que de boiſſons rafraîchiſſantes, qui ſe nourriſſent d'alimens trop aqueux, ſe trouvent dans le ſecond cas. Pour obvier au mal qui réſulte d'une pareille conduite, nous ne voyons rien de plus sûr que l'exercice, les viandes un peu ſulphureuſes, les boiſſons légérement ſpiritueuſes, telles que le vin, le caffé, le chocolat, &c. Tout ce que nous venons de dire pourroit faire la matiere d'un plus grand détail; mais pour ne pas nous répéter nous-mêmes, nous renvoyons nos lecteurs à notre ſecond Livre, où nos principes ſont établis auſſi ſolidement qu'il nous a été poſſible. On conſultera ſur-tout ce que nous avons dit ſur les climats, le régime de vivre & les tempéramens.

Du défaut des idées qui dépend du mouvement des eſprits.

3°. Le mouvement des eſprits peut

Stoïci Zenonis *libros, ſuperiora corporis helleboro candido purgavit, ne quid ex corruptis in ſtomacho humoribus ad domicilia uſque animi redundaret, & conſtantiam vigoremque mentis labefaceret.*

être trop lent ; ce qui dépend de deux causes générales : premierement de leur nature, secondement de la force qui les met en mouvement, troisiemement de l'union de ces deux causes. Si les esprits sont trop grossiers, il est certain que les frottemens étant plus considérables & la masse plus difficile à mouvoir, leur course doit être moins rapide. Nous venons d'enseigner ci-dessus les moyens de rémédier à ce vice.

1. Cause ; leur nature.

Si la force qui meut les esprits est trop foible, le mouvement des esprits doit être fort lent. Nous indiquerons plus bas les moyens propres à combattre ce défaut, lorsque nous parlerons des vices des fibres du cerveau. Enfin si l'une & l'autre cause se trouvent jointes ensemble, outre qu'on peut employer méthodiquement les remédes qui attaquent chaque cause séparement, nous croyons pouvoir indiquer un moyen facile qui détruira les deux causes conjointement ; c'est le changement de climat.

2. Cause, la force mouvante trop foible.

Le remede que nous proposons quoiqu'établi sur les fondemens de la plus saine théorie, & sur la réussite d'une pratique très-ancienne, paroît néanmoins tomber maintenant dans l'oubli. C'est ce dont se plaint *Fre-*

Changement de climat proposé comme remede de toutes ces causes.

deric Hoffmann (*a*) qui, après *Celſe*, ordonne le changement d'air dans les maladies du cerveau qui dérangent l'ame de ſon aſſiette ordinaire (*b*). Et c'eſt ce qui nous engage auſſi à faire ſentir toute la valeur de cette méthode.

Hippocrate eſt un des premiers à conſeiller le changement de climat dans les maladies chroniques (*c*). *Galien* (*d*) & *Avicenne* (*e*) le recommandent comme le ſouverain remède de différentes maladies regardées comme incurables, ou comme mortelles.

(a) *Et hac jam fuit cauſa cur veterum ſapientiſſimi Medici tantopere in graviſſimis affectibus, ubi vix locum invenit alia Medicina, & ad valetudinis integritatem conſervandam, mutationem aëris & peregrinationes ex unâ terrâ in aliam commendaverint. Dolendum certè hodierno tempore eſt quòd ferè planè in deſuetudinem ille laudabilis ſanitatem ſervandi ac recup randi abierit mos, cùm ex Pharmacopoliis tantùm remedia adversùs morbos fruſtraneo certè ſæpiſſimè ſucceſſu petere ſolemne ſit.* Tom. 5. in fol. pag. 320. de peregrin. inſtit. ſanitatis causâ. Prœmium.

Neque dubium eſt in vertigine, m lancholiá, maniâ, omnibuſque morbis habitualibus & qui à perverſo ſpirituum motu fiunt, eoſdem effectus habere commeatum in alienum aërem. Id. ibid. pag. 326.

(a) *In inſaniâ regiones mutare debere ægros, & ſi mens redit annuâ peregrinatione eſſe jactandos.* lib. 3. cap. 18.

(c) Lib. 4. Epidem. ſect. 5. *Finem epilepſiæ juvenibus affert ætatis, loci & victûs mutatio.* Aph. 47. lib. 2.

(d) Method. medendi lib. 5. & lib. de uteri curâ.

(e) *Ex generibus medicationum eſſe mutationem de terrâ ad terram, de aëre ad aërem.* lib. 1. tit. 4. pag. 7.

L'air eſt un fluide, dans lequel nagent tous les hommes & dont ils ne peuvent éviter les impreſſions. Il en eſt de ce fluide à notre égard, comme de l'eau à l'égard des poiſſons. Les uns languiſſent dans ce fleuve ; tandis que d'autres s'y plaiſent & y ſont fort agiles. Si vous faites paſſer dans une eau d'une autre qualité ceux qui ſont foibles, ils reprennent peu-à-peu leur vigueur & multiplient leur eſpece à l'infini. On peut donc conclure ſur cette induction, que le changement de climat eſt ſouvent néceſſaire, ſoit pour rétablir, ſoit pour conſerver la ſanté. C'eſt ce que nous pourrions autoriſer ici par mille exemples ſinguliers & autentiques. Ce pouvoir immédiat du changement d'air ſur la conſtitution des corps, annonce en même temps une puiſſance qui s'étend ſur les eſprits. On ne peut guéres en douter après ce que nous avons dit des climats. Auſſi avons-nous vû des jeunes gens qui tiroient peu de fruits de leurs études lorſqu'ils étoient à Rheims, ou à Caën, faire de grands progrès lorſqu'ils étoient à Paris. Nous en avons vû d'autres au contraire qui ne profitoient nullement ſous les meilleurs Liv. 2. ch. 7.

maîtres à Paris, se distinguer dans les Sciences & les Lettres à Bordeaux ou à Toulouse.

De tout ceci il en résulte un corps de doctrine qui porte jusqu'à l'évidence la méthode que nous proposons. Nous n'y voyons de part & d'autre qu'avantages pour le corps & pour l'esprit. Ainsi un air libre, pur, serain, plus sec qu'humide, plus chaud que froid, tenant un milieu entre la trop grande légereté & la trop grande pesanteur, agité par les vents d'Orient & quelquefois du Nord, circulant dans un lieu ni trop haut ni trop bas est celui que nous croyons convenir le mieux à l'état que nous venons d'exposer.

Sans changer de climat on peut obtenir les mêmes effets.

L'art peut suppléer au changement de demeures. Nos peres y excelloient plus que nous qui avons entierement négligé cette coutume. Ils entretenoient dans les chambres un air tempéré par le moyen d'un feu bien ménagé. Combien la chose nous seroit-elle plus facile ayant sur eux l'avantage de pouvoir nous servir d'instrumens qui apprécient au juste les degrés de froid ou de chaleur dont l'air est susceptible? Avoient-ils besoin d'un air plus humide? ils répandoient de l'eau dans ces chambres, ou bien ils y laissoient exhaler les vapeurs d'une eau dans laquelle ils avoient fait bouillir quelques plantes légerement aromatiques, comme les fleurs de rose, de muguet, de sureau, de giroflée, &c. en sorte que les personnes se trouvoient dans un bain continuel qui donnoit au sang la fluidité requise, sans diminuer pour cela le ressort des fibres.

Du défaut des idées qui vient du degré de tension des fibres.

4°. Le degré de tension plus ou moins grand dans les fibres du cerveau, nuit à l'Imagination. Sont-elles trop lâches? A peine sont-elles susceptibles de quelques vibrations. Sont-elles trop tendues? elles ne se meuvent que très-difficilement. Or nous avons dit que les idées étoient produites par les ébranlemens des fibres du cerveau, & que ces ébranlemens étoient excités par des mouvemens intérieurs, ou par le mouvement réfléchi du liquide animal. Causes qui n'ont pas assez d'énergie par elles-mêmes pour mouvoir les fibres, si le degré de tension n'est pas convenable. Il faut donc remédier à ce vice, si l'on veut concevoir, & imaginer facilement. Mais la tension des fibres du cerveau suit ordinairement la ten-

Liv. I. sect. I. ch. 2. art. 2.

ſion des fibres de toute l'habitude du corps, comme on peut s'en aſſurer par l'examen des tempéramens, chauds, ſecs, bilieux & mélancholiques. Or lorſque nous avons parlé des ſenſations, nous avons détaillé les ſecours que l'on pouvoit employer contre ces vices : c'eſt pourquoi nous y renvoyons nos Lecteurs.

Du défaut des idées qui naît de la difficulté des fibres à ſe mouvoir.

5°. La difficulté des fibres à ſe mouvoir eſt encore un obſtacle à l'Imagination. Nous ne parlons ici que de la difficulté du mouvement des fibres, qui provient ſoit de leur groſſeur, ſoit de leur tiſſu trop compact. La groſſiereté des fibres eſt ou un vice inné, ou un vice acquis par la bonne chere, par la vie oiſive & peu agitée, par les paſſions, par le ſommeil trop prolongé, &c. De quelque cauſe que provienne ce vice, nous ſommes perſuadés qu'on peut y remédier par les contraires ; c'eſt-à-dire, par une diéte plus ſévere, par le travail, par la fatigue même, par la tranſpiration plus augmentée, par l'uſage d'alimens moins ſucculens, par l'attention que nous devons porter à tout ce qui nous environne, ce qui nous rendra plus ſenſibles ; par les veilles, par les boiſſons plus ſulphureuſes, &c.

La densité des fibres est aussi soit un vice inné, soit un vice acquis par les causes opposées à celles qui produisent leur grossiereté. De quelque cause générale que procede la densité des fibres, on y remédiera par un régime de vivre délayant & adoucissant, par un exercice modéré, en évitant tout ce qui peut tendre à dessécher les fibres & à les unir trop étroitement entre elles.

Du défaut des idées qui provient du concours de plusieurs causes.

6°. Si plusieurs des causes ci-dessus nommées concouroient ensemble à l'empêchement des idées, il faut ou les attaquer séparément par les moyens déja indiqués, ou les attaquer conjointement par les remédes généraux qui peuvent remplir l'une & l'autre indication : il faut un œil bien attentif & bien éclairé pour appercevoir ces complications, & c'est à la science du Médecin à distinguer les cas, à peser les symptômes, à rapprocher ce qui paroissoit contraire, à dissiper les apparences & à dicter le régime qu'on doit observer, les médicamens dont on doit faire usage & les choses non naturelles qu'on doit éviter.

Objection qui tend à détruire ce que nous venons d'avancer.

Eh quoi ! dira quelqu'un, exécutant tous ces préceptes, en aura-t-on plus d'Imagination ? n'aura-t-on plus besoin de maîtres & de livres pour apprendre ? Cette réflexion qui paroît solide, tombera d'elle-même si l'on fait attention que si le cœur n'a pas besoin de précepteur pour le regler dans ses mouvemens, pourquoi le cerveau dont l'usage est totalement consacré à l'entendement & à la volonté, n'exécuteroit-il pas toutes ses fonctions sans aucun Recteur, surtout s'il est bien conformé & d'une bonne constitution ? Nos natures, dit *Hippocrate*, n'ont été enseignées par aucuns maîtres (*a*). Elles se suffisent à elles-mêmes ; & ce sont elles qui ont instruit les premiers Philosophes. Lorsqu'on a été assez heureux pour atteindre à ce tempérament desirable où l'on estime les choses telles qu'elles sont en elles-mêmes, un seul attribut nous fait découvrir mille proprietés, & une seule idée est suivie de mille

Solution.

(*a*) Φύσιες πάντων ἀδίδακτοι. Id est. *Omnium naturæ à nullo edoctæ*. Ibid. *Natura omnia omnibus sufficit*. *Sect*. 4. de alimento liber. *Natura sibi per se ... à nullo quidem edocta, citràque disciplinam, ea quæ conveniunt efficit* Sect. 7. lib. 6. de morbis vulg. §. 5. *Hanc sententiam multis locis celebrat & miris laudibus extollit Galenus*, ut *lib*. 1. de usu part. & *lib*. 6. de loc. aff. *Ubi hædi statim in lucem editi naturalem industriam in obeundis naturæ muniis pro exemplo affert. Cujus etiam meminit* Comment. 5. in lib. 6. epid.

que

conséquences. C'est ainsi que le jeune *Pascal*, sans jamais avoir appris la Geometrie, traçoit sur le plancher cent figures dont il démontroit les proprietés dans un âge où l'on comprendroit à peine les noms sçavans, ou les définitions abstraites de ces formes geometriques. Par la seule force de son génie il étoit parvenu jusqu'à la trente-deuxiéme proposition du premier livre des Elémens d'*Euclide*, & à seize ans il composa un Traité des Sections coniques (*a*).

ARTICLE II.

De la médiocrité du génie.

Ce que c'est que la médiocrité de génie.

NOUS appellons un génie médiocre celui qui n'ayant pas assez de force pour rassembler tous les traits qui peuvent nous frapper à la fois, & faire sur nous une grande impression, nous les décoche les uns après les autres, le plus souvent sans nous toucher. Ce n'est donc plus ici le défaut d'idées, auquel nous avons à remédier; elles peuvent être en grand nombre, mais l'impression qu'elles

(*a*) Voyage du monde de *Descartes*, part. 3. pag. 262. *Baillet*, Enfans célébres. Vie de *Pascal* par Madame *Perier* sa sœur, pag. 7.

sont aux autres est relative à l'impression qu'elles ont fait sur nous-mêmes ; c'est-à-dire, que de même que l'empreinte étoit légere en nous, de même aussi les traces qui doivent être gravées dans les autres à l'occasion de cette foible empreinte, seront peu profondes. C'est ce qui va être bientôt éclairci, si nous considerons les différences qui se trouvent entre l'esprit & le génie.

Différence qui se trouve entre l'esprit & le génie.

L'esprit ne consiste que dans un certain arrangement simmétrique d'idées déja connues & faites pour être jointes ensemble. C'est un tableau où tout est détaillé, les figures s'y présentent tour-à-tour, toutes les parties sont à leur place, les jours, & les ombres sont bien ménagés. C'est un feu doux qui nous préserve du froid sans nous échauffer, & qui nous éclaire sans éblouir. Le génie au contraire ne connoît pas de marche réguliere ; il rapproche les choses les plus éloignées & réunit les plus contraires. C'est un tableau où toutes les images rassemblées, distinctes par des traits hardis & mises dans une perspective avantageuse, frappent toutes la vûe dans le même temps & ne nous laissent d'autre sentiment que l'admiration. C'eſt un miroir ardent qui ramaſſe dans un ſeul point tous les rayons de lumiere & qui embraſſe tout ce qui ſe rencontre à ſon foyer. Le génie eſt donc plus étendu que l'eſprit : celui-ci renferme la totalité des choſes, tandis que celui-là ne s'éleve que du particulier au général. Les idées ſont vives dans celui-ci & font entrevoir une étendue encore plus grande que celles où elles ſont renfermées : dans celui-là au contraire les idées ſont moins actives & ne repréſentent rien de plus que la forme ſous laquelle elles doivent paroître pour lors. Dans l'eſprit on apperçoit une Imagination qui appartient plus au bon ſens, qu'à la liberté de l'ame qui peut s'élancer hors de ſa ſphere ; dans le génie on voit une ame qui jouit de toutes ſes prérogatives & dont les efforts ne ſont pas retardés par la froide analyſe du jugement. Ici c'eſt un cerveau bien organiſé où tous les mouvemens ſont reglés ; là les fibres tendues au degré le plus parfait, forment ſouvent un accord & une harmonie qui ſeroit moins ſenſible, ou qui n'exiſteroit pas ſi elles étoient tendues un ton plus bas.

Cauſe qui produit la médiocrité de génie.

Le vice que nous attaquons donc

ici en parlant du génie médiocre, est cette tension des fibres & cette nature du suc nerveux suffisantes, il est vrai, pour nous fournir la représentation des choses : mais incapables de produire cette énergie qui convainc, cette vivacité qui réveille, ce merveilleux qui étonne & ce sublime qui ravit. Or cette tension médiocre des fibres & cette nature suffisante du suc nerveux, nous paroissent éloigné du point de perfection auquel nous voulons tendre, en ce que les fibres sont tendues d'un ton plus haut & le suc nerveux d'une nature plus délicate & plus subtile. Nous pourrons y parvenir, soit en n'évitant pas avec tant de précaution tout ce qui peut nous porter à la mélancholie, soit en changeant de climats.

Moyens pour combattre cette cause.

Quand nous parlons ici de mélancholie, nous n'entendons pas cette humeur qui nous rend le teint pâle, l'air triste, les yeux égarés, le visage severe; qui nous relegue dans le cabinet, nous condamne à pâlir sur les livres, nous exile avec les sciences, nous fait fuir la société, l'enjouement & les plaisirs; qui nous force à nous haïr nous-mêmes & nous rend haïssables aux autres. C'est plus approcher de la folie que du génie, & le reméde seroit trop dangereux ; ce que nous appellons ici mélancholie, c'est cette humeur qui nous éloigne de la dissipation sans cependant la trop craindre, qui nous rend l'ami des Muses & non pas l'amant, qui nous fait rechercher la solitude sans être solitaires, qui nous fait estimer toutes choses selon leur juste valeur sans les mépriser, qui nous donne un air grave sans être misantrope, serieux sans être farouche, severe sans en éloigner la douceur. C'est le premier pas à la mélancholie véritable : mais il ne faut pas aller plus loin. L'homme sage sçait toujours conserver un juste milieu dans toutes choses. On peut voir sur quelles raisons nous sommes fondés en proposant un tel moyen si l'on se rappelle dans la mémoire ce que nous avons dit sur le tempérament mélancholique, & si l'on consulte ce que nous dirons dans la suite de la tristesse, on sentira aussi par conséquent les moyens qu'il faut employer.

Liv. 2. 6. art. 2. §. 4. & liv. 3. sect. 2. ch. 1. Art. 4. §. 2.

Sur ce principe une personne qui craindroit les chaleurs d'un climat moins tempéré que celui où elle seroit née, pourroit passer en Angleterre où tout tend à favoriser la constitution mélancholique. Mais comme tel climat conviendroit à l'un & nuiroit à l'autre, & comme il faudroit examiner mille circonstances pour décider sûrement quel climat conviendroit à ceux-ci, & quel seroit le plus propre à ceux-là, pour abréger nous passons sous silence tous ces détails, & nous disons en général qu'il faut chercher un climat qui nous soit convenable. *Bourdaloue* & *Flechier* étoient dans leur centre comme *Demosthene* & *Longin* dans le leur. Si vous leur eussiez fait faire un échange de pays, ils n'auroient pas été assurement les mêmes hommes. Il falloit que *Ciceron* & *Virgile* fussent à Rome, *Bossuet* & *Racine* à Paris. On auroit pû deviner la patrie de *Seneque* & de son neveu *Lucain* par leurs écrits; à la pompe de leurs idées & à l'enflure de leur style, on s'apperçoit aisément qu'ils sont Espagnols.

Confirmation de ce que nous venons d'avancer.

Ce seroit en vain que par l'étude on chercheroit à devenir orateur, si la nature de notre être ne s'y trouvoit disposée ou préparée (*a*). Nos ames

(*a*) On sent bien ce que l'on doit penser ici du proverbe, *Nascimur Poëtæ, fimus Oratores.* Voyez ce que nous avons dit sur l'Education, liv. 2. chap. 5.

toujours brillantes par elles-mêmes, ſont preſque toujours obſcurcies par les corps; on pourroit les comparer à ces lumieres qu'environne une épaiſſe fumée, ou à ces étoiles encroutées dont parlent quelques Phyſiciens. Ce ſeroit en vain que *Deſpreaux* ſe vanteroit d'avoir appris à *Racine* à produire difficilement d'excellentes choſes, ſi *Racine* eût manqué de génie. Qu'auroit pû produire une ſemence jettée ſur des pierres, ou parmi des ronces? Si la plûpart des Ecrivains doivent avoir ou doivent tâcher d'acquerir ce don précieux qui mene sûrement à l'immortalité, combien à plus forte raiſon les Poëtes dont l'Imagination échauffée doit ſe livrer aux fureurs de l'entouſiaſme qui la poſſede (*a*).

Ce que c'eſt que l'entouſiaſme.

A ſuivre l'idée que les Anciens s'étoient formée ſur l'entouſiaſme, c'eſt un état où l'homme ſe trouve comme rempli d'une puiſſance divine. Il n'en faut pas d'autre preuve que l'éthimologie du mot même. Mais ſans avoir égard à cette inſpiration particuliere du Ciel, il nous paroît

(a) *Poëtam bonum neminem ſine inflammatione animorum exiſtere poſſe & ſine quodam afflatu furoris*, Cicer. *de Orat. lib.* 2. *n.* 64. *& excludit ſanos Helicone Poëtas Democritus.* Hor. *Art. Poët.*

que l'entousiasme n'est autre chose que ce moment où tous les ressorts de l'ame sont mis en jeu, où la connoissance que l'on a du sujet est encore plus grande que le sujet même, où la conception de la chose étant vive, claire & pure, emporte nécessairement sa démonstration avec elle, où enfin le sujet considéré dans toute son élévation, dans toute son étendue, dans toute sa beauté frappe avec tant d'évidence, que la raison se taisant, l'on cede au transport qui agite, l'on franchit les intervalles & l'on réfléchit sur les autres avec la même force les rayons de lumiere dont on a été frappé.

Que le génie heureux est très-près de la folie.

Il ne faut pas s'imaginer que l'ame soit bien tranquille dans ces instans; ses émotions se manifestent même sur le corps, c'est un ravissement, un délire, une fureur où l'on n'apperçoit & où l'on ne conçoit que l'objet qui cause un sentiment si vif & si flateur. De-là vient que *Platon* & *Aristote* ont crû qu'il n'y avoit pas de grands génies sans quelque mélange de folie (*a*). Cette maxime paroît

(a) *Quamdiù quis mentem valet neque fingere carmina, neque dare oracula quisquam potest... non enim arte, sed divinâ vi hæc dicunt.* Plato *in Ione.*

paroît fondée sur la raison, puisque les causes qui occasionnent le génie heureux sont les mêmes que celles qui produisent la folie, s'il survient quelque cause déterminante. Triste condition de l'homme qui ne peut faire un pas pour atteindre à la perfection du sentiment sans s'avancer vers la mort, & qui ne peut tendre au sublime sans s'approcher de la folie. Cette maxime n'est pas moins fondée sur l'expérience. Ouvrez les livres d'Histoires, & voyez s'il se peut sans gémir, si les plus grands hommes n'ont pas été ceux qui souvent ont donné les plus grandes marques de foiblesse & d'égaremens. *Aristote* fait mention d'un certain Poëte de la ville de Syracuse nommé *Maracus*, qui n'étoit jamais plus fécond & plus accompli, que lorsqu'il avoit l'esprit aliené (*a*). Mais sans nous arrêter ici à citer une multitude d'exemples, nous en produirons seulement un du Poëte le plus brillant que nous connoissions.

Le *Tasse* devenu amoureux d'*Eleonor*, sœur du Duc de Ferrare, &

Sive Platoni credimus frustrà poëticas fores compos sui pepulit : Aristoteli nullum magnum ingenium sine mixturâ dementiæ fuit. Sen. de tranquill. animi. cap. 15.

(*a*) 30. sect. problême 1.

ayant un jour reçu des éloges de cette Princesse à cause de quelques vers qu'il venoit de lui réciter, se sentit si transporté de joie & d'amour qu'il lui donna un baiser. Le Poëte téméraire fut mis en prison comme un fou, & on croit qu'il le devint réellement par la sombre mélancholie qui s'empara de lui. Cependant son génie poëtique ne l'abandonna pas dans cet état déplorable, & on prétend que sa folie servoit à épurer son esprit & à préparer son Imagination. Si l'on en croit d'*Aubignac* dans sa *Pratique du Théâtre*, le *Tasse* n'attendoit pas même les intervalles de tranquillité que lui laissoit sa frénésie : au milieu de ses transports il faisoit des vers, & son esprit n'étoit jamais plus fécond & plus brillant que lorsqu'il étoit égaré. On dit à peu près la même chose de *Lucrece*; & on assure aussi que *Brebœuf* a fait ses meilleurs vers dans les plus forts accès de la fiévre. Ces phenomenes peuvent servir à confirmer ce que *Descartes* dit sur le talent de la Poësie (*a*).

Causes Physiques de l'entousiasme.

Nous ne nous serions permis d'avancer d'aussi tristes verités, & aussi peu avantageuses pour notre systê-

(a) *De Methodo* §. 1.

me, ſi par les effets nous n'eſpérions découvrir les cauſes prochaines de l'entouſiaſme. Séchereſſe, tenſion & vibratilité des fibres, eſprits actifs, & chargés de ſels & de ſouffres, vraies cauſes de l'entouſiaſme, & preſque toujours cauſes procathartiques de la folie s'il ſurvient quelque cauſe déterminante. De-là l'action & la reaction la plus forte que l'on puiſſe imaginer dans le cerveau ; de-là les influx prompts & les reflux ſubits ; de-là les oſcillations vives & durables ; de-là le ſentiment exquis, & l'Imagination qui tient ſouvent lieu du ſentiment. Enfin ſi l'on tire toutes les conſéquences qui peuvent ſe déduire de l'état propoſé, ſoit des fibres, ſoit du ſuc nerveux, il n'y a aucun phenomene dans l'entouſiaſme qu'on ne puiſſe expliquer.

Divers moyens pour parvenir à l'entouſiaſme.

Si l'on veut parvenir à ce degré de vibratilité des fibres & de ſubtilité des eſprits, outre qu'il faut employer tous les moyens déja indiqués, il faut encore uſer d'alimens fort chauds & de boiſſons ſpiritueuſes ; éprouver ce qu'il y a de rafiné dans les paſſions ; fatiguer ſon corps par les veilles, la méditation & la plus profonde application.

Le vin &

Santeuil ne faiſoit de bons vers

les boissons spiritueuses.

que lorsqu'il avoit bû quelques verres de vin de Champagne ; digne émule d'*Horace*, dont il avoit si bien retenu les leçons, que Bacchus échauffoit son cerveau, tandis qu'Apollon conduisoit sa main. Un des meilleurs Poëtes de ce siécle ne vit presque que de chocolat ou de caffé. Les plus grands Ecrivains ont éprouvé les plus grandes passions, & n'ont jamais mieux réussi qu'après avoir exténué, & pour ainsi dire subtilisé leurs corps par une étude réfléchie & un travail assidu.

Les grandes passions.

L'exercice tant général que particulier.

Il y a encore un espece d'exercice particulier ou de mouvement qu'on donne à certaines parties du corps, qui ne contribue pas peu à fournir des idées par le reflux des esprits qu'elles occasionnent. Un bon Auteur ride son front & se donne l'air d'un furieux afin de sentir lui-même la fureur & la rage qu'il veut représenter. Si l'Imagination d'un Poëte cherche en vain les traits dont il a besoin pour dépeindre le dépit ou l'indignation, il se leve avec précipitation, se promene dans sa chambre & se met dans toutes les attitudes qui conviennent à ces différentes passions. D'abord les images dont il a besoin se présentent en foule dans son cerveau & le génie a d'autant plus de facilité à executer ſon projet, qu'il ne fait que copier & rendre dans le vrai ce qui ſe préſente dans ſon modele. C'eſt ainſi qu'on rapporte que le Pere *Maimbourg* s'animoit lorſqu'il vouloit décrire une bataille ou quelque combat particulier. La main armée d'un ſimple bâton il s'eſcrimoit contre la muraille & s'échauffoit tellement, qu'il croyoit voir l'ennemi préſent & ſe confondre dans la mêlée. Alors l'eſprit encore agité & le corps couvert de ſueurs, il couroit écrire ce qu'il comptoit avoir vû & entendu dans ce combat imaginaire. Auſſi ſi l'on reproche l'inexactitude à cet Ecrivain, jamais on ne lui reprochera de manquer de vivacité dans ſes récits.

Cette pratique n'eſt pas ſi ſinguliere & ſi deſtituée de ſens commun qu'on n'en puiſſe trouver des exemples chez d'autres nations. Les *Yanguis* ou Saints inſpirés des Indes, ſe mettent en état d'avoir des viſions en tournant & en comprimant leurs yeux d'une terrible maniere (*a*). L'art de ſe procurer des extaſes artificielles en ſe balançant ſur une poutre ſuſpendue ou ſur une corde, eſt encore fort en

(a) *Bernier*, Mémoires du Mogol.

vogue parmi les femmes Scythes (*a*). Toutes ces manieres d'allumer le feu de ſon Imagination doivent ſe rapporter aux ſenſations réfléchies par leſquelles on ſe repréſente un objet abſent avec la même force que s'il étoit préſent. Ce ne ſont plus des idées que l'on peint, c'eſt le ſentiment lui-même.

Réflexion ſur tout ce qu'on vient d'avancer.

Nous ne prétendons pas ici faire accroire que tous ces geſtes & toutes ces attitudes ſoient des cauſes certaines & néceſſaires pour produire l'entouſiaſme : au contraire nous ne les regardons que comme des acceſſoires qui ne ſont pas toujours propres à produire l'effet que nous deſirons : & nous n'en avons parlé que pour ne rien négliger, & pour préſenter aux Lecteurs tous les moyens que nous connoiſſions. Il faut ranger encore dans cette claſſe une reſſource que la nature nous offre lorſque les idées ne ſe préſentent pas dans un beau jour : c'eſt de frotter ſa tête & de ronger ſes ongles (*b*). Ces mouve-

(a) *Gaguini*, Hiſtoire. Sarm.

(b) . . . . *& in verſu faciendo Sæpe caput ſcaberet, vivos & rodcret ungues.* Horat. *lib.* 1. *Satyr. X.*

J'ai beau frotter mon front, j'ai beau mordre mes doigts. *Boileau* Sat. 7.

Que la pratique de certains petits mouvemens n'est pas si vaine qu'on le penseroit d'abord.

mens sont très-naturels aux personnes qui composent ; & par le reflux des esprits qu'ils occasionnent vers le cerveau, ils paroissent réparer les pertes qu'il avoit souffert. C'est ainsi que le moindre souffle rallume un feu qui alloit ~~paroître.~~ s'éteindre.

Il arrive quelquefois à des personnes vraiment spirituelles, de se trouver dans une grande disette de pensées. L'ame ou le corps seroient-ils fatigués ? Mais qui peut comprendre qu'un esprit ou de la matiere puisse se lasser ? Cette disette ne vient donc que du défaut de moyens, ou des obstacles que rencontrent ces mêmes moyens. Il ne peut y avoir d'obstacles ; puisque nous supposons les personnes vraiment spirituelles. Reste donc le défaut des moyens ; c'est-à-dire la dissipation des esprits animaux. On y remédie encore en faisant refluer vers le cerveau les esprits qui se distribuoient aux parties extérieures du corps. Ce que plusieurs exécutent facilement, en prenant du tabac ou respirant quelques eaux spiritueuses. L'impression faite sur la membrane pituitaire cause toujours un reflux méchanique des esprits. Quelquefois ce reflux est sympatique

De l'usage du tabac & des eaux spiritueuses.

par la liaiſon étroite qui ſe trouve entre la membrane pituitaire & les muſcles de la reſpiration. C'eſt pourquoi ſi l'impreſſion qui eſt faite ſur la membrane pituitaire eſt vive, l'inſpiration ſera grande & l'expiration violente & ſubite ; de-là l'éternuement ; de-là le reflux mechanico-ſympathique des eſprits de toutes les parties qui environnent la poitrine, des poulmons mêmes & de quelques muſcles de la face vers le cerveau.

ARTICLE III.

De l'Imagination trop forte.

Définition & explication de l'Imagination trop forte.

PAR une Imagination trop forte nous entendons celle où les idées ne ſont pas toujours réelles, mais ſouvent vagues & chimériques. Les idées réelles ſont celles qui ont leur fondement dans la nature, & qui ſont conformes à un être réel, à l'exiſtence des choſes, ou à leurs archétypes. Celles-là ſont chimériques qui n'ont point de fondement dans la nature, ni aucune conformité avec la réalité des choſes auſquelles elles ſe rapportent tacitement comme à leurs archétypes. Toutes nos idées ſenſibles ſont réelles ; mais les idées réflechies & complexes étant des combinaiſons volontaires, elles peuvent être chimériques (*a*).

Quels ſont ceux dans leſquels ſe rencontre ce défaut.

Ce défaut paroîtroit volontiers une maladie qui n'attaqueroit que les frénétiques ou les maniaques ; mais malheureuſement elle attaque auſſi les perſonnes qui ne ſont nullement ſoupçonnées de délire. Si ce vice a regné autrefois, on peut dire que ſon triomphe étoit reſervé pour notre ſiecle, où l'on a vû paroître mille contes des Fées & une multitude prodigieuſe de Romans ; pures collections de faits imaginaires & qui ſouvent choquent la vraiſemblance. De ce vice en naît encore un autre non moins à craindre. C'eſt lui qui produit ces eſprits qui abandonnent le naturel pour donner dans les hyperboles & les éxagérations continuelles, & qui quittent le ſolide pour courir après le clinquant & le Phœbus.

Ce défaut ne fut jamais plus remarquable que dans les Œuvres de *Cyrano de Bergerac*. L'Imagination trop forte & déreglée de cet Auteur le jettoit dans une affectation viſible de s'écarter des façons de parler communes & naturelles, dans une ſtructure choquante de mots biſarrement aſſemblés ;

(a) *Voyez* Locke, *liv.* 2. *chap.* 30.

en un mot, dans des antithèses forcées & déplacées.

On peut mettre encore au rang des Imaginations trop fortes *Paul Veronneau* (a), l'Auteur du Poëme de la Magdelaine, & plusieurs autres, dont l'Imagination vive & bouillante s'est assez manifestée dans leurs Ecrits. On en trouvera aisement des exemples dans chaque Science, & pour ne parler ici que de la Médecine, ne seroit-ce pas avec raison que nous rangerions ici les noms de *Paracelse* & de *Van-Helmont*, qui dit lui-mê-

(a) *Paul Veronneau*, Blaisois. Comme ce Poëte n'est pas beaucoup connu, je citerai ici quelques saillies de son imagination bouillante & gigantesque. Dans sa Tragicomédie de l'*Impuissance*, il fait dire à l'Empereur d'Ethiopie :

Je n'ai plus d'ennemis & ma bonne fortune
Dans la facilité de vaincre m'importune ;
Et ma valeur trouvant le monde trop petit
Ayant tout dévoré n'entre qu'en appétit.
Toi! le plus grand des Dieux, autheur de la lumiere,
Ouvre ton cœur sensible aux traits de ma priere,
Pour mon ambition fais un monde nouveau
Forme un air seulement, une terre & de l'eau :
Je formerai du feu, j'en ai dans mon courage
Assez de quoi fournir un monde & davantage.
Mais quoi! c'est sans raison que je m'addresse aux Dieux
Que ma grandeur extrême a fait mes envieux :
L'égalité toujours la jalousie excite ;
Ils sont Dieux par nature, & moi par mon mérite
Et leur demeure aux Cieux témoigne leur défaut,
C'est leur légereté qui les a mis si haut.
Toute leur providence est assez occupée
A reculer le Ciel du bout de mon épée, &c.

me (a) qu'il a fait plus de progrès dans les Sciences par les rêveries, les imaginations, les fantaiſies, les ſonges & les viſions, que par la méthode & la marche reglée du bon ſens.

Ce vice doit être plus familier aux tempéramens chauds, ſecs & ſanguins, qu'à toute autre conſtitution. Quant aux tempéramens chauds & ſecs, la choſe paroît évidente par elle-même; puiſque les fibres peuvent être trop ſéches, trop tendues & trop élaſtiques, & les fluides trop mobiles, trop âcres & pouſſés avec de trop grandes forces; ce qui produira les effets cy-deſſus mentionnés. La cauſe une fois connue, il ne ſera pas difficile de remplir les indications qu'elle préſente; or nous avons détaillé ſoit dans ce Chapitre, ſoit dans le précédent, la cure qui convenoit à chacun de ces défauts: elle ſe reduit principalement à ces deux chefs: changement de climat plus humide que celui qu'on habite, & régime de vivre adouciſſant, humectant, rafraîchiſſant, qui peut ſe procurer tant par la qualité des alimens, que par la privation des li-

Particulierement à ceux qui ſont d'un tempérament chaud ou ſec.

(a) Cap. de venatione Scientiarum. *Fateor me plus profeciſſe per imagines, figuras & viſiones phantaſiæ ſomniales, quàm per rationis diſcurſus.*

queurs volatiles & des ragoûts âcres, salins & sulphureux. *Demosthene* que *Longin* compare à un foudre ou à une tempête, ne bûvoit que de l'eau. Sans doute que s'il n'eût pas moderé l'ardeur de son tempérament par cette simple boisson, il seroit tombé dans les mêmes extrémités que nous reprenons ici. Il nous paroît certain que si l'on employe les moyens mentionnés, les fibres reviendront peu-à-peu à leur ton naturel, & que les esprits moins actifs seront mûs plus modérement.

Et à ceux qui sont d'un tempérament sanguin.

Nous disons aussi que ce défaut doit être plus fréquent dans les tempéramens sanguins. Pour le prouver, il nous suffira d'apporter l'exemple des femmes enceintes. Tout le monde convient que les femmes sont plus pléthoriques dans le temps de leur grossesse, que dans tout autre temps. Or il est d'expérience que dans cet état l'Imagination des femmes est plus vive: car les *envies* dont on parle tant, ne sont autre chose que des idées qui frappent avec tant d'énergie, qu'elles vont presque jusqu'à la sensation. Ce n'est pas que nous pensions que l'Imagination de la mere puisse agir sur l'enfant qu'elle renferme dans son sein : nous sommes bien éloignés de le croire : la raiſon & les faits y répugnent. C'eſt ce que l'on verra clairement démontré dans le Livre qu'a donné il y a quelques années M. *Blondel* membre du College des Médecins de Londres (*a*). Ce Traité prouve par les argumens les plus forts & les plus convainquans, que le fœtus dans tous ſes différens états & différentes configurations, étant un individu diſtinct & ſéparé de la mere, ne peut recevoir aucun dommage par la ſimple Imagination, puiſqu'il ſubſiſte hors de la ſphere de cette opération de l'entendement.

Sans nous arrêter ici à une queſtion qui eſt hors de notre ſujet, il nous ſemble que l'exemple de l'état des femmes enceintes prouve ſuffiſamment que la pléthore augmente l'intenſité de l'Imagination, & que par conſéquent ce défaut doit ſe rencontrer particulierement dans les perſonnes d'un tempérament ſanguin ; ſur-tout ſi elles ſont pléthoriques. La diéte, la ſaignée, les alimens qui fourniſſent peu de ſuc, l'exercice ſont les principaux remédes propres à attaquer ce défaut. Voyez ce que nous avons dit ſur les ſenſations.

(*a*) Diſſertation Phyſique ſur l'Imagination des femmes enceintes.

ARTICLE IV.

De l'état parfait de l'Imagination.

Ce que c'est que l'état parfait de l'Imagination.

IL suit de ce que nous avons avancé jusqu'à présent, que l'esprit qui dans la perception qu'il a de son objet, distingue le mieux la nature des impressions qu'il reçoit des causes externes ; celui qui confond le moins les différentes affections qui en résultent ; & enfin celui qui porte sur leur sujet un jugement plus simple, est aussi celui qui a des idées plus claires & plus évidentes, & qui est le plus disposé à en faire une juste comparaison. C'est aussi ce que nous appellons Imagination parfaite qui renferme en elle-même, comme l'on voit, toutes les autres opérations de l'ame ; mais qui étant regardé comme principe de de ces mêmes opérations, en est réellement distincte.

Moyens de le conserver.

Si l'on est assez heureux pour posséder un pareil trésor, nous ne connoissons pas de meilleur moyen pour le conserver, que de vivre comme l'on a vécu jusqu'alors ; c'est-à-dire, faire le même usage des choses non naturelles. Votre Imagination est-elle plus libre lorsque vous êtes à jeun ?

eſt-elle plus libre après avoir bû quelque liqueur ſpiritueuſe, ou après avoir fait quelque exercice ? eſt-elle plus libre dans le Printemps que dans l'Hyver ; dans la retraite que dans le tumulte ; dans l'obſcurité que pendant le jour ? ſaiſiſſez tous ces précieux inſtans pour jouir de vous-même, & mettre au jour les productions que conçoit votre heureux génie.

Objection.

Mais, dira-t-on, ce point de perfection eſt un point Métaphyſique ou Zénonique, auquel on ne pourra jamais atteindre. D'ailleurs tout Architecte ne peut pas être un *Perrault*, tout Peintre un *le Brun*, tout Orateur un *Bourdaloue*, & tout Poëte un *Corneille*.

Solution.

Nous ne parlons ici de la perfection qu'autant que le comporte la foibleſſe humaine ; car il eſt certain que malgré toute notre vigilance nous ſerons ſujets à mille défauts. Mais nous ſommes perſuadés que ſi l'on exécute nos préceptes, & ſi l'on choiſit ſon véritable talent, l'on ſera plus à portée d'atteindre à ce degré de perfection dont nous parlons. Au reſte ce degré de perfection n'eſt pas un point Zenonique, comme on donne à le croire ; au contraire il eſt très-étendu.

Variété infinie dans les génies.

Nous pensons qu'il ne sera pas hors de propos de rapporter à ce sujet ce que disoit le plus célébre Orateur que Rome ait enfanté, lorsqu'il vouloit faire voir en combien de manieres différentes la nature quoique simple, pouvoit plaire

Remarquée par *Ciceron.*

à nos sens : » La Sculpture, dit-il (*a*), » est un seul & même art ; *Myron*, » *Policlete* & *Lisippe* y ont excellé. » Ils sont très-différens entre eux, » mais on est charmé de la diversité » de leur génie. Il en est de même de » la Peinture : *Zeuxis*, *Aglaophon*, » *Apelles* n'ont aucun air de ressem- » blance, & tous les trois semblent » avoir atteint la perfection de leur » art. Si cela est vrai & merveilleux » dans des arts muets, combien l'est-il » davantage dans les discours & dans le » style où les mêmes mots & les mêmes » pensées sont employées & font une si » grande différence ! C'est pourquoi on » ne doit pas blamer une personne de » ne pas imiter les autres : au contraire » si dans son genre particulier elle mé- » rite quelques éloges, il faut la louer. » Cette diversité se remarque d'abord » dans les Poëtes qui ont tant de rap- » port avec les Orateurs. Parmi les » Poëtes Latins *Ennius*, *Pacuvius*,

(*a*) De Orat. lib. 3. n. 7.

» *Accius*,

» *Accius*, parmi les Poëtes Grecs *Æſ-*
» *chile*, *Sophocle*, *Euripide* ne ſont-
» ils pas différens, & ne leur a-t-on
» pas payé à chacun un égal tribut
» de louanges? Si vous conſiderez les
» Orateurs, *Iſocrate* n'a-t-il pas la
» douceur en partage, *Liſias* la ſub-
» tilité, *Hipérides* la vivacité, *Eſchi-*
» *nes* l'élegance, *Demoſthenes* la force?
» Qui d'eux autres n'eſt pas parfait &
» reſſemble à d'autres qu'à eux-mêmes?
» *Scipion* eſt inimitable pour la fer-
» meté, *Lelius* pour l'agrément, *Galba*
» pour la conciſion, *Carbon* pour la
» facilité & l'harmonie. Ils ſont les
» premiers de leur temps, & ils ſont
» les premiers dans leur genre. Mais
» pourquoi puiſer des exemples parmi
» les Anciens, notre ſiecle ne nous en
» fournit-il pas aſſez? Ne pourrois-je
» pas citer *Catulle*... *Ceſar*... *Sul-*
» *pitius*... *Cotta*... *Antoine*... qui
» ont chacun leur maniere d'écrire où
» ils excellent. »

De même que *Ciceron* rappelle à ſon ſiecle pour faire voir la variété qui ſe trouve dans la perfection, de même auſſi ne pourrions-nous pas propoſer nos Poëtes François qui ont tous remporté la palme, quoique dans le même genre. En effet ſi nous jettons un

Remarquable encore dans notre ſiécle.

coup d'œil ſur nos Poëtes Tragiques ; n'admirerons-nous pas la grandeur de *Corneille*, la tendreſſe de *Racine*, la conduite de *Campiſtron*, l'expreſſion de *Voltaire* & la force de *Crebillon*. Ces parallelles mettent ſans doute en évidence la vérité que nous propoſons, & reculent les limites d'un champ que l'on ſuppoſoit bien étroit. Mais pour éviter des détails qui ne ſont plus de notre reſſort, abandonnons ces diſcuſſions aux Rhéteurs, pour chercher ſi nous avons en nous la ſource de toutes ces différences, ſans cependant rien altérer à l'état parfait ſuppoſé de notre Imagination.

Très-conforme auſſi à l'état Phyſique de notre nature.

En effet quelle variété prodigieuſe dans les eſprits animaux & dans les fibres du cerveau, ſans cependant qu'elle empêche leurs actions ! Quelles combinaiſons infinies entre ces deux êtres qui agiſſent & réagiſſent l'un ſur l'autre ? Livrons-nous pour quelque temps à ces conſidérations abſtraites ; notre ſyſtême n'en peut devenir que plus parfait.

Prodigieuſe variété dans la nature, la quantité & le mouvement des eſprits animaux.

Il eſt vrai que chaque partie intégrante des eſprits animaux doit avoir une même forme : ſuppoſons qu'elle ſoit ronde dans l'état naturel. Ces mêmes parties intégrantes, ou quelques unes, ne peuvent-elles pas être hérissées des pointes des sels, & allongées par les souffres, devenir oblongues, elliptiques, sphéroidales par la pression, & parcourir l'infinité de degrés qui se rencontre entre le sphéroide & la sphere ? De sorte que la molécule oblongue S ne ressemble pas à la molécule oblongue T, de même que celle-là sera dissemblable de la particule V. Il est sûr que des coups portés par des corps différens à l'infini, seront eux-mêmes différens à l'infini. De plus, l'impulsion répond à la grosseur, à la pesanteur, à la vîtesse & à la force du corps qui frappe. C'est encore un infini ajoûté à un infini, si cependant l'infini est susceptible d'accroissement. Joignez encore le rapport que doit avoir l'impulsion avec la surface & la maniere dont touche la surface : tantôt ce sera le grand diamétre qui choquera la fibre, tantôt ce sera le petit diamétre ; tantôt la fibre sera frappée dans son plein & dans son milieu, tantôt ce ne sera qu'à ses extrémités & sur ses bords. Autre abîme où l'esprit humain se perd dans ses recherches.

Les fibres du cerveau nous offrent aussi une multitude innombrable de

Prodigieuse diversité dans la nature, la tension & le mouvement des fibres du cerveau.

comparaiſons. Peut-on concevoir le mouvement de la fibrille X égal à celui de la fibrille Y, quoiqu'elle ne différe de celle-là que parce qu'elle eſt impregnée d'une molécule d'eau de plus qu'elle ? Concevra-t-on ſon mouvement égal à celui de la fibrille Z la ſuppoſant percée d'un pore de plus ? Non certainement un eſprit exact ſent parfaitement que ces diverſités emportent eſſentiellement une différence quoiqu'inſenſible dans les combinaiſons. Maintenant faiſons frapper la fibrille X par la particule V, dans le temps que l'on fera frapper la fibrille Y par la particule T. Faiſons un échange; que la molécule T choque la fibre X, tandis que la fibre Y ſera mûe par la molécule V. Ce que nous venons de dire de X & de Y avec T & V, doit s'entendre de Z de S. Z méſuré ſucceſſivement avec T & V, & comparé avec X & Y. Quelle multitude de différences ſi nous prenions tous ces degrés de comparaiſons ! Si nous paſſions à préſent à la tenſion des fibres, à leur ſéchereſſe, à leur groſſeur & à leur conformation primordiale; ſi nous paſſions à la recherche de leurs principes, à l'examen de la force, de la quantité, de la vîteſſe de leurs oſcillations, nous verrions autant d'infinis qui ſont les termes de nos connoiſſances & la marque de la puiſſance d'un ouvrier ſouverainement ſage & ſouverainement parfait.

Induction par laquelle on peut concevoir cette variété infinie.

Il nous ſemble voir ici les ſept notes de Muſique dont l'arrangement divers a produit & produira un ſi grand nombre d'airs. Nous nous repréſentons encore ici le nombre de mots que les vingt-quatre lettres de l'Alphabet ont produit parmi tous les peuples, & cette multitude de mots qui étant combinée, forme & formera cette quantité prodigieuſe de livres : image ſenſible que l'on peut ſe former de la multiplicité des modes des eſprits animaux & des fibres du cerveau, & en même temps de l'énorme variété des génies, des caractéres & des eſprits.

Ces réflexions, dira-t-on, ſont belles dans la ſpéculation : mais il eſt impoſſible de les atteindre dans la pratique : nous l'accordons. Toutes ces différences alléguées cy-deſſus ne peuvent produire que des modalités dans l'ame qui ſont preſque inſenſibles aux yeux humains. C'eſt ce qui formera ce fond de caractere impénétrable : on y reconnoîtra ſans doute des traits de reſſemblance, mais on y trouvera ce je ne ſçai quoi qui les diſtingue parfaitement. C'eſt ce qui variera ces mêmes caracteres à l'infini. C'eſt ce qui rendra un Orateur plus brillant, plus perſuaſif plus touchant; un Poëte plus grand, plus énergique, plus tendre, toutes choſes étant d'ailleurs égales de part & d'autre. C'eſt ce qui modifiera tellement les génies, qu'ils ne ſe reſſembleront jamais, quoique les uns ayent été les modeles des autres. C'eſt ce qui fera que celui-ci expoſera ſes penſées dans un plus beau jour que celui-là. C'eſt enfin ce qui donnera ces différences preſque imperceptibles du plus au moins dans des eſprits qui raiſonnent & qui jugent exactement.

Ne pouvant donc approcher de cet état inſenſible, nous nous ſommes contentées de ramener nos principes au point ſenſible. Peut-être que quelques perſonnes plus clairvoyantes que nous, iront plus loin. Il nous ſuffiſoit de ſçavoir que les eſprits animaux pouvoient avoir un mouvement ou trop lent ou trop vif, ce qui provient de leur qualité & de leur quantité. Il nous ſuffiſoit de ſçavoir que les fibres du cerveau pouvoient être trop, ou trop peu tendues, séches, grosses & vibratiles. Ces variétés sont sensibles & peuvent se connoître par le tempérament, les mœurs, le battement des arteres, &c. Ainsi l'on peut prendre ses indications & y appliquer des remédes.

Nous nous flattons cependant qu'en remédiant aux vices sensibles, on parviendra aussi à guérir les défauts insensibles : car si cela n'étoit pas ainsi, la guérison seroit imparfaite en un sens.

Après toutes ces considérations nous conclurons que quoique la perfection soit une dans son genre, elle est cependant multiple dans ses especes ; que ces especes mêmes ont des rélations très-étendues pour les cas particuliers ; que nous avons en nous la source de toutes ces différences qui ne changent pas, du moins sensiblement, le caractere de perfection que nous avons donné à l'Imagination ; que remédier aux défauts mentionnés dans ce Chapitre, c'est tendre à cet état parfait de l'Imagination auquel on peut atteindre autant que le comportent les forces de la condition humaine.

CHAPITRE III.

Du Raisonnement,

On ne parlera ici du Raisonnement que comme comparaison des idées.

NOUS ne traiterons pas ici du Raisonnement de la même maniere dont en parlent les Logiciens, qui en dissertant sur cette opération de l'entendement, analisent les regles du syllogisme. Nous n'imiterons pas non plus quelques Philosophes & les Rhétoriciens, qui indiquent les lieux & la méthode pour trouver des argumens. Il suffit d'avoir des idées, & de les comparer ensemble pour raisonner. Ainsi dans les cas où l'imagination seroit abolie ou vitiée, le raisonnement doit aussi être éteint, ou dérangé : ce qui arrive dans l'apoplexie, la compression du cerveau, les fievres ardentes, les fievres malignes, la phrénésie, &c. Comme ces états sont contre nature, nous n'en parlerons pas, ne nous étant engagés d'examiner que ce qui se passe dans l'état de l'homme sain. Nous dirons donc notre sentiment sur le défaut de Raisonnement qui dépend du peu de connoissance que nous avons du sujet.

Secondement

Secondement on voit tous les jours des personnes avoir beaucoup d'imagination & peu de Raisonnement. Les idées seules ne constituent donc pas le Raisonnement : il faut encore y joindre la réflexion pour connoître le rapport qu'ont entre elles les idées. Or les idées dépendant de notre organisation, la comparaison de ces mêmes idées que nous faisons par la réflexion, doit être plus ou moins exacte, selon que notre organisation sera plus ou moins parfaite. C'est pourquoi tels Raisonnemens seront inintelligibles aux uns, tandis qu'ils seront fort clairs pour d'autres. C'est pourquoi nous raisonnions hier d'une façon differente de celle que nous raisonnons aujourd'hui sur une matiere de controverse. C'est pourquoi quelques matieres passent pour certaines en Espagne, tandis qu'elles sont regardées comme douteuses en France, & comme fausses en Angleterre. Suivez les différens degrés de chaleur des climats, & vous trouverez des nuances sensibles des opinions, des coutumes & des loix politiques & morales.

Que cette comparaison des idées dépend de l'organisation de nos corps.

Comme nous avons déja dit qu'il n'y avoit pas de Raisonnement sensible faux en parlant selon la préci-

Ce q[u]e c'est que [l]e Rai[s]onn[e]ment défe[c]tueux

ſion la plus Métaphyſique, ce vice ne doit donc appartenir qu'aux Raiſonnemens réfléchis ou mixtes qui peuvent être défectueux en ce que le terme de comparaiſon eſt mal choiſi. En effet ce qui doit indiquer le rapport ou la diſconvenance de deux repréſentations peut être totalement étranger à ces deux repréſentations, & incapable d'en faire ſentir la liaiſon, ou la ſéparation. Secondement le choix des moyens pris d'une autre ſource que de l'évidence, peut ſouvent nous conduire à l'erreur.

ARTICLE PREMIER.

Du défaut de Raiſonnement.

Moyens de multiplier ſes idées ſur le même ſujet.

TOUT Raiſonnement eſt au moins l'aſſemblage de deux idées : quelquefois il réſulte de la combinaiſon de pluſieurs propoſitions complexes, ce qui exige une ſuite d'idées ſur le même ſujet dans l'entendement de celui qui raiſonne. Il ne s'agit donc ici que des moyens de raſſembler pluſieurs idées ſur le même ſujet. Nous avons déja fait voir combien les ſens fourniſſoient de reſſources à l'imagination, & nous avons levé tous les obſtacles qui pouvoient empêcher la liberté de cette même imagination. Par une conséquence nécessaire on est supposé avoir des idées vives & distinctes, & l'on ne doit plus être embarrassé que sur leur choix. L'embarras cesse si l'on sçait avec art se placer au centre des objets qui peuvent présenter mille images conformes au sujet qu'on médite, & si l'on tient ses sens tellement attentifs à toutes les impressions, que l'ame soit avertie de toutes les choses qui l'environnent & qu'elle puisse se rendre compte à elle-même du sentiment qu'elle éprouve. On sentira la vérité & l'étendue de ce principe si l'on entre dans quelques détails.

Exemple de la situation des lieux.

Il est des lieux qui par leur exposition, la liberté de l'air qu'on y respire, leur aménité, leurs formes, fournissent à l'ame une foule d'idées qui ne reçoivent leur force ou leur agrément, que de la situation & de la disposition du sol d'où on les puise. Ce sont des tableaux qui communiquent à l'ame des mouvemens conformes aux sensations qu'ils excitent. Ou plûtôt ce sont des livres qu'on parcourt d'un seul coup d'œil; on en connoît mieux l'ensemble que dans toutes les descriptions des Poëtes ou des Orateurs. On conçoit mieux tous les rapports de l'ouvrage, & parce que ce sont les sens qui sont d'abord frappés, & non pas l'imagination qui sert de guide, les perceptions en sont plus fortes, plus durables & plus certaines. Qu'on me permette de développer ici la nature de certains sentimens que j'ai éprouvés, & qui étoient la cause occasionnelle de tous les Raisonnemens que je faisois alors. Cela engagera peut-être quelqu'un à interroger sa conscience & à sentir le méchanisme de ses Raisonnemens mêmes les plus abstraits.

Analyse des idées qui naissent sur le haut d'une montagne.

Suis-je sur le haut d'une montagne? je suis Philosophe. Il me semble regner sur toute la nature & lui dicter des loix, prévoir tous les événemens qui arrivent parmi les hommes sur lesquels je domine, & découvrir toutes leurs marches pour parvenir à leurs desseins. Dans le fond de mon cœur j'applaudis à ceux qui marchent dans des sentiers droits, & je gémis sur ceux qui courent dans des routes détournées. Je les insulterois même: je suis trop éloigné d'eux pour les craindre. Je deviendrois alors Poëte épique ou tragique si ma nature fournissoit assez d'alimens au torrent de feu qui m'embrase.

De celles qui naissent au milieu de la montagne.

Au milieu de cette montagne j'approche de plus près des hommes, j'en apperçois les ridicules, & comme je n'en suis pas encore atteint, j'en ris & j'en forme une Comédie. Dans cet endroit je vois aussi moins loin, & les vertus des hommes me paroissent moins tenir de leur devoir que de l'héroïsme, & leurs crimes de la pente naturelle qu'ils ont au mal plûtôt que de la dépravation de leurs cœurs. Ce changement d'atmosphere me rend moins juste & plus compatissant.

De celles qui naissent au bas de la montagne.

Je descens au bas de la montagne, je suis alors au milieu des hommes, & je participe à leurs foiblesses. Tranquille à l'ombre d'un arbre épais, assis sur le bord d'un ruisseau, jettant mes regards sur d'immenses prairies, je goûte les douceurs du repos & je songe à un bonheur qui me fuit avec d'autant plus de vîtesse, que je le poursuis avec plus d'acharnement. Si je vois dans le lointain les danses de quelques bergeres ornées de leurs plus beaux atours pour célébrer avec plus de pompe la fête de leur Village, ce doux sentiment passe de mes yeux dans mon cœur, & me fait soupirer après la possession de quelque objet aimable auquel je puisse communiquer une partie des mouvemens qui m'agitent. Mes desirs sont superflus ; je détourne les yeux & je porte mes regards sur des jardins enchantés, couronnés d'un superbe édifice, & marqués au coin de l'opulence & du bon goût. Sans m'en appercevoir je deviens ambitieux, je desire de posséder des biens dont la jouissance me paroîtroit contribuer au bonheur de la vie, & je médite des moyens propres à me procurer de pareils avantages.

Nature des idées conforme aux lieux où l'on est.

Il est donc certain que nos idées nous sont fournies par tous les objets qui nous environnent, que nos Raisonnemens tiennent de la nature de nos idées, & qu'ils se manifestent par conséquent sous les couleurs que doivent leur donner la situation & la forme des endroits où nous méditons. Pour rendre la chose encore plus sensible, parcourons différens lieux que l'art a arrangé pour nos plaisirs, en cherchant à exciter en nous divers sentimens ausquels l'ame la moins souple ne peut se refuser. Dans le Parc de Bagnolet on cherche la solitude, on y respire un air qui semble disposer à la mélancholie, on y réfléchit malgré soi, & l'on n'y connoît d'autre étude que la Morale &

la Philosophie. Celui qui se promene dans le Parc de Saint Cloud erre avec les Nymphes & les Nayades ; son cœur se dispose insensiblement à la tendresse, & au pied de la Cascade il médite les saillies d'une Chanson, les murmures de l'Elégie, ou la chûte d'un Madrigal. Auprès des palissades de Marli on cherche à plaire ; la coquetterie du lieu prépare à la galanterie. A Versailles près du bassin de Latone, on devient politique. Il semble que toutes les démarches & tous les gestes soient à découvert : on dissimule, & par une addresse de la vanité on cherche à paroître ce qu'on n'est pas.

Mais nous ne nous arrêterons pas davantage à prouver ce que l'expérience confirme. Combien de fois chacun a-t-il éprouvé que les sensations qu'il avoit au Luxembourg étoient différentes de celles qu'il avoit aux Thuilleries, & que les idées qui résultoient de ces diverses motions des sens, étoient bien différentes de celles qu'on avoit à Sceaux ou à Meudon ? Chacun de ces aimables séjours paroît bien différent soit qu'il soit agité par les vents & peu fréquenté, soit qu'il soit calme & animé par la présence des objets qui s'y promenent. Il naît donc encore de ce principe une autre conséquence bien naturelle, c'est que l'on peut quelquefois aider la faculté qui est en nous de raisonner par la situation des lieux qu'on doit choisir la plus conforme à favoriser le genre d'ouvrage sur lequel nous nous exerçons, & à fournir des images les plus propres à féconder notre imagination. Cette conséquence est d'autant mieux fondée, que nous avons fait voir que presque toutes les sciences prenoient leur origine des sens : or les sciences sont une suite de Raisonnemens qui conduisent peu-à-peu à une vérité pratique.

Obstacles Physiques qui empêchent le Raisonnement.

Parmi les obstacles que l'on rencontre dans le chemin qui conduit à la vérité, l'Auteur de la Médecine de l'ame & du corps compte certaines indispositions qui empêchent ou retardent les progrès que nous devrions faire (*a*). Ces mauvaises dispositions ne sont pas des maladies, mais de ces choses qui nous rendent dans différens temps plus ou moins propres à la recherche de la vérité. Chacun en a pû faire l'expérience. Il faut donc saisir le moment, employer utilement les

(a) *Medicina mentis*, &c. *Part.* 2. *pag.* 217. *ad* 226.

intervalles de langueur où l'ame se trouve, & bien disposer son corps pour se retirer de cet état d'inertie. Il nous cite sa conduite pour exemple, & nous croyons qu'on ne sera pas fâché d'en trouver ici un modele. J'ai experimenté, dit-il, que j'ai toujours retiré de grands fruits de mes études quand 1°. j'avois mangé sobrement. 2°. Lorsque j'avois laissé écouler un temps suffisant après mes repas. 3°. Si je m'appliquois pendant la nuit, parce qu'alors tout est dans le silence & dans le repos. 4°. Ou bien avant le lever du soleil, parce que l'air n'est pas rarefié par la chaleur. 5°. Pendant l'hyver j'employois à mettre en ordre mes Raisonnemens, tandis que je m'occupois pendant l'Eté à faire des expériences. 6°. Toutes les fois que j'avois lû les Ouvrages de ces Ecrivains qui enchaînent leurs idées avec un tel art qu'elles semblent naître immédiatement les unes des autres, alors éguillonné par les vérités que je venois d'apprendre, je me sentois disposé à faire de nouvelles découvertes. 7°. Après avoir conversé avec des personnes qui s'addonnoient au même genre d'étude que moi, & leur avoir expliqué mes pensées, j'acquerrois de nouvelles forces. 8°. *Si je me* ſentois peu propre au travail je l'abandonnois, je me livrois pour quelque temps au plaiſir, & je ne revoyois mes livres que lorſque je m'appercevois d'une nouvelle ardeur pour l'étude. 9°. Le matin lorſque j'étois éveillé, je reſtois dans la même ſituation, ſi je me rappellois toutes les idées & tous les ſonges que j'avois eû pendant la nuit, c'étoit pour moi un heureux préſage de la facilité avec laquelle je travaillerois. 10°. Quelque fois je n'éprouvois pas la même agilité dans tous mes membres; au contraire je me ſentois lourd & peſant. Comme je n'attribuois cet état qu'à une ſurabondance d'humeurs, je me faiſois ſuer, & je remarquois que j'en avois plus de force ſoit d'eſprit, ſoit du corps. 11°. Toutes les fois que je prenois la plume avec plaiſir & que je la quittois ſans être fatigué, j'étois certain du ſuccès. 12°. Accoutumé à réfléchir au milieu du tumulte, ce qui eſt un grand avantage, je me débarraſſois bientôt de quelques ſentimens importuns qui me détournoient lorſque je me trouvois dans un état plus tranquille & que je voulois me livrer tout entier à mes réflexions.

C'est ainsi qu'un homme, qui rencontrant un fait intéressant dans l'Histoire, poursuit sans être distrait, sa lecture malgré le bruit que font les personnes qui l'environnent, poussé par le desir d'apprendre quelque chose de nouveau ou de voir la fin de l'événement dont il vient de voir l'origine.

Toutes ces observations ne sont pas inutiles, & les favoris des Muses en sentent tout le prix. Ceux-ci réveillent leur ame de sa nonchalance & de son assoupissement par les sons harmonieux de la Musique : ceux-là la retirent de son état de langueur par la représentation de quelque fait tragique, ou de quelque piece qui peint le ridicule des hommes. En un mot, il est mille moyens propres à rassembler nos idées & à favoriser nos Raisonnemens, qu'on ne doit pas négliger lorsqu'on veut réussir dans le genre d'étude qu'on a embrassé. Ce sont plusieurs petites sources, qui réunies, forment ensuite une grande riviere.

ARTICLE II.

De la premiere cauſe des Raiſonnemens défectueux.

Moyen choiſi incapable de faire ſentir la liaiſon ou la ſéparation des idées.

LA meſure qui doit faire eſtimer les relations qu'ont entre elles deux fibres, eſt vicieuſe de deux manieres : elle peut être ou trop grande, ou trop petite ; c'eſt ce que nous allons examiner plus en détail.

Dans l'état parfait des fibres du cerveau il doit y avoir une certaine harmonie qui ne peut être troublée ſans que le Raiſonnement ſoit dérangé. De même que cette harmonie générale ſe ſoutient par le reſſort meſuré des fibres : de même auſſi décline-t-elle par le reſſort peu ménagé, ou trop affoibli des fibres. Ce reſſort eſt trop conſiderable par la trop grande tenſion des fibres ; il eſt trop foible par leur relâchement. C'eſt ce que l'on doit entendre par la meſure trop grande, ou trop petite dont nous venons de parler. Il ne s'agit pas ici d'une tenſion, ou d'un relâchement total, ce ſeroit maladie ; mais d'une tenſion & d'un relâchement particulier dont nous rendrons compte à la fin de cet Article.

Effets que doit produire la tension particuliere de quelques fibres.

Cette tension de quelques fibres au-dessus du ton nécessaire doit occasionner des oscillations plus fortes & plus promptes ; ce qui les empêchera de correspondre au mouvement des autres fibres moins tendues. Or cette tension partielle plus considerable, peut être produite soit par le défaut des choses non naturelles, comme la sécheresse de l'air, la chaleur du régime de vivre, l'exercice & les veilles outrés ; soit par la nature de notre constitution, comme dans les tempéramens vifs & bouillans, dans ces complexions chaudes où les digestions sont promptes, le battement des arteres violent, & l'habitude du corps presque toujours séche & brûlante. C'est principalement dans ces sortes de constitutions que l'on remarque peu de Raisonnement quoiqu'il y ait beaucoup d'imagination, parce que plusieurs idées qui pourroient être liées ou séparées, ne peuvent plus l'être Au contraire il arrive souvent qu'on unit des idées qui devoient être séparées, & que l'on désunit des idées qui pouvoient être jointes ensemble. Nous nous répeterions en vain si nous faisions ici l'énumeration des moyens que nous avons rapporté pour déraciner de pareils vices. Qu'il nous suffise d'avertir ici que pour remédier aux défauts qui doivent naître d'un tel état des fibres, il faut éviter les causes éloignées & combattre efficacement les causes prochaines.

Effets que doit produire le relâchement particulier de quelques fibres.

Le relâchement de quelques fibres du cerveau ne peut arriver que leur ressort ne soit en même temps diminué. De-là leurs vibrations plus foibles & plus lentes. Or ce relâchement peut être produit par deux causes générales & opposées à celles qui ont occasionné la trop grande tension. Tel est le mauvais usage des choses qui servent à conserver la vie, comme le climat trop humide, le régime de vivre trop aqueux, le repos outré qui dégenere en paresse & en lenteur dans toutes les actions. Telle est la condition de ces tempéramens froids & pituiteux, & de ces hommes tranquilles, presqu'insensibles, difficiles à se mettre en colere, presque toujours surchargés d'une sérosité trop abondante & attaqués de fluxions pour la moindre cause. Si l'imagination est fort lente dans ces personnes, le Raisonnement n'est pas moins embarrassé. Ajoutez encore que ne concevant pas les choses dans le degré d'existence qui leur est propre, elles ne peuvent pas en raisonner avec autant de certitude que celles qui jouissant d'une constitution plus parfaite, combinent exactement tous les rapports & sont en état d'en juger plus sainement. Elles raisonnent juste, il est vrai, suivant l'état actuel de leur cerveau : mais le Raisonnement est défectueux relativement à l'essence de la chose. Pour remédier à un pareil défaut il faut long-temps combattre la cause & éviter soigneusement tout ce qui peut nous en rapprocher : notre méthode a été suffisamment développée dans le chapitre précédent.

Eclaircissement sur une difficulté qui pourroit se présenter dans la pratique des moyens enseignés.

Il se présente naturellement ici une question à laquelle il faut répondre; il s'agit de sçavoir si ayant deux fibres agissant d'un mouvement égal, & un autre qui a un mouvement inégal, on peut dessecher, ou amollir cette derniere seule, sans dessecher, ou amollir les deux premieres. La chose étant possible, on avouera aisément que les vibrations de celle-ci pourront devenir égales à celles des deux autres. Ce que nous disons d'une fibre seule qui reste dans son état, doit s'entendre aussi de plusieurs.

Pour résoudre cette difficulté nous

ſerons obligés de remonter un peu plus haut dans la compoſition de nos corps, mais nous éviterons toute longueur & nous ne chercherons qu'à faire voir l'étendue de nos principes.

1°. Nous ne connoiſſons pas d'autres élémens du corps humain que ces molécules de matiere, qui ſans être indiviſibles, ſont cependant le dernier terme de la diviſion. Ce n'eſt donc que de ces molécules que ſont compoſées les premieres fibres de nos corps.

2°. Ces particules bien différentes des principes d'*Ariſtote* & des Chimiſtes, leſquelles ne peuvent être compoſées que de ces particules bien différentes encore des atomes de *Gaſſendi*, de *Zenon* & d'*Epicure*, qui tenoit ſa doctrine de *Democrite*, celui-ci de *Leucippe* & celui-là de *Moſchus*, ces particules, dis-je, peuvent être plus ou moins ſerrées, plus ou moins liées dans leur arrangement. Il y aura donc des fibrilles élémentaires plus ou moins fortes, contenant plus ou moins de matiere, plus ou moins élaſtiques. Il ſuit de-là une infinité de combinaiſons, comme nous l'avons vû dans l'Art. IV. du chapitre précédent. Il ſuit de-là qu'il n'y n'y a peut-être pas quatre fibres parfaitement ſemblables dans le cerveau. Cette diverſité une fois établie, il n'eſt plus difficile de concevoir qu'une fibre ſoit deſſéchée ou amollie ſans que l'autre le ſoit.

3°. Comme ces fibrilles ſimples auroient été continuellement expoſées à être briſées, la nature prévoyante, a dû réunir pluſieurs fibrilles ſimples pour en compoſer une ſeule fibre. Il peut donc y en avoir quelqu'une de plus dans un faiſceau & quelqu'une de moins dans un autre. Parmi les faiſceaux il y en aura donc de plus forts & de plus foibles; il y en aura donc de plus ſuſceptibles de modalités accidentelles les uns que les autres.

4°. Une fibre qui ſe rencontre ſous une des arteres qui arroſent le cerveau, pourra être, à cauſe de la chaleur du ſang contenu dans ce canal, plûtôt deſſechée que celle qui en ſera plus éloignée.

5°. Une fibre ſera nourrie d'un ſuc plus groſſier, tandis que celle-là recevra un ſuc plus délicat. Ce qui dépend du diametre du canal arterioſo-lymphatique qui leur diſtribue la nourriture.

On pourroit encore produire un

grand nombre de causes pour appuyer ce sentiment : mais ce seroit abuser de la patience du Lecteur, il nous suffisoit de faire voir par des raisons puisées dans la nature, qu'il étoit possible qu'une fibre acquierre une certaine mesure de mouvement, sans que le mouvement qu'avoit les autres fibres se trouvât altéré.

ARTICLE III.

De la seconde cause des Raisonnemens défectueux.

On ne raisonne pas toujours suivant l'évidence, on a quelquefois recours à l'analogie.

L'EVIDENCE est la connoissance intime du rapport des idées. Elle nous conduit immédiatement à la vérité qui est la juste conjonction ou séparation des idées. Nous serions trop heureux si nous pouvions toujours juger des choses par elle : mais les connoissances humaines ont des bornes, & là où nous manquons d'idées sensibles, nous sommes obligés d'avoir recours à l'analogie ou à la probabilité, qui sont l'apparence de la convenance ou de la disconvenance des choses sur des preuves qui ne sont pas infaillibles. Ces preuves en effet partent toutes ou de la conformité des choses avec notre experience, ou du témoignage de l'experience des autres. Ce qui est susceptible de mille variétés & peut nous induire souvent en erreur, comme il arrive dans les Raisonnemens mixtes ou réfléchis.

Souvent dans nos Raisonnemens nous suivons nos préjugés & nos passions.

Accoutumés à abandonner l'évidence lorsqu'il s'agit de raisonner, la plûpart du temps nous n'écoutons plus que nos passions, qui de tous les moyens sont les plus propres à pervertir notre raisonnement. Combien de fois a-t-on vû des personnes qui avoient toutes les dispositions nécessaires pour raisonner juste, se laisser aveugler par les préjugés, les vûes d'intérêt, l'amour propre, l'esprit de parti, l'entêtement, la complaisance, l'humeur, le caprice & mille autres mouvemens qui sont comme les branches des passions principales? De même qu'il y a des passions qui élevent les fonctions de l'ame au-dessus de leur ton naturel; de même il y a des défauts opposés à ces passions, qui occasionnent une certaine langueur dans toutes ces opérations. La prévention, la colere, la vengeance, l'ambition & mille autres principes de nos raisonnemens, sont rangés dans la premiere classe. La paresse, la négligence, la mollesse, l'indolence & plusieurs autres vices qui conduisent l'ame à l'apathie, tiennent le second rang. Nous avons fait voir que toutes les passions dépendoient d'un certain méchanisme propre à nos corps ; il est donc hors de doute que les passions & les vices cy-dessus mentionnés, ressortissent de ce méchanisme général, en conservant cependant des différences essentielles pour chaque espece patticuliere. Nous serions obligés de faire ici un long Traité si nous entreprenions d'examiner ces différences.

Les causes sont les mêmes que celles qui ont été détaillées dans l'Article précedent.

Pour abréger nous rapporterons la premiere classe à la trop grande tension des fibres, & la seconde à leur trop grand relâchement. Nous avons vû dans l'Article précédent la maniere dont ces deux causes occasionnent les raisonnemens défectueux : il ne s'agit plus que d'appliquer ces principes à tous les motifs des raisonnemens dont il est ici question ; ce que chacun pourra faire aisément en comparant les deux termes. Nous n'en disons pas davantage afin que le Lecteur puisse raisonner sur cet Article, & juger par lui même si la pratique est d'accord avec notre théorie. Si les causes & les effets sont les mêmes, il faut employer les mêmes moyens pour les détruire.

CHAPITRE IV.

Du Jugement.

Propriétés du Jugement. Maniere dont on en parle dans les écoles.

LE Jugement est une des plus essentielles opérations de l'entendement. C'est par lui qu'on distingue les idées entre elles, & qu'on remarque leur différence si petite qu'elle puisse être. Ce sont ces prérogatives si estimables, qui ont engagé les Logiciens à donner un si grand nombre de regles pour s'assurer de son exactitude. Afin d'y parvenir ils examinent la nature des propositions simples, composées, universelles, &c. copulatives, disjonctives, causales, conditionnelles, exclusives, comparatives, &c. Ensuite comme la définition & la division sont d'un grand usage dans les Sciences, ils parlent de ces sortes de propositions. Enfin ils traitent de la conversion & de la reduction des propositions tant affirmatives que négatives, tant générales que particulieres. Il est vrai qu'une grande partie des remarques que l'on a fait sur ces matieres, sont nécessaires, & nous soutenons même qu'on ne peut pas porter un Jugement certain, si l'on n'a égard à la nature de la proposition que l'on avance. Mais de même que ce sont des personnes de bon sens qui ont écrit toutes ces loix, de même un homme de bon sens voit tout-à-coup si la conséquence qu'il tire est deduite exactement des prémisses. C'est pourquoi sans avoir égard à toutes ces regles, nous allons examiner les défauts des organes qui occasionnent le manque de Jugement & qui sont les causes des vices les plus remarquables de cette essentielle opération de l'ame.

ARTICLE PREMIER.

Du défaut de Jugement.

D'où naît le manque de Jugement.

EN général le manque de Jugement suppose un défaut dans les organes des sens : car comment pourroit-on juger de certaines qualités des objets, si l'on étoit dépourvû de l'organe qui en doit recevoir l'impression, ou que cet organe manque de la sensibilité nécessaire. Il suppose encore le défaut de raisonnement, ou de mémoire. En effet d'où partiroit une conséquence si les prémisses n'étoient énoncées ou présupposées. Or en parlant du raisonnement, nous avons proposé les moyens de rassembler plusieurs idées pour remédier au défaut de raisonnement, & conséquemment nous avons établi par anticipation la cure du défaut de Jugement. Sans mémoire il ne peut y avoir aussi de Jugement : car qui oubliroit les prémisses, ne pourroit tirer aucune conclusion. Ainsi lorsque nous proposerons les moyens qui tendent à rectifier ou perfectionner la mémoire, nous indiquerons en même temps les remédes propres à dissiper le manque de Jugement qui part de cette source.

Nous ne parlerons pas ici de ces cas où le Jugement manque tout-à-fait, comme dans l'affaissement du cerveau, ou le défaut subit des esprits animaux ; quoiqu'avant on n'ait jamais été taxé de manquer d'imagination, de raisonnement ou de mémoire. Mais ces états sont contre nature, comme on peut le voir dans la léthargie, dans la sincope, dans l'épilepsie, &c. Ce Jugement manque dans ces cas, parce que l'imagination, le raisonnement, la mémoire manquent aussi. Ce qui confirme ce que nous avons avancé : ce qui fait voir que toutes les opérations de l'entendement s'entraident mutuellement : ce qui fait comprendre qu'on peut y parvenir par degrés.

Nécessité du Jugement.

Mais après ce début on nous dira peut-être qu'il suffit selon ces principes de bien raisonner, & qu'on ne doit pas s'embarrasser de juger, puisque les prémisses étant bien posées, toute personne sera à portée de bien tirer la conclusion. Oui, sans doute, toute personne conclura exactement si elle suit les regles que nous avons donné dans notre premier Livre. Mais il n'est pas indifférent de tirer ou de ne pas tirer la conséquence : car on ne raisonne que pour trouver la convénance ou la disconvenance de deux idées par le moyen d'une troisieme : or on ne peut connoître le rapport que par la conclusion ; donc la conclusion est nécessaire. C'est elle qui dissipe les ténébres de l'ignorance & qui dévoile la vérité qui nous étoit cachée. Nous n'en voulons d'autres preuves que les Sciences Mathématiques. Quelle suite innombrable d'idées conséquentes à l'infini ! Ce n'est que par des définitions, des axiomes, des propositions fort simples qu'on parvient à la connoissance des théorêmes les plus difficiles, & qu'on trouve la solution des problêmes les plus compliqués. On ne peut

Livre 1. part. 1. ch. 4. art. 2.

peut donc faire des progrès dans les Sciences que par l'esprit de conséquence. Souvent il prévient l'expérience, presque toujours il est auteur des plus belles découvertes, & c'est lui qui nous conduit comme par la main au temple de la vérité. Nous n'avons pas d'autre chemin pour y parvenir.

Au reste comme toute notre doctrine n'est pas seulement spéculative, mais qu'elle est encore pratique, nous allons descendre dans un certain détail, & nous allons chercher les remédes Physiques qui conviennent au manque de Jugement dans les connoissances soit sensibles, soit réfléchies, soit mixtes.

Manque de Jugement dans les choses sensibles.

I. Le Jugement sensible dépendant absolument des sens ou des idées qui en résultent, il est certain qu'on doit être privé de cette espece de Jugement lorsqu'on est dépourvu du sens qui doit fournir les notions sur lesquelles on voudroit raisonner. Tel seroit un aveugle qui prétendroit juger des couleurs ; ou un sourd qui voudroit apprécier les sons. Ce seroit en vain qu'ils prétendroient substituer un autre sens à celui qui leur manque, & que par le toucher ils croiroient pouvoir également juger des couleurs ou des ſons comme ils en pourroient décider par les yeux ou par les oreilles. Il eſt vrai qu'ils peuvent par le toucher appercevoir différentes qualités dans les objets colorés, ou différentes vibrations dans les corps qui produiſent différens ſons : mais il leur ſera toujours impoſſible de ſe procurer la moindre connoiſſance de la nature de l'impreſſion que font ces objets ou ſur la retine, ou ſur le timpan de l'oreille. Il faut donc que ceux qui ſont abſolument dépourvus de quelque ſens, s'abſtiennent entierement de prononcer aucun Jugement ſur les connoiſſances qui naiſſent de ce même ſens, & ſur les Sciences qui en ſont le produit.

Heureuſement il n'y a que le plus petit nombre des hommes qui ſe trouve dans ce cas ; il y en a une plus grande partie qui pourroit ſe plaindre d'avoir les organes ou trop foibles ou trop vifs. C'eſt à cette foibleſſe qu'il faut remédier. Elle eſt la cauſe de la perte d'un grand nombre d'impreſſions dont nous ne pouvons avoir connoiſſance. Elle eſt auſſi la ſource d'un grand nombre de Jugemens imparfaits, puiſque ſouvent on ſe trouve obligé de juger de certains objets, n'en ayant que des notions incomplettes. C'est à cette vivacité qu'il faut remédier. Elle nous fait appercevoir dans les objets des choses qui n'y sont pas, ou elle en augmente les qualités. Elle nous met dans le cas d'avoir mille distractions qui nuisent toujours à l'attention qui est nécessaire lorsqu'on veut juger des choses exactement. Nous avons déja proposé les remédes convenables à chacune de ces situations, lorsque nous avons parlé des sens en général.

Incertitude des Jugemens qu'on porte lorsqu'on est malade.

Nous établirons seulement ici une regle générale pour ne pas porter de faux Jugemens, soit sensibles, soit réfléchis. Elle émane des principes déja établis. C'est de ne porter aucun Jugement lorsqu'on est malade; parce qu'alors les sens sont comme engourdis ou alterés par le vice des humeurs qui est la cause de la maladie. L'ame toute occupée de la douleur qu'elle ressent, fait peu d'attention à des impressions plus légeres que lui occasionneroit le mouvement des objets extérieurs. Inattentive à ses propres opérations, elle seroit encore moins en état de prononcer aucun Jugement réfléchi bien solide (*a*). Aussi la sagesse

(a) *Corpus enim quod corrumpitur aggravat ani-*

des Legiſlateurs a-t-elle pourvû que dans les cas où la force de la maladie doit opprimer la raiſon, les Jugemens fuſſent regardés comme incertains & de nulle autorité. Mais ſans avoir égard ici à ces affections qui dérangent toute l'intégrité des fonctions qui s'exécutent dans le cerveau, ne faiſons attention qu'à ces maladies qui ne paroiſſent que troubler l'économie animale ſans rien offenſer de ce qui appartient aux opérations de l'ame.

Dans toutes les affections du corps humain les ſolides ou les fluides ſont attaqués ſéparement ou tous les deux enſemble. Parmi les vices des ſolides choiſiſſons-en un des plus ordinaires; le ſpaſme par exemple. La partie trop tendue forcera les eſprits à refluer vers le cerveau avec plus de force qu'ils n'étoient pouſſés auparavant; les fibres ſeront ébranlées plus vivement; la quantité des eſprits ſera augmentée dans le cerveau; ceux qui y étoient recevront une nouvelle quantité de mouvement: ce mouvement ſera peut-être oppoſé à leur cours ordinaire. Donc ſans léſion apparente dans les fonctions animales, l'eſprit peut être

mam, & terrena inhabitatio deprimit ſenſum multa cogitantem. Sapient. cap. 9. ℣. 15.

inattentif, l'imagination vague, les idées jointes ensemble lorsqu'elles devroient être séparées. Si le raisonnement est alteré, quel fondement peut-on faire sur le Jugement? A l'égard des fluides, ils peuvent pécher de trois manieres; sçavoir par la quantité, par la qualité & par le mouvement. Or les esprits animaux se prenant sur la masse totale des humeurs, ils pécheront aussi de ces trois manieres. Nous avons déja examiné ces vices, & nous avons fait voir comment ils préjudicioient à la liberté des opérations de l'entendement. Si un seul de ces vices est capable de produire de grands dérangemens, combien à plus forte raison lorsqu'ils seront réunis? Que sera-ce lorsque les maladies des solides & des fluides seront ensemble combinées? Ce n'est donc pas par un simple scrupule, ou par trop de timidité que nous engageons les hommes à ne porter aucuns Jugemens lorsqu'ils sont malades, & que nous les invitons à attendre le parfait retablissement de leur santé pour travailler à ces Ouvrages qui partent plûtôt de l'effort du Jugement que de la fécondité de l'imagination.

Liv. 3. ch. 3.

Manque de Jugement réflechi.

II. Quoiqu'on ait des sens exquis

& délicats, un grand nombre d'idées vives & frappantes, un certain raisonnement, on peut cependant manquer de Jugement réflechi, parce que l'ame toujours agitée par de nouveaux mouvemens, n'a pas le temps de se recueillir en elle-même & de faire une attention sérieuse à toutes ses idées.

Personnes qui y sont sujettes.

Ce vice est fréquent parmi les jeunes gens. On les voit la plûpart avoir des sens vifs & exquis, une imagination forte & échauffée, raisonnant sur bien des choses, mais manquant de Jugement. Tantôt frappés de cette idée, tantôt affectés de celle-là, ils flottent dans un doute qui ne se terminera que quand la vivacité de l'impression sera un peu rallentie & leur permettra de choisir. Ici les traits d'une image détruit les traces de l'autre, là la nouveauté, peut-être la bisarrerie du sentiment entraîne; d'où il suit nécessairement une inconstance réelle dans la façon de penser, une contradiction perpétuelle des sentimens avec la conduite, quelquefois un pyrrhonisme déclaré. On ne peut pas dire que dans ces états il se trouve cette décision certaine sur le rapport des idées que nous avons assuré être nécessaire pour former le Jugement.

Les flegmatiques ſont trop froids, les mélancholiques ſont trop raſſis pour être ſujets à cet inconvénient. Les bilieux ſont quelquefois taxés de ce déſordre : mais il n'eſt pas de tempéramens qui l'emportent de ce côté-là ſur les ſanguins. Nous avons vû malades quelques uns de ces jeunes étourdis ; qu'on nous paſſe le terme, le vulgaire les appelleroit écervelés. La fievre inflammatoire qui les tourmentoit, faiſoit des progrès très-rapides : en un mot, tels qu'elle les doit faire dans une complexion chaude & ſanguine. Après les précautions néceſſaires & les remédes uſités, le danger s'évanouit & le calme ſuccéda à l'orage. Pendant les premiers temps de la convaleſcence, même après le rétabliſſement parfait de la ſanté, on les trouvoit plus poſés, plus paiſibles & plus modérés. La raiſon avoit repris ſes droits & les ſens ne l'enchaînoient plus en vainqueurs. Ce n'étoit point à la foibleſſe des organes qu'on pouvoit imputer cette tranquillité Phyſique ; ils avoient déja ſuffiſamment de forces pour obéir aux paſſions. Ce n'étoit pas non plus à la diſette des eſprits cauſée par les évacuations, qu'on pouvoit l'attribuer, la réparation étoit suffisante, mais ne s'étendoit pas au-delà des bornes qu'on ne peut passer sans craindre d'être le jouet des passions, ou de manquer de l'opération la plus essentielle de l'entenment.

Remédes contre cette cause.

Sur une pareille induction nous nous croyons assez autorisés à pouvoir conseiller ici aux personnes qui manquent souvent de cette réflexion nécessaire pour porter certains Jugemens, tous les remédes propres à diminuer le volume du sang & capables d'en tempérer l'ardeur. La saignée, les purgations rafraîchissantes, les acides relâchans rempliront la premiere indication. Les bains, les boissons aigrelettes, les sels nitreux, les alimens doux, émolliens, laxatifs, froids, acides, tendent au but que propose la seconde indication. C'est à l'homme prudent & au Médecin sage à en décider, & non pas aux personnes attaquées du vice que nous reprenons ici.

III. On doit manquer de cette espéce de Jugement que nous appellons *mixte*, lorsqu'on est privé en même temps & de connoissances sensibles & de connoissances réfléchies. C'est alors ce qu'on nomme ignorance, qu'il faut vaincre par tous les moyens que nous avons déja proposés, par l'application aux leçons des Maîtres qui doivent nous instruire, & par l'exécution des préceptes qu'ils nous donnent.

ARTICLE II.

Des vices du Jugement.

IL se trouve ici plusieurs vices qui tombent plûtôt sur les Jugemens soit réfléchis soit mixtes, que sur les Jugemens sensibles. Ces vices se réduisent à deux principaux ; la fausseté & l'inconstance dans les Jugemens qu'on porte.

Causes de la fausseté des Jugemens.

I. La fausseté des Jugemens est souvent la fille de la crédulité & des préjugés, de l'opinion & de l'entêtement, des passions & du vice favori. Il n'y a que l'inattention qui, sans aucune voie feinte ou détournée, soit capable de nous empêcher de porter un bon Jugement. Nous ne parlerons pas ici des autres causes, qui sont plûtôt du ressort de la Morale que de la Physique, & nous chercherons seulement à remédier à cette inattention, qui est souvent la mere des faux Jugemens. Cette inattention peut partir de trois causes. 1°. Inattention produite par les sens ; nous l'avons appellée distraction, & nous en avons parlé lorsque nous avons examiné les sensations. 2°. Inattention qui procede d'une occupation antécédente. 3°. Inattention qui vient de la précipitation. Nous allons parler de ces deux dernieres especes d'inattentions en rendant nos remarques sensibles par les exemples.

Liv. 3. part. 1. ch. 1. art. 3.

Inattention qui vient de l'application antecedente.

Une application antécédente & sérieuse sur une matiere quelconque peut nous faire mal juger d'un autre sujet par inadvertance : parce que les esprits animaux coulant encore selon la détermination reçue, & les fibres du cerveau se mouvant encore suivant l'impression précédente, nous ne saisirons peut-être pas les choses sous le point de vûe qu'on les avoit placées. Une personne sort de son cabinet après avoir lû quelque fait historique dont elle aura été vivement frappée. Elle entre ensuite dans une compagnie où l'on disserte sur quelque point de Physique ou de Morale. Cette personne, encore occupée du trait d'histoire qu'elle vient de lire, ne fait pas attention à tous les moyens qu'on apporte pour éclaircir le sujet dont il est question, elle ne comparera pas toutes les idées nécessaires, & pourra par conséquent mal juger du fait mis en délibération.

Maniere dont on peut se garantir de ces Jugemens défectueux.

On voit bien ici que c'est le mauvais raisonnement qui a entraîné ce Jugement défectueux. Le reméde que nous croyons le plus convenable à ce défaut, est fort simple. C'est de prendre quelques momens de repos sans fixer son esprit sur aucune matiere. Alors les mouvemens du fluide animal s'appaiseront, & les fibres se rassureront. Alors on prêtera toute l'attention nécessaire à ses idées, & l'on évitera tous les mauvais Jugemens qu'on peut prononcer par mégarde.

Les personnes qui passent subitement d'une matiere à une autre toute opposée, sont sujettes à cet inconvenient. Un homme qui quitte une compagnie rempli des choses dont on y a parlé, qui passe dans l'instant de la joie ou de la tristesse à l'étude, qui accablé de lassitude veut décider de quelque matiere de controverse, risque souvent de tomber dans l'erreur. C'est toujours la même cause; le même reméde préviendra les effets dangereux qu'elle peut produire.

Précipitation. Remédes contre

Le trop grand empressement à prononcer son sentiment, la vivacité,

Cette cause des faux Jugemens.

l'étourderie, l'inconsideration font souvent avancer bien de faux Jugemens. Le secret le plus sûr pour obvier à cet inconvenient, c'est de réfléchir pendant quelque temps sur les moindres actions mêmes que l'on entreprend. Les commencemens seront sans doute difficultueux, mais l'execution deviendra facile lorsqu'elle sera passée en habitude. Les esprits, forcés de prendre un cours reglé & moderé, obeiront à la réflexion, & l'on ne sera plus emporté dans tous les écarts où jette la précipitation.

Personnes qui sont sujettes à ces faux Jugemens.

Les personnes promptes, actives, d'un naturel vif & bouillant, se laissent souvent emporter par les saillies & le caprice de leur imagination, & portent quelquefois des Jugemens peu réfléchis. Il seroit à propos dans ce cas de moderer la course trop rapide du sang. L'hygiene & la therapeutique nous offrent plusieurs moyens pour atteindre à ce but. Quand nous parlons ici d'arrêter la fougue du sang, ce n'est pas un vain conseil que nous donnons, il est suffisamment autorisé par la raison, comme nous l'avons fait voir dans l'Article précédent. Considerez que dans la vieillesse la circulation est plus lente que dans la jeunesse. C'est pourquoi vous voyez ces têtes blanchies par les années, & courbées sous le poids de l'expérience, pleines d'un sain Jugement. Par la même raison, dans ces tempéramens doux & tranquilles l'imagination est peu brillante, mais le Jugement est exact. La comparaison des idées est juste : or lorsque deux prémisses sont bien posées, l'esprit est nécessité à bien conclure.

II. L'inconstance dans les Jugemens peut venir ou de certaines dispositions corporelles, ou de certaines affections de l'ame qui empêchent l'effet de la réflexion.

Causes de l'inconstance des Jugemens.

Toutes les dispositions des corps affectent tellement l'esprit, qu'il est fort difficile de ne pas s'en appercevoir lorsqu'on y fait la moindre attention. Nos corps passant successivement d'âge en âge, éprouvent divers changemens. Après trente ans révolus ils sembleroient ne plus appartenir au même individu que l'on a vû dans les bras de sa nourrice, si notre propre conscience & l'expérience journaliere ne nous attestoient cette vérité. Il en est de même de notre esprit. Apeine à quinze ans voudrions-nous avouer les Jugemens de notre enfance ; à peine à vingt-cinq ans voudrions-nous reconnoître les Jugemens de notre plus tendre jeunesse. Nos corps ont-ils pris tout leur accroissement, & paroissent-ils à l'abri de ces grandes révolutions qui renversent l'état actuel de l'ame pour la faire passer dans des conditions pires ou meilleures ? Alors les Jugemens sont plus stables & plus solides. C'est ici où se montre dans toute son étendue le conseil du premier Poëte Lyrique des Romains, qui nous avertit de conserver nos Ouvrages pendant neuf années avant de les mettre au grand jour. Ce conseil est encore plus nécessaire pour la jeunesse que pour l'âge viril, & regarde plus les Ouvrages du Jugement que ceux de l'imagination.

Nous avons déja dit comment on pouvoit résister au pouvoir tyrannique de l'âge, & comment on pouvoit fixer ou échanger la nature de son tempérament. C'est-là sans doute le seul remede qu'on peut appliquer à l'inconstance des Jugemens qui viennent des dispositions corporelles dont nous venons de parler.

Quoique dans l'âge viril le Jugement paroisse être sur son point le plus fixe, il peut arriver cependant par des causes naturelles, que l'on change de sentiment sans que la réflexion ou de nouvelles idées accessoires y ayent aucune part. En effet par mille causes fortuites qui agissent sur nos corps, par des vibrations trop fortes, quelques fibres du cerveau peuvent s'allonger & acquerir par-là un mouvement égal ou inégal à celui des fibres déja ébranlées. De-là l'inconstance du rapport des mouvemens que doivent avoir ces fibres; de-là on niera d'une chose ce qu'on auroit dû en affirmer; de-là l'inconstance du Jugement dans un âge où on pouvoit s'attendre à une certaine fermeté & une certaine solidité dans le Jugement. Ce changement ne doit être que successif dans l'état naturel: s'il étoit subit, on ne seroit pas éloigné de la folie. Il n'y a que les seules causes qui produisent la folie ou d'autres maladies aussi graves, qui puissent occasionner tout-à-coup un pareil dérangement. Ainsi nous ne devons pas parler ici de cet état qui sort des limites de ce Traité.

Les vices qui appartiennent à la réflexion & qui sont capables de nous faire porter de mauvais Jugemens, ſont encore en plus grand nombre que les vices de nos organes. Ici la prévention nous rend ſourds aux preuves démonſtratives qu'employe la raiſon, & nous fait avaller à longs traits le poiſon que préparent les flateurs, les fourbes & les calomniateurs. Là l'envie & la jalouſie ne nous laiſſent voir qu'au travers d'un voile épais qui répand une nuit ſombre ſur les objets les plus éclatans. La beauté, les talens, les bonnes actions, le mérite, la vertu ſont les objets antipathiques qui bleſſent le plus notre vûe. Mais pour ne pas nous jetter dans de trop longues diſcuſſions nous diſons ici en un mot, qu'il n'y a pas de défaut que reprenne la Morale, qui ne puiſſe nous faire porter de faux Jugemens, & dèſlors nous rendre inconſtans dans nos ſentimens lorſque la raiſon & la vérité peuvent par leur lumiere diſſiper les ténébres qui enveloppoient les puiſſances de notre ame. Heureuſe inconſtance que celle qui nous fait paſſer du mal au bien, du vice à la vertu, des paſſions au bonheur. Heureuſe inconſtance & digne de plus grands éloges, que la conſtance la plus inébranlable & la fermeté la plus

plus Stoïque. Nous n'en disons pas de même de celle qui de la vérité nous fait passer au mensonge, de la saine raison aux illusions de la preoccupation, de la droiture de l'ame aux vices les plus contagieux & les plus incurables. Cette inconstance est un monstre, que les hommes nés pour la societé, ne devroient point connoître : mais hélas ! on ne la voit que trop paroître tous les jours sur le théâtre du monde.

CHAPITRE V.

De la Mémoire.

QUINTILIEN appelle la Mémoire le trésor de l'Eloquence *(a)*. C'est l'ouie des sourds, dit *Plutarque*, & la vûe des aveugles *(b)*. C'est la source des sciences, & si les Poëtes ont feint que *Mnémosine* étoit la mere des Muses, c'étoit pour nous faire entendre qu'il n'y a rien qui contribue davantage à l'invention & à la conservation des Belles-Lettres, Eloge de la Mémoire.

(*a*) *Neque immeritò* Memoria *thesaurus eloquentiæ dicitur.* Instit. Orat. lib. XI. cap. 2.

(*b*) Traité des oracles qui ont cessé.

que la Mémoire (*a*). C'eſt elle qui eſt la dépoſitaire des richeſſes de l'imagination, & il y a même des perſonnes en qui elle tient lieu d'eſprit. Avoir de la Mémoire, c'eſt poſſeder l'eſprit d'autrui, & pour peu l'on ait un certain fond, l'on eſt toujours très-riche avec elle. La Mémoire étant décorée d'auſſi beaux titres, nous ne ſommes plus ſurpris que lon ait dit que le Marchand de Mémoire avoit fait fortune, tandis que le Marchand d'eſprit n'avoit pas étrenné. C'eſt pourquoi nous eſperons que ſi l'on héſitoit de mettre en pratique les conſeils que nous avons donnés pour corriger ou perfectionner les operations de l'entendement, l'on ſera au moins tenté d'eſſayer la méthode que nous allons propoſer pour rectifier ou augmenter la Mémoire. Ce ſera une douce ſatisfaction pour nous de voir nos intentions remplies, au moins dans un point. Nous ne prétendons pas cependant donner ici de ces Mémoires auſſi heureuſes que celles qui ont illuſtré quelques grands hommes. On peut ſe contenter d'un riche talent ſans deſirer des prodiges.

(*a*) *Id.* Traité de la maniere d'élever les enfans.

On eſt peut-être plus heureux dans l'abondance, que lorſqu'on a du ſuperflu. Contentons-nous d'admirer *Cyrus* (a), *Themiſtocle* (b), *Mithridate* (c), *Lucullus* (d), *Hortenſius* (e), *Seneque* (f), *Cyneas* (g), & pluſieurs autres qui ont eû une Mémoire ſi prodigieuſe qu'à peine oſe-t-on croire les fidèles témoins qui ont rapporté de pareils faits. *Jean Pic*, Comte de la Mirandole, ſuivant le témoignage de *Jean-François Pic*, ſon neveu, récitoit les mots contenus dans deux pages entieres, ou dans leur ordre naturel, ou dans un ordre rétrograde, n'en ayant entendu la lecture que trois fois. Un jeune homme de l'Iſle de Corſe répétoit trente-ſix mille noms dans l'ordre qu'il les avoit entendu prononcer une ſeule fois. *Muret* (*h*) aſſure qu'il en a été témoin

Mémoire heureuſe de quelques grands hommes.

Ex Thucydid. *lib.* 1. Plin. *lib.* 7. *cap.* 24 Valer. *lib.* 8. *cap* 7. Gell. *lib.* 17. *cap.* 17. Xenophon *in Cyropœdiâ*, & Quintil. *lib. XI. cap.* 2.

(b) Plato, 1. *Polit.* Plutarch. *in* Themiſt. & *Apoph.*

(*c*) Mithridates *Rex Ponti oriundus à ſeptem Perſis, magnâ vi animi & corporis, ut ſex juges equos regeret, duarum viginti gentium ore loqueretur.* Aurel. Victor *de Viris illuſtr.*

(*d*) Plutarchus *in Lucull.* 3. Florus, *lib.* 5.

(*e*) Cicero, *Acad. Queſt. lib.* 4.

(*f*) Plinius, *lib.* 7. *cap.* 24 Seneca, *Controv. lib.* 1. Jonſton, *Thaumat. claſſ.* 10. *cap.* 9.

(*g*) Seneca, *Controv. lib* 1. *cap.* 24.

(h) *Variarum lect. lib.* 1. *cap.* 1.

lui-même sans le pouvoir comprendre. On rapporte de M. *Pascal*, dont le grand esprit tenoit du prodige, que jusqu'à ce que le déclin de sa santé eut affoibli sa Mémoire, il n'avoit rien oublié de tout ce qu'il avoit fait, lû, ou pensé depuis l'âge de raison (*a*).

Mémoire naturelle & artificielle sujet du présent chapitre.

Nous diviserons avec le reste des Philosophes, la Mémoire en naturelle & en artificielle, & nous en ferons la matiere de ce Chapitre. Nous ne parlerons ni de la perte de Mémoire qui arrive dans la léthargie, l'apoplexie & quelques autres maladies du cerveau; ni de ce dérangement de Mémoire que l'on remarque souvent dans les phrénétiques & dans les maniaques. Ces accidens appartiennent à la Pathologie. Nous ne dirons rien non plus du défaut total de Mémoire: car il ne peut provenir que du manque d'imagination & de raisonnement; on ne peut pas se ressouvenir des idées qui n'ont jamais été excitées: or dans le cas proposé les fibres du cerveau ne sont pas capables de recevoir une suffisante quantité de mouvement par les impressions qui doivent exciter les idées

(a) *Locke*, liv. 2. chap 2. Vie de *Pascal*, pag. 37.

& produire le raisonnement, donc il ne peut y avoir de Mémoire. L'expérience nous fait voir tous les jours que les personnes qui ont le moins d'esprit sont celles qui ont le moins de Mémoire (*a*). Ainsi le moyen de remédier à ce défaut total de Mémoire, c'est de remédier au manque d'imagination & de raisonnement. Nous avons exposé ci-devant les remédes qui attaquent directement l'une & l'autre cause.

ARTICLE PREMIER.

De la Mémoire naturelle.

IL y a deux défauts à corriger dans la Mémoire naturelle : la lenteur & l'infidelité.

PARAGRAPHE PREMIER.

De la lenteur de la Mémoire.

Causes de la lenteur de la Mémoire.

LA lenteur de la Mémoire provient ou du relâchement des fibres, ou de leur trop grande rigidité & du peu d'action du liquide qui doit les mouvoir. De-là vient que

(a) *Non omittemus quod quotidianis experimentis deprehenditur, minimè fidelem esse paulò tardioribus ingeniis memoriam.* Quintilianus, *lib. XI. cap.* 2.

ce vice est ordinaire aux vieillards ; aux personnes d'une complexion trop séche & à celles qui sont d'un tempérament pituiteux. Nous nous répeterions inutilement si nous détaillions ici les secours que nous avons indiqués déja pour éloigner de pareils défauts : c'est pourquoi nous renvoyons nos Lecteurs à ce que nous avons dit, soit en parlant des sensations, soit en parlant de l'imagination.

Liv. 3. *sect.* 1. *ch.* 1. *art.* 1. & 2. Ibid. *chap.* 2. *art.* 1.

Sentiment des Anciens sur les défauts de la Mémoire.

Nous ajouterons cependant ce que pensoient les Anciens à ce sujet. Ils attribuoient les défauts de la Mémoire soit à l'humidité & au froid, soit à la sécheresse & à la chaleur. En rapprochant ce que nous avons dit, on verra que nous sommes d'accord avec eux. L'humidité produit le relâchement des fibres ; la lenteur avec laquelle se meuvent les fluides, occasionne le froid ; la chaleur & la sécheresse sont cause de la rigidité des fibres.

Signes ausquels on peut connoître la cause Physique du défaut de la Mémoire.

Quant aux signes ausquels on peut reconnoître de quelle source provient le défaut de Mémoire, ils ont eu soin de nous les indiquer (*a*). Les person-

(a) *V. d.* Guillelmum Gratarolum *de memoriâ reparandâ, augendâ, conservandâque.* Cap. 2.

nes dont le défaut de Mémoire eſt produit par l'humidité, ont une grande pente au ſommeil, mouchent beaucoup & ont la bouche inondée de ſalive. On reconnoîtra aux ſignes contraires les perſonnes dont la ſéchereſſe du tempérament eſt le principe du défaut de leur Mémoire. Elles dorment peu, crachent peu, & mouchent peu; elles ont les yeux enfoncées & ſont ſujettes à devenir chauves. Si c'eſt le froid qui domine, le viſage eſt pâle, les yeux ſont languiſſans, les veines ſont ſi petites qu'à peine peut-on les appercevoir, il y a peu de chaleur à la tête & beaucoup de facilité pour s'endormir. Au contraire ſi c'eſt la chaleur qui ſurpaſſe toutes les autres qualités, le viſage eſt rouge & brûlant, les yeux ſont vifs & ſe fixent peu, les vaiſſeaux ſont apparens, les cheveux forts & friſés, & le ſommeil de courte durée. On jugera que deux de ces cauſes ſon jointes enſemble, comme il arrive ſouvent, par la grandeur & la proportion des ſymptômes. Nous ne faiſons qu'indiquer en paſſant les ſignes les plus ſenſibles : nous nous ſommes ſuffiſamment étendus ſur cette matiere lorſque nous avons parlé des tempéramens.

Liv. 2. ch. 4. art. 2.

Sécheresse, chaleur, humidité, froid à combattre comme causes du défaut de Mémoire.

Il faut donc remédier au défaut de Mémoire selon la différence des causes : mais deux de ces causes étant ordinairement jointes ensemble, la sécheresse avec la chaleur, l'humidité avec le froid, & les remédes d'ailleurs qui conviennent à l'une convenant aussi à l'autre, il est inutile de les séparer & d'indiquer une méthode particuliere pour chacune, ayant soin cependant de proportionner les remédes à l'énergie de la cause & à la force du mal.

Remédes contre le défaut de Mémoire qui provient du trop grand froid ou de la trop grande humidité.

C'est pourquoi nous approuvons la doctrine des anciens Médecins qui dans le défaut de Mémoire provenant ou du trop grand froid, ou de la trop grande abondance de sérosité, ordonnoient les purgations, les exercices, les frictions, les fomentations, les gargarismes & les fumigations. Ils conseilloient encore d'habiter des logemens élevés & bien éclairés, d'éviter de demeurer auprès des rivieres & des étangs. Ils recommandoient les fleurs & les feuilles de romarin, l'origan, la mélisse, l'hysope, le thin, la sariette & toutes les autres plantes aromatiques mêmes étrangeres, comme le gingembre, la canelle, le gérofle, la muscade, le macis, l'encens,

la

la myrrhe, &c. Ils en composoient des poudres, des opiats, des bols, des huiles, &c. Pour en user plus facilement dans l'occasion. On trouvera dans le Traité de *Grataroie* un grand nombre de ces compositions (a), dans quelques-unes desquelles on appercevra encore quelques préjugés des Anciens : mais toute personne éclairée sçaura bien s'en garantir. On consultera aussi le Traité des Médicamens d'*Antoine Fumanelle* Médecin de Verone (b), auquel cet Auteur renvoye comme contenant plusieurs préparations propres à attaquer les vices dont nous faisons ici mention.

Ettmuller nous dit que lorsqu'il étoit jeune & qu'il avoit de la peine à retenir les leçons de ses Maîtres, il avalloit trois ou quatre cubebes, ce qui lui donnoit une merveilleuse facilité pour apprendre & pour retenir. Il attribue la même propriété aux grains de Cardamome (c). Les cubebes sont de petits grains sphériques qu'on nous apporte de l'Isle de Java. Ils ressemblent assez au poivre, mais ils sont moins âcres. Ils fortifient l'estomac,

(a) *Loco jam cit. & cap.* 5.
(b) *De compositione Medicamentorum, cap.* 16.
(c) *Colleg. pract. de memoriæ læsione*, pag. 853.

en divisent les glaires & font cracher beaucoup. Les grains de Cardamome ou de Paradis ont la même vertu. Ainsi ces médicamens doivent convenir dans des tempéramens froids & pituiteux, & aux vices de la Mémoire, qui résultent d'une pareille constitution.

Remédes contre le défaut de Mémoire provenant de la trop grande chaleur & sécheresse.

Lorsque le défaut de Mémoire étoit produit par la trop grande chaleur, ou la trop grande séchéresse. Alors ils avoient recours au jus de citron, au nénuphar, à la bourache, à la buglose, à la parietaire, aux amandes douces & autres remedes qu'ils prenoient dans les classes des tempérans, des acides, des nitreux & des rafraîchissans. Ajoutons à ces médicamens qui ne peuvent que procurer de bons effets lorsqu'ils sont sagement administrés, ajoutons, dis-je, les bains, la boisson plus abondante de l'eau simple, & l'usage du lait sur lequel il faut toujours consulter le Médecin auparavant.

Mémoire affoiblie par les grandes maladies, & régime à observer.

A la suite d'une grande maladie la Memoire a pû être affoiblie par les grandes évacuations qu'on a été contraint de faire. On trouve des exemples de la Mémoire considerablement affoiblie par la saignée seule (*a*). Alors il ne faut employer d'autre remede que le régime de vivre restaurant. La Mémoire répare ses forces à mesure que le corps répare les siennes. De bons bouillons, de bons consommés, des viandes de facile digestion, de bon vin vieux, les promenades, le sommeil un peu plus prolongé, la gaité feront aisément passer de la convalescence à une santé parfaite.

PARAGRAPHE II.

De l'infidélité de la Mémoire.

LA Mémoire infidelle suppose une impression faite. Cette impression peut avoir été faite facilement & s'effacer de même, ou bien elle a pû être produite difficilement & être anéantie avec facilité. C'est pourquoi en donnant les différences de la Mémoire, nous avons dit qu'elle pouvoit être prompte & infidelle, lente & infidelle. L'observation ne nous contredit pas : car il est ordinaire de voir les personnes qui apprennent fort facilement, oublier de même, ce qui est très-commun parmi les enfans. On voit aussi les personnes d'un

Ce que c'est que la Mémoire infidelle.

Liv. 1. part. 1. chap. 5.

(*a*) Th. Bartholin. *Act. Hasniensia vol.* V. pag. 169.

âge avancé retenir difficilement ce qu'elles apprennent, & oublier facilement.

Mémoire prompte & infidelle.

Pourquoi la Mémoire qui eſt ſi prompte eſt elle ſujette à être infidelle ? Nous penſons que la promptitude de la Mémoire dépend de la délicateſſe & de la vibratilité des fibres. L'impreſſion faite par une fibre délicate eſt très-vive, mais elle n'eſt que momentanée, & n'eſt pas auſſi durable que celle qui auroit été procurée par une fibre plus groſſiere qui exige plus de force pour être remuée, mais qui conſerve plus long-temps le mouvement reçû. Ajoutez encore la vibratilité, qui empêche que les oſcillations ſoient toujours les mêmes en nombre, mille cauſes différentes pouvant occaſionner des mouvemens différens. Ce qui explique cette facilité à recevoir l'impreſſion, & en même temps cette facilité à la perdre.

Maniere de remédier à ce défaut.

Le régime de vivre plus nourriſſant & plus incraſſant, joint à un exercice plus grand que de coutume, doit remédier à ces cauſes. Peut-être que la boiſſon la plus convenable dans ce cas ſeroit l'eau pure. Elle remplit exactement l'une & l'autre indication. *Cyrus* dont nous avons loué la prodigieuse Mémoire, disoit que le meilleur mets étoit celui qu'assaisonnoit la faim; & le meilleur breuvage celui que l'on puisoit dans le courant d'un fleuve (*a*).

Mémoire lente & infidelle.

L'infidélité de la Mémoire peut être aussi compagne de la lenteur. Des fibres difficiles à mouvoir ne répetent guéres leurs mouvemens; principalement lorsque le liquide qui doit les ébranler, manque d'activité. Ceci est sur-tout remarquable dans les personnes d'un âge avancé. *Theodore de Beze* oublioit les choses récentes & se souvenoit des anciennes (*b*). Le P. *Porée*, dont le souvenir sera toujours cher tant que la probité & la pureté des mœurs seront de quelque prix dans le monde, avouoit qu'il se ressouvenoit mieux de ce qu'il avoit appris de Mémoire pendant sa jeunesse, que ce qu'à l'âge de soixante-six ans il avoit appris deux jours avant avec grande peine.

Maniere de remédier à ce défaut.

Ce vice sera très-difficile à déraciner par rapport aux contrindications ausquelles il faut avoir égard si l'on veut obtenir une cure radicale. Les ali-

(*a*) Xenophon *de Instit. Cyri histor. lib* 4. *Is verò* (Cyrus) *famem dixerat obsonium, & potum, eum qui de præterfluente amne hauriretur.*

(*b*) Thuanus *lib.* 134.

mens humectans, les boiſſons adoucissantes, les bains, l'air tempéré, le ſommeil plus long remédieront à la rigidité des fibres : mais auſſi par ces moyens le fluide animal perd de ſon activité. Il ne faut donc pas tellement compter ſur ces moyens qu'on neglige de fournir au ſang une quinteſſence ſpiritueuſe. Le vin pris ſobrement, la décoction de caffé, les infuſions théiformes des plantes amères & aromatiques miſes en uſage avec prudence, rempliront cette indication ſans nuire à la premiere.

Au reſte, ſi quelqu'un a ſuivi exactement les conſeils que nous avons déja donnés, il trouvera en lui toutes les diſpoſitions propres à avoir une heureuſe Mémoire : tant il eſt vrai que toutes les opérations de notre ame dépendent les unes des autres, & ce qui nous fait entrevoir que ſi nous ne touchons pas à la vérité, nous avons au moins pour nous la vraiſemblance.

PARAGRAPHE III.

Moyens d'avoir une Mémoire prompte & heureuse.

APRE'S avoir remédié aux défauts de la Mémoire, nous allons dire actuellement plus en détail ce qu'il faut faire pour avoir une Mémoire prompte & heureuse.

Comme c'est une qualité moyenne entre la sécheresse & l'humidité, entre le froid & la chaleur qui constitue cet état dans lequel nous pouvons avoir une heureuse Mémoire, nous devons donc employer les moyens qui tendent à nous procurer cet état exactement proportionnné.

Qualité de l'air qu'on doit respirer pour cet effet.

1°. Il faut habiter dans un endroit où l'air soit pur & serain. *Laurent Phrisius* qui nous a laissé un Traité sur la Mémoire, prétend (*a*) que cette demeure doit être exposée aux vents du Midi & de l'Ouest; qu'autant qu'il sera possible l'air y soit chaud & sec; & que si la nature refuse cet avantage, il faut l'aider par l'art; ce que l'on

(a) *Artis memorativæ naturalis & artificialis certa facilis, & verax traditio experientiâ* Laurentii Phrisii *Med. Doct.*

obtiendra en brûlant du bois de chêne ou du bois de genievre, en jettant sur des charbons ardens du labdanum, du stirax, du bois d'aloës, de la muscade, des gérofles, de la canelle, &c. ou en allumant des bougies aromatiques telles qu'on peut s'en servir dans les temps de peste.

Qualité des alimens qu'on doit prendre ou éviter pour cet effet.

2°. Les alimens doivent être de facile digestion. Les viandes les plus préférables sont celles de poulets, de chapons, des petits oiseaux, des jeunes lievres, &c. les œufs sont très-recommandables. Mais il faut éviter les légumes, les porreaux, l'ail, les oignons, les poissons, toutes les fritures & généralement tout ce qui demande une grande quantité de beurre pour être mangé. Il faut surtout éviter la crapule & les excès; rien de plus contraire à la santé de l'ame & du corps; un corps trop engraissé, dit *Porphire* (a), » fait déchoir l'ame » de son bonheur, augmente ce qui » est terrestre en elle, lui fait perdre » son immortalité & la rend presque » corporelle. Ne vaut-il pas mieux imiter la sobrieté de *Platon*, d'*Apollonius de Thiane*, de *Caton*, de *Seneque* & de mille autres Philoso-

(a) *In libro de Antiquorum abstinentiâ.*

phes, qui, de peur d'obſcurcir la lumiere de leur entendement, obſervoient les regles les plus ſéveres de la tempérance.

Qualité de la boiſſon dont on doit uſer ou ſe priver pour cet effet.

3°. La boiſſon la plus convenable eſt le vin mêlé avec l'eau. Les liqueurs ſont trop dangereuſes pour n'en pas fuir l'uſage. Rien n'abrutit l'homme comme l'yvrognerie. L'Empereur *Claude*, au rapport de *Suetone*, avoit tellement perdu la Mémoire par ſes débauches, qu'il oublioit ce qu'il venoit de commander & qu'il ignoroit à qui il parloit.

De l'Exercice.

4°. L'oiſiveté, dit *S. Jerôme*, eſt la rouille de l'eſprit, & la mere de tous les vices. Elle engourdit tellement les ſens, dit *Horace* (*a*), qu'on oublie toutes choſes, comme ſi l'on avoit bû des eaux du fleuve Lethé. *Nicolas Chappus*, qui nous a laiſſé un petit Traité ſur l'Eſprit (*b*), compare la volupté à un lac empeſté, d'où ſortent quatre ſources également funeſtes à la Mémoire, ſçavoir, la crapule, l'impureté, le ſommeil &

(a) *Mollis inertia cur tantam diffuderit oblivionem ſenſibus*
Pocula letheos ut ſi ducentia ſomnos arente fauce traxerim? In Epodo.

(*b*) Nicolai Chappuſii *de Mente & Memoriâ libellus cap.* X.

la pareſſe, qu'il compare au Cocyte, au Phlégéton, au Lethé & à l'Acheron. Tout ceci tend à prouver que l'homme eſt né pour le travail & que l'oiſiveté énerve le corps & l'eſprit. Un exercice moderé du corps auſſi bien qu'une pratique habituelle des fonctions animales ſont donc des moyens sûrs pour fortifier la Mémoire, & en augmenter le tréſor. Voyez ce que nous avons déja dit à l'égard du repos que l'on doit prendre.

Livre 2. chap. 7. art. 2.

De la continence.

5°. Rien de plus propre à affoiblir la Mémoire que l'incontinence. On en trouvera mille exemples dans les annales de la Médecine (*a*). Elle éteint le feu le plus pur de nos ames, elle ruine nos corps & avance notre vieilleſſe; la chaſteté au contraire donne toutes ſortes d'avantages à l'eſprit. On doit penſer la même choſe des autres paſſions; telles que les inquiétudes, le chagrin, la triſteſſe, l'avarice, qui, pouſſés juſqu'à un certain degré, étouffent ce principe d'activité qui fait ſentir & penſer nos ames.

De la veille & du ſommeil.

6°. *Guillaume le Lievre* regarde le ſommeil comme le premier obſtacle

(a) Vid. Schenckium *in obſervat.* Ettmullerum *tom. 2. part. Collegii Practici pag.* 852. Salmuth. *Cent.* 1. *Obſerv.* 61.

à la Mémoire (*a*). Ce n'eſt pas ſans raiſon : car pendant ce temps le cerveau s'affaiſſe, & les fibres perdent leur reſſort. Il faut donc éviter avec ſoin les narcotiques. *Riviere* rapporte l'hiſtoire d'un homme qui perdit la Mémoire par l'uſage ſeul de l'eau de coquelicoq. *Willis* cite un autre exemple d'une perſonne qui perdit entierement la Mémoire par l'uſage de l'opium (*b*). Vous trouverez dans *Sennert* des exemples de perte de Mémoire par l'application extérieure des narcotiques (*c*). Il faut donc non-ſeulement éviter les ſomniferes, mais encore les travaux exceſſifs & la trop grande réplétion d'alimens : toutes ces choſes augmentent la pente que nous avons au ſommeil, & doivent nuire par conſéquent à la Mémoire. Par la raiſon des contraires la veille doit fournir quelques avantages à la Mémoire. Lorſque *Ariſtote* compoſoit, il tenoit dans ſa main une boule d'airain. S'il venoit à s'endormir cette boule d'airain tomboit dans un baſſin de même métail & le réveilloit.

(a) *Ars memorativa* Guillelmi Leporei. *Lib.* 4. *&* 5.

(b) *Pharm. ration. part.* 1. *pag.* 306.

(c) *Prax. lib.* 1. *pag.* 241, 242 *&* 296.

PARAGRAPHE IV.

De quelques remédes regardés comme spécifiques pour donner de la Mémoire.

NOus avons vû combien la pratique des anciens Médecins pour remédier aux vices de la Mémoire étoit conforme à la saine raison ; mais il semble que les hommes ne puissent pas toujours marcher dans le droit chemin de la vérité, très-souvent ils s'en écartent. Nos peres attribuoient une vertu particuliere à la mélisse, au cresson, à la sclarée, pour fortifier la Mémoire. Cette vertu spécifique n'est que rélative aux dispositions de nos corps, & c'est pure charlatannerie que de conseiller un même remède pour des cas qui peuvent varier à l'infini. On doit dire la même chose de la graisse d'ourse, des cerveaux de poules, de perdrix & des autres oiseaux qui volent avec une grande vîtesse. Dans un siecle aussi éclairé que le nôtre, on sent bien qu'elle estime on peut faire de ces remédes que le caprice a inventé & qu'une aveugle prévention a mis en usage.

La melisse, le cresson, la sclarée.

La graisse d'ourse, les cerveaux des oiseaux qui volent avec une grande vîtesse.

Fontaines singulieres.

Il y avoit en Béotie deux fontaines

ſingulieres, l'une donnoit de la Mémoire, l'autre ôtoit le ſouvenir. Ce fait ſeroit difficile à vérifier.

Les pierres précieuſes.

Par les compoſitions Pharmaceutiques que nos peres nous ont laiſſées, on s'apperçoit aiſément qu'ils attribuoient de grandes qualités aux pierres précieuſes : l'agathe, diſoient-ils, donne de l'eſprit & rend éloquent *(a)*. Aujourd'hui que l'on a examiné toutes choſes avec un peu plus d'attention, le prix de ces pierres eſt bien diminué dans l'uſage de la Médecine. La curioſité, ou la vanité fait à préſent toute leur valeur.

Les feuilles de laurier.

Si l'on mettoit des feuilles de laurier ſur la peau de la tête, à l'endroit où l'on raſe la couronne des Prêtres, ou ſi l'on ſe couchoit ſur le côté gauche, ayant la tête baſſe, ils ſoutenoient que la Mémoire en étoit très-fortifiée *(b)*. Nous croyons que l'expérience feroit bientôt ceſſer la confiance qu'on auroit dans de pareilles recettes.

Autres remédes ridicules.

Quelques uns ont conſeillé de ſe faire raſer la tête, d'autres de ſe faire couper la barbe *(c)*. Nous ne voyons pas la raiſon de pareilles ordonnan-

(a) Agrippa *Philoſ. occult. lib. 1. cap. 15.*
(b) *Ex adſcriptis* Alberto.
(c) Levinus Lemnius *lib. 2. cap. 4.*

ces, & de quel but partent ces indications. Si de pareils moyens réussissoient, il faut les placer à côté de l'histoire de la grande Mémoire du Cardinal *Du Perron*, qui fut attribuée à l'envie que sa mere étant grosse de lui, avoit eu d'une Bibliothéque (*a*).

Tous les corps odoriférans.

Les Anciens prétendoient encore que les corps odiférans étoient d'un grand secours pour fortifier la Mémoire. C'est pourquoi ils conseilloient de flairer souvent le bois d'aloës, les œillets, le succin oriental, les roses, le chevrefeuille, l'ambre-gris, le musc, &c. Mais par les mêmes raisons qu'ils condamnoient les narcotiques comme nuisibles à la Mémoire, ils devoient aussi se méfier des odeurs aromatiques qui sont très-souvent somniferes.

Nous pourrions encore exposer ici plusieurs formules que l'on trouve dans les Ecrits des anciens Philosophes & des anciens Médecins : mais outre que ce ne seroit que relever des erreurs & faire tomber dans le discrédit des Ouvrages qui ont été l'aurore des Sciences; il nous suffisoit de faire voir que la prévention étouffe les meilleurs principes, & que la façon

(*a*) Traité de l'Opinion, liv. 4. chap. 8. des Naturalistes.

la plus sage & la plus sûre pour guérir, est de bien saisir les indications & de les remplir.

ARTICLE II.

De la Mémoire artificielle.

Définition de la Mémoire artificielle, & son inventeur.

LA Mémoire artificielle est une induction qui réveille en nous les idées que nous avons déja eû. On croit que ce fut *Simonide* (a) qui fut l'inventeur de cette espece de Mémoire. Les Auteurs ne sont pas d'accord sur les circonstances. Les uns disent que les vers qu'il recitoit, étoient à la gloire d'*Agatharcus* ou de *Léocrate*, les autres prétendent qu'ils avoient été faits en l'honneur de *Glaucus* ou de *Scopa*. *Apollodorus*, *Eratosthene*, *Euphorion* & *Euriphyle* le Larisséen, disent que la Maison d'où il sortoit étoit à Pharsale ville de Thessalie, & il semble que *Simonide* lui-même le donne à entendre. Mais *Ciceron* qui a suivi *Callimachus* à ce qu'il paroît, dit que c'étoit à Crannone ville aussi de Thessalie.

Maniere dont elle fut trouvée.

Quoiqu'il en soit, voici le fait en mettant à peu près d'accord tous ces différens sentimens, & en suivant les

(a) Poëte natif de Chio, Isle de l'Archipel.

autorités les plus respectables. *Scopa* noble Thessalien & homme riche, voulant donner un grand repas, avoit prié *Simonide* de faire son éloge & lui promit de payer gracieusement ses vers. Le jour de l'Assemblée arrivé, notre Poëte se mit à table avec les autres convives. Au milieu du repas *Scopa* ennuyé de ce que *Simonide* n'avoit pas encore débité son compliment, lui commanda de le réciter. Le Poëte obéit, & après avoir beaucoup élevé les deux fils de *Tyndare*, il fit tout-à-coup l'éloge de *Scopa*. Le panégyrique fini, les convives applaudirent. Le maître seul du logis refusa son approbation, & croyant que *Simonide* devoit le louer sans s'écarter de son sujet, il ne lui paya que la moitié du prix convenu pour sa piece de vers, en lui disant que *Castor* & *Pollux* lui payeroient l'autre moitié.

Simonide indigné d'entendre une pareille proposition, se retira (*a*). A peine fut-il déhors, que la maison s'écroula ; de sorte que tous les convives furent écrasés sous les ruines. Comme ils étoient tellement défigurés qu'on

(a) *Ciceron*, sur la fin du 2. Livre *de Orat.* dit que deux jeunes hommes vinrent demander *Simonide* à la porte de la maison où ils étoient à dîner.

ne pouvoit plus les reconnoître, l'on fut fort embarrassé lorsqu'il s'agit de les enterrer chacun selon leurs dignités. On eut recours à *Simonide* pour avoir quelques éclaircissemens ; mais il ne put distinguer ces malheureux dans un pareil état. Il s'avisa d'un expédient ; ce fut de se rappeller dans quel ordre ils étoient à table. Par ce moyen il les distingua tous à mesure qu'on les retiroit de dessous les débris, Cette idée lui donna lieu de penser à une Mémoire artificielle, & à ceux qui l'ont suivi, de se servir des mêmes moyens dans les cas où leur Mémoire seroit infidélle.

Avantages de cette espece de Mémoire.

On peut regarder cet artifice comme une espece de méchanique qui dirige la Mémoire & la conduit sûrement à sa fin. Car de même que lorsque nous entrons dans quelque palais, nous retenons parfaitement la distribution & la place de tel ou tel meuble ; de même aussi si nous avons attaché différentes idées à différens objets qui nous environnent, nous nous rappellerons ces idées lorsque nous appercevrons ces objets. Ainsi après avoir bien disposé vos organes suivant les principes déja établis, exercez votre Mémoire en choisissant différens objets qui la fixent. Attachez par exemple, quelque phraſe d'un diſcours que vons voudrez apprendre à un tableau qui ſera dans votre chambre. Attachez-en une autre à la cheminée, puis une autre à un fauteuil; ainſi de ſuite. Recitez ces phraſes les unes après les autres & vous verrez que vous les retiendrez & que vous les reciterez par ordre.

Autre Mémoire artificielle propoſée par *Quintilien*.

Quintilien donne un autre expédient (*a*) : c'eſt de faire à la marge de ſes cahiers quelque ſigne qui ait rapport avec ce qui eſt contenu dans l'article que l'on veut apprendre. Si l'on parle de guerre, l'on repréſentera une pique, ſi l'on fait la deſcription d'une tempête, l'on mettra une ancre, &c. Auſſi-tôt que ces repréſentations arbitraires frapperont la vûe, on ſe reſſouviendra facilement de ce que l'on aura à dire. Ces moyens peuvent être d'un grand ſecours pour la Mémoire, & ils ſont ſi faciles à employer, que nous croyons qu'il eſt inutile d'en recommander l'uſage.

Vers techniques.

Les vers téchniques donnent encore une merveilleuſe facilité pour retenir les noms, les faits & les époques. La meſure où ces choſes ſont enchaſſées,

(a) *Lib*. XI. *cap*. 3.

ouvre à l'esprit un chemin sûr pour trouver ce qu'il cherchoit. Nous renvoyons sur cet article au P. *Buffier* qui a excellé dans cet art *(a)*.

Nous serions trop longs s'il falloit détailler ici la pratique particuliere qu'ont enseigné divers Auteurs, on doit voir ce qu'ils en ont dit eux-mêmes dans leurs Ouvrages. Ainsi consultez *Publicius* (*b*), *Meyssonnier* (*c*), *Marasiotus*, *Bruxius*, *Ravellin*; *Jean Paëpp*, *Spagenberg* & plusieurs autres qui ont donné de sages conseils pour faciliter l'exercice de la Mémoire.

Que le plus sûr moyen est de souvent exercer la Mémoire.

Quoique l'on employe un ou plusieurs des moyens indiqués, il est nécessaire d'exercer encore souvent sa Mémoire. C'est une régle dont on ne sçauroit trop recommander l'exécution. Les plus grands Maîtres *(d)* l'ont regardée comme la voie la plus certaine pour acquérir de la Mémoire. En effet plus les fibres sont mûes, plus elles deviennent vibratiles; par la même raison que plus un instrument est touché, plus il devient sonore. C'est sur

(*a*) Pratique artificielle pour apprendre l histoire universelle.

(*b*) Jacobi Publicii *in arte memoriæ*.

(*c*) La clef des Aphorismes d'*Hippocrate*, p. 160.

(*d*) Cic. *lib.* 2. *de Oratore*. Quintil. *lib. XI. cap.* 2.

ce principe qu'il seroit à souhaiter qu'on se rendit compte à soi-même tous les soirs de ce qui s'est passé chaque jour. *Ciceron* paroît avoir été dans cette louable habitude. Pour exercer ma Mémoire, dit-il (*a*), » je » me rappelle tous les soirs ce que j'ai » dit, ce que j'ai entendu, ce que j'ai » fait dans la journée. Par ce retour sur soi-même, on trouve dans l'occasion de bonnes provisions amassées sans peine, & nécessaires dans le commerce de la vie, soit que l'on veuille débiter un Sermon, un Plaidoyer, ou un Ouvrage plus étendu, soit que l'on veuille faire une Relation, détailler les faits & garantir les époques.

(a) *Cato major de Senectute. Exercendæ Memoriæ gratiâ quid quoque die dixerim, audierim, egerim, commemoro vesperi.*

SECONDE PARTIE.

De la Volonté.

La Volonté considerée en elle-même ne fournit pas de grandes ressources à l'esprit.

LE ſens le plus étendu qu'on puiſſe donner au terme de *Volonté*, eſt celui par lequel on entend une faculté libre de l'ame que l'on peut diriger vers un bien quelconque. Ainſi ſuppoſant qu'un homme jouiſſe des biens que fournit un entendement facile, ou qu'il les ait acquis par les moyens déja indiqués; il eſt certain qu'il ſe portera de plus en plus a perfectionner les talens, ou que la nature lui aura accordés d'une main liberale, ou que l'art, vainqueur d'une nature marâtre à ſon égard, lui aura procuré. Tout ce que peut donc nous donner la Volonté priſe en elle-même, c'eſt un certain goût pour le travail, & une certaine inclination pour les Sciences. Préſent bien médiocre, il eſt vrai, ſi elle ne nous fourniſſoit d'autres reſſources.

Mais conſiderée comme ſujet des vertus & des paſſions, ſa

Les vertus & les paſſions, filles reſpectables de cette même Volonté, ſe liguent entre elles pour commen-

puissance est bien plus étendue.

cer & finir l'ouvrage, & deviennent les instrumens de la perfection, du solide & de l'élevation de l'esprit. Eh ! qui pourroit en douter, bien loin d'en être surpris ? elles forment le contraste de la vie ; elles tiennent les rênes du monde, elles ont un empire absolu sur tous les cœurs : en un mot, ce sont des maîtresses qui affectent tous les hommes d'une telle maniere, qu'ils ne peuvent se dégager de leurs loix. Heureux qui possede les unes & combat les autres ; c'est la voie la plus sûre où l'homme puisse marcher pendant sa vie.

Ordre qu'on doit garder dans cette II. Partie.

Une puissance si générale mérite bien d'être examinée un peu plus en détail. Nous avons déja vû quels mouvemens dans nos corps étoient les causes occasionnelles soit des vertus, soit des passions ; il s'agit donc de voir maintenant comment nous pourrons les faire concourir tant à l'accroissement & à la perfection, qu'au solide & au brillant de l'esprit. C'est ce que nous allons faire en gardant l'ordre établi dans la seconde Partie de notre premier Livre.

CHAPITRE PREMIER.

Des Vertus.

Liaison des Vertus & des passions, & raison de cette liaison.

LE desir de perseverer dans son être, ou d'être heureux est le sein d'où naissent les Vertus & les passions, comme nous l'avons déja prouvé. Ce desir n'est par lui-même ni vertu, ni passion ; il ne change de titre que par la fin qui le dirige. Les Vertus & les passions sont donc deux sœurs inséparables qui s'entraident & se détruisent mutuellement. La vertu qui combat & qui soumet les passions, ressemble à cet or épuré par les flammes de la fournaise. La passion qui cede aux vertus & leur occasionne une continuelle victoire, ressemble à cet arbre sauvage qu'a greffé un habile Jardinier, il porte ensuite des fruits d'autant meilleurs que la vigueur de son naturel fortifie ses racines & lui fournit une plus grande abondance de sucs. Voilà pourquoi l'Artisan Eternel du bien, incapable de faire le mal, & qui a bien fait tout ce qu'il a fait, nous a donné des Vertus apparantées des vices. C'est à la raison de l'homme à diſtinguer le bien réel du bien apparent. C'eſt à elle à lui dicter les moyens qu'il doit employer pour être heureux. Mais peut-il être malheureux ou viticux avec elle. Si *Neron* l'eut voulu il eut regné comme *Titus*. L'impétuoſité qu'on abhorre dans *Catilina* charme dans *Decius*, eſt divine dans *Curtius*. La même ambition a produit la perte ou le ſalut, elle fait un vrai citoyen & un traître également.

Qu'il eſt en notre pouvoir d'être vertueux.

Il dépend donc de nous d'être vertueux ; c'eſt-à-dire, qu'il ne tient qu'à nous d'être prudens, juſtes, temperans, magnanimes : puiſque la prudence, la juſtice, la temperance & la force dépendent de mouvemens purement méchaniques. Ces mouvemens purement méchaniques ne ſont que des combinaiſons des differentes parties de l'entendement. Ici les ſenſations, l'intelligence & le raiſonnement s'aſſocient ; là le jugement & la mémoire s'uniſſent par un aimable accord. De tous ces différens produits naît un total, ſçavoir les vertus. Ainſi l'on pourroit dire d'un homme qui ſeroit vertueux, qu'il a de l'eſprit.

Que l'homme vertueux eſt néceſſai-

Ainſi en rendant l'homme vertueux, c'eſt le rendre ſpirituel ; mais de de quelle maniere le rendre vertueux ? C'eſt ce que nous allons développer en gardant l'ordre que nous avons tenu dans notre premier Livre.

rement ſpirituel.

ARTICLE PREMIER.

De la Prudence.

Que la Prudence eſt une vertu des plus propres pour former l'entendement.

LA Prudence eſt une des vertus les plus propres à former l'entendement, & à lui procurer toutes les qualités eſſentielles à ſa perfection. C'eſt elle qui tient en bride l'imagination, & l'empêche de tomber dans ces écarts, qui font voir plus de vivacité que de raiſonnement. C'eſt elle qui étouffe dès leur naiſſance, ces monſtres que les paſſions enfantent. Satyres effrénées & injurieuſes, Libelles diffamatoires, Réflexions irréligieuſes, Livres impurs & licentieux, en un mot tout ce qui tend au vice, ou au déſordre, eſt condamné à ſon tribunal, ou doit fuir le jour & craindre celui qu'il reſpire. C'eſt elle qui preſcrit la fin aux autres vertus morales & qui ſe preſcrit les limites dans leſquels elle doit ſe renfermer : car ſi elle évite la précipitation, elle doit craindre la lenteur, ſi elle fuit la nouveauté, elle doit appréhender la prévention. Elle ne doit donc marcher qu'avec circonſpection & précaution. C'eſt le ſeul moyen de mériter l'eſtime des gens raiſonnables & de s'attirer la confiance même des plus pervers.

Maniere Phyſique d'acquérir la Prudence.

Des avantages auſſi réels engageront ſans doute chacun à acquerir ou à conſerver cette premiere vertu morale que nous avons dit dépendre de toutes les opérations de l'entendement. Ainſi tout ce qui peut tendre à corriger ou à perfectionner les opérations de l'entendement, doit conduire auſſi à la Prudence ; & par la raiſon des contraires, toutes les cauſes qui peuvent vicier ces mêmes opérations doivent nuire à cette vertu. Or nous avons déja détaillé les cauſes qui vicioient l'entendement, nous avons propoſé les remédes propres à les combattre, nous avons fait voir l'état le plus avantageux de nos corps pour l'exercice des fonctions animales & nous avons indiqués les moyens les plus propres pour entretenir cet état. C'eſt pourquoi pour éviter les redites & la longueur, nous renvoyons à ce que nous avons déja dit. Qu'il nous ſuffiſe ici de propoſer l'exemple de ces heureux vieillards, qui jouiſſans d'une admirable conformation d'organes & du cours libre d'un ſang bien conſtitué, jouiſſent en même temps du privilege de donner des conſeils inventés par la ſageſſe, & dictés par la diſcrétion. Qu'il nous ſuffiſe de faire jetter les yeux ſur ces tempéramens fortunés où l'on trouve dans un âge quoiqu'encore tendre, la prévoyance des têtes blanchies par les années & qu'a dû inſtruire une longue expérience. Enfin qu'il nous ſuffiſe de propoſer pour modele ces perſonnes dans leſquelles ces diſpoſitions excellentes dévoilent les ſecrets de la nature, & leur font découvrir les principes généraux & les raiſons univerſelles des choſes qui ſont à faire.

ARTICLE II.

De la Force.

Etendue de la Force & ſes noms divers.

IL n'y a pas de vertus qui reçoive autant de noms que la Force. Tantôt on l'appelle valeur, courage, magnanimité, conſtance ; tantôt on la nomme intrépidité, héroïſme, grandeur d'ame. Marque évid nte de l'eſtime générale qu'elle s'eſt acquiſe de tous les hommes qui deſirent la reconnoître par tout où elle ſe rencontre : car cette vertu se manifeste également dans les grandes comme dans les moindres actions, dans l'adversité comme dans la prospérité, dans la paix comme dans la guerre : mais elle fait toujours soupçonner dans celui qui agit ou qui souffre avec elle un esprit au-dessus du vulgaire.

Sa puissance sur l'Esprit.

Exemples de *François* I. & de *Henri* IV.

Celui qui vainquit les Suisses à Marignan, qui chassa l'Empereur Charles V. de la Provence, & qui perdit une bataille & la liberté devant Pavie, aussi grand dans l'une que dans l'autre occasion, *François I.* fut le pere & le restaurateur des Lettres en France. Ce Prince invincible qui gagna en personne les batailles de Coutras, d'Arques & d'Yvri, qui s'est trouvé à mille combats, qui a assuré par l'épée son droit à la Couronne, *Henri* IV. toujours égal dans l'une & l'autre fortune, plus prompt à pardonner qu'à se venger, jouissoit d'un génie si brillant qu'il en échappoit les éclairs les plus vifs, si étendu qu'il embrassoit tous les ressorts de la politique, si solide que les moyens les plus sages étoient employés dans les cas les plus épineux.

Ce seroit ici le lieu de dévoiler la

capacité des *Cesars*, des *Turennes*, des *Condés* & de tant d'autres Heros dont la gloire ne finira qu'avec le monde. Ce seroit encore ici le lieu de rappeller dans la mémoire les entreprises hardies & ménagées de ces illustres Généraux, les sentimens généreux de ces intrépides Capitaines, la fermeté & la science de ces habiles Ministres, dont les noms seront respectés jusqu'à la fin des siecles. Ce sont autant de faits qui prouvent la puissance qu'a sur les Esprits cette vertu capable de placer un cœur mâle dans un corps féminin.

La crainte & la timidité déprave l'Esprit.

Au reste ceux qui revoqueroient en doute la thèse que nous soutenons, pourroient s'assurer de sa vérité en considerant les passions opposées à la Force. La crainte & la timidité peuvent tellement altérer les Esprits qu'on n'en puisse plus reconnoître la trempe.

Moyens pour se disposer à la Force.

La Force suppose donc de l'esprit dans celui qui la possede. Ainsi ceux qui voudront acquerir cette vertu, doivent songer à se procurer une imagination libre, un raisonnement juste & un jugement certain. Nous en avons proposé les moyens dans toute la suite de ce troisiéme Livre.

Livre 1. sect. 2. De plus, nous avons ajouté précédemment que dans la Force l'Esprit s'élevoit, pour ainsi dire, au-dessus de lui-même, ce qui exigeoit sans doute une plus grande mobilité dans les fibres & une plus grande vîtesse dans le cours du liquide animal. L'on y parviendra par l'étude, la réflexion, le régime de vivre & sur-tout le changement de climats, qui souvent peut métamorphoser un lâche & un poltron en homme brave & intrépide, *Livre 2. chap. 3.* comme nous l'avons déja dit.

ARTICLE III.

De la Justice.

Moyens pour se disposer à la Justice.

LA Justice prenant son origine de l'heureux assemblage d'un raisonnement juste & d'un jugement sûr, il est aussi aisé de conclure que d'obvier aux causes qui peuvent affoiblir ou dépraver le raisonnement & le jugement, c'est remédier aux causes qui blesseroient l'intégrité de la Justice, & que d'entretenir dans un état sain ces deux opérations de l'entendement, c'est employer les moyens nécessaires pour conserver cette troisiéme vertu morale, qui regle toutes les autres vertus. Ainsi comme l'on trouvera dans la suite de cet Ouvrage la Physiologie, l'Hygiene & la Thérapeutique des fonctions animales, on trouvera en même temps les moyens de restituer & de conserver la Justice.

Avantages que procure la Justice à l'Esprit, & vertus compagnes de la Justice.

Considerant la Justice sous ce point de vûe, l'on s'apperçoit facilement que l'ame qui la possede en doit retirer de grands Avantages : mais si on la regarde encore comme un soleil entouré d'un grand nombre de vertus ausquelles elle communique son éclat, ses influences paroîtront d'autant plus avantageuses, & son effet d'autant plus certain. La vérité, la religion, la piété sont des enfans sortis de son sein, qu'elle chérit & qu'elle protégera jusqu'à la fin des siécles. L'amitié, la confraternité, la libéralité sont pour elle des sœurs qui font reconnoître sa légitimité. La reconnoissance, fidelle compagne de la Justice, prend sa source dans la conscience de l'homme & n'est peut-être elle-même que la Justice. Les Athéniens n'avoient point de loix contre les ingrats, parce que, disoient-ils, s'ils ne sont pas condamnés par des loix expresses, ils sont assez condamnés par la nature *(a)* ; & *Seneque* pensoit que c'étoit anéantir la reconnoissance que de la fonder sur la crainte des loix *(b)*.

Que celui qui est juste est vraiment spirituel & raisonnable.

Mais nous serions trop longs s'il falloit faire ici l'énumeration de toutes les parties accessoires de la Justice, & l'anatomie de ces mêmes parties. On voit assez que celui qui possede cette vertu, jouit d'une raison épurée & d'un bon sens à l'épreuve, puisqu'il faut comparer tant de moyens, peser tant de motifs, discuter tant de jugemens pour parvenir à cette certitude qu'exige la Justice. Au reste quand cette vertu auroit moins de pouvoir sur l'Esprit qu'elle réforme essentiellement, elle n'en devroit pas moins avoir d'attraits pour les hommes : elle seule est capable de regler leur conduite. Eh ! qu'y a-t-il de plus important ?

(a) *Non damus leges, satis natura condemnat.* Xenophon. *Cyrop. lib.* 1.

(b) *De Benef. lib. cap.* 7.

ARTICLE IV.

De la Temperance.

L'EMPIRE avec lequel on gouverne ses appetits, exige de l'homme sage deux devoirs importans. Le premier, de satisfaire sa faim & sa soif avec moderation. Le second, de contenter l'appetit vénérien avec beaucoup de retenue. Devoirs dont la pratique est aussi avantageuse pour l'ame que pour le corps.

Deux choses à considerer dans la Tempérance.

I. Celui qui est sobre évite un grand nombre de maladies, puisque l'expérience journaliere nous apprend qu'il n'y a peut-être pas une seule maladie dont le foyer ne puisse être dans l'estomac. De plus, il obtient les Avantages qu'on doit retirer des bonnes digestions. La quantité & la qualité des sucs nourrissiers se trouvant proportionnées aux parties qu'ils doivent nourrir, il est certain que tous les ressorts nécessaires à notre conservation jouiront de toute la souplesse & de toute l'élasticité propres à leurs mouvemens. Tandis que d'un autre côté les liqueurs sans mélange & sans altération couleront avec facilité dans leurs canaux, se sépareront sans trou-

Par la sobrieté l'on s'exempte des maladies & l'on se dispose à avoir de l'esprit.

ble dans leurs vaiſſeaux ſécrétoires ; & donneront la liberté & la vie aux inſtrumens qui compoſent la machine humaine. Il eſt vraiſemblable qu'avec de pareilles diſpoſitions dans un corps, l'ame doit jouir des plus grandes prérogatives poſſibles. Ce qui prouve évidemment ce que peut la ſobrieté ſur l'inſtrument par le moyen duquel s'exécutent les fonctions de l'entendement & de la volonté, & ſur la ſubſtance inétendue, inviſible, & indiviſible par laquelle nous concevons & nous voulons.

Nous n'avons pas d'autre regle à propoſer pour devenir ſobre, que celle d'écouter la voix de la nature qui eſt ennemie de tout excès. Nous avons indiqué dans notre premier Livre les ſignes auſquels on pouvoit reconnoître que la faim & la ſoif étoient éteintes, & les riſques que l'on couroit ſi l'on paſſoit au-delà de ce terme qu'on appelle *Suffiſance*, c'eſt pourquoi nous ne nous répeterons pas ici.

Néceſſité de la continence pour conſerver les forces du corps & de l'eſprit.

II. La continence eſt tellement utile pour la conſervation du corps, que celui qui ſatisfait avec excès l'appetit vénérien, tombe dans la phtiſie, le maraſme, la conſomption & pluſieurs autres maladies qui naiſſent de l'épuiſement. L'ame dans ce corps énervé & ſans vigueur, devient triſte & moins agile, ne reſſent plus ce beau feu qui l'animoit, & eſt retenue par un poids accablant qui l'entraîne vers l'apathie & l'indolence. Si nous comparons un Eunuque avec un homme qui jouit de toutes les prérogatives de ſon ſexe; quelle différence? l'un mol & efféminé, ne s'occupe que de bagatelles, l'autre hardi & entreprenant, tend aux plus grandes choſes; l'un délicat & pacifique, n'eſt propre qu'à filer des jours tranquilles & délicieux; l'autre robuſte & intrépide, eſt fait à la fatigue d'une vie turbulente & agitée. L'un annonce par ſa voix aigue & argentine qu'il n'eſt qu'un enfant, l'autre nous fait entendre par ſa voix mâle & grave qu'il eſt homme, c'eſt-à-dire, capable des plus grandes choſes. Cette comparaiſon ſuffit ſeule pour faire connoître le prix d'une liqueur, qui peut opérer de ſi grands changemens, & qu'on ne doit perdre que quand la nature pourroit être la victime de ſa fécondité.

Favori des neuf Sœurs qui chéris ta ſanté,
Fuis la tendre Venus qu'on adore à Cythere:
Rarement à la voix de la raiſon ſevere

S'éveille un cœur qu'endort la molle volupté.
Jamais dans les bosquets du Pinde ne s'amuse
La lubrique Venus avec la chaste Muse ;
Et la sage Pallas qui préside aux beaux Arts,
A toujours conservé son cœur dans l'innocence :
Tant il est vrai qu'il faut vivre avec continence
Pour suivre d'Apollon les nobles Etendards (a).

Deux sortes de Moyens pour vivre dans la continence.

Les moyens qu'on peut employer pour observer les loix que prescrit la continence, sont de deux especes ; les uns Physiques, les autres Moraux.

Moyens Physiques.

Les moyens Physiques sont de maintenir les sensations dans un tel état, que la raison ne perde rien de son empire, ou qu'elle se puisse retirer victorieuse du combat si elle a quelques obstacles à surmonter. Il faut donc éviter toutes les liqueurs trop restaurantes, spiritueuses, irritantes ; les mets trop salés, poivrés, épicés ; en un mot tout ce qui occasionneroit soit

(a) *At tu cui studii flores, fructusque petuntur,*
Si possis Venerem spernere sanus eris :
Namque nec Aonidum Venus improba ludit in hortis ;
Nec turpes flammas Musa pudica probat.
Ipsa gubernatrix studiorum casta Minerva est,
Artibus ingenuis est inimica Venus.
Ab Eobano Hesso *lib. de tuendâ valetudine.*
Nulla magis mentis vires industria firmat ;
Quam Venerem & cœci stimulos avertere amoris.
Virgilius *Georg. lib.* 3.

par sa qualité, soit par sa quantité, une certaine acrimonie dans le sang qui pourroit provoquer le flux de la semence & en même temps la perte des esprits animaux. Car il est très-vraisemblable que la semence est de la nature du liquide animal, si ce n'est le liquide animal lui-même; puisqu'il n'est pas possible que le corps humain perde cette liqueur en si petite quantité & soit si sensiblement altéré, sans donner lieu de croire que l'esprit seminal est sans doute ce feu inné qui vivifie matériellement l'économie animale.

Moyens Moraux.

Les moyens Moraux sont de fermer ces livres où sont crayonnées la mollesse & la débauche, de ne pas ouvrir les yeux sur ces objets lascifs, qui flattant notre cupidité, empoisonnent la source de la vie, d'éviter ces pensées, ces conversations, ces compagnies badines où sous des images riantes la pudeur se trouve immolée. Mais ces conseils, quoique très-sages, nous éloignent du but de cet Ouvrage; poursuivons.

CHAPITRE II.

Des Passions.

Passions sont essentielles à l'homme. Usage qu'on en doit faire.

LES Passions ne sont ni bonnes ni mauvaises par elles-mêmes, puisqu'elles ne renferment en elles ni l'idée du bien ni l'idée du mal. Ce sont des instrumens de la Providence & des moyens du bien général pour tendre à une fin glorieuse. Ce sont autant d'élemens qui composent l'homme & qu'on ne peut détruire sans anéantir son être. Aussi l'homme sage ne prétend pas les anéantir ; ce seroit se flater de l'impossible. Il s'en rend le maître & non pas l'esclave, il se contente de les ralentir & de les gouverner par sa raison, & cherche seulement à leur ôter le moyen de nuire en devenant trop violentes. C'est moins un pouvoir despotique qu'un gouvernement attentif & circonspect. *Luisinus* nous a donné un excellent Traité sur cette matiere (*a*). Ce sçavant Médecin qui comprenoit fort bien que pour regler les mouvemens précipités de notre ame, les sages conseils de la

Traité des passions par *Luisinus*, Médecin.

(a) *De componendis animi affectibus per moralem Philosophiam & medendi artem tractatus, Autore* Aloysio Luisino *Utinensi Medico.*

Morale ne suffisoient pas seuls, nous découvre les moyens les plus convenables que la Médecine puisse employer pour calmer la colere, adoucir les chagrins, prévenir la crainte & étouffer la jalousie. Mais ce n'est pas là le but que nous nous sommes proposés dans notre travail : notre intention est de faire servir les Passions à la perfection de l'Esprit, de l'élever par elles au grand, au sublime, au pathétique. Sans Passions en effet il n'y a plus de graces ni de varieté dans le discours, il n'y a plus d'élevation ni de maniere de plaire, il n'y a plus de brillant ni cette onction qui persuade avant qu'on ait réflechi (*a*). » Que si *Cecilius* s'est imaginé, » dit *Longin* (b), que le pathétique en » général ne contribuoit pas au subli- » me, & qu'il étoit par conséquent » inutile d'en parler, il s'est trompé » lourdement. Car j'ose dire qu'il » n'y a rien qui releve peut-être

Avantages que l'Esprit peut retirer des passions.

Autorité de *Longin*, d'*Horace* & de *Quintilien*.

(*a*) La nature est en nous plus diverse & plus sage

Chaque Passion parle un différent langage . . .

Que dans tous vos discours la Passion émue,

Aille chercher le cœur, l'échauffe & le remue . . .

Le secret est d'abord de plaire & de toucher.

Boileau, Art Poëtique, chant 3.

(*b*) Traité du Sublime, Chap. 6.

» davantage un discours, qu'un beau
» mouvement & une passion poussée
» à propos. C'est une espece d'entou-
» siasme & de fureur noble qui anime
» l'oraison & qui lui donne un feu &
» une vigueur toute divine.» Si vous voulez que je pleure, dit *Horace*, commencez vous-même à pleurer(*a*). C'est ce précepte que *Quintilien* nous répete sous d'autres termes : » Soyons
» touchés nous-mêmes, dit-il (*b*),
» avant de chercher à toucher les au-
» tres ;» en un mot, c'est une vérité reconnue dans tous les temps, que sans Passion il n'y auroit plus d'éloquence, ou du moins qu'il n'y auroit qu'une éloquence froide, monotone & languissante. De-là vient que les Grecs, les Latins & tous les Rhétoriciens de différentes nations nous ont laissé d'excellens Traités sur les diverses affections de l'esprit, soit pour les placer à propos, soit pour parler le langage qui leur convient.

Sans les passions on ne peut ni plaire ni toucher.

C'est donc avec raison que nous concluons ici que les Passions sont nécessaires pour plaire & pour toucher, & qu'elles sont de véritables moyens

(a) *De Arte Poëticâ.*
(b) *Lib. 6. cap. 2. Afficiamur antequàm afficere conamur.*

qui

qui nous conduisent sûrement à l'esprit & au génie (*a*). C'est à ce titre qu'elles ont droit d'entrer dans le plan de notre Ouvrage, & c'est sous ce point de vûe que nous allons considérer celles qui enchaînent toutes les autres & qui forment les plus beaux traits du tableau de la vie humaine.

ARTICLE PREMIER.

De l'Amour.

De l'Amour propre légitime. Ses propriétés.

CETTE affection qui nous lie avec tous les êtres, suppose une certaine complaisance avec nous-mêmes, qui nous engage à persévérer dans notre existence commune avec ces mêmes êtres. Cette complaisance avec nous-mêmes, nous l'appellons Amour propre. C'est le plus fort & le plus indélébile de tous les desirs. Viennent ensuite ces affections qui nous unissent avec tous les êtres, & qui nous serrent encore plus ou moins étroitement avec eux. Tels sont ces mouvemens qui attachent un pere à son fils, un époux à une épouse, & qui sont & plus vifs que l'amitié ou

(a) *Si natura negat, facit indignatio versum.* Juvenal. *Sat.* I. *v.* 65.

l'humanité, & moins forts que la sympathie. Toutes les nuances de ces desirs nous meneroient trop loin, s'il falloit les examiner séparement. Nous ne parlerons ici que de l'Amour propre, & de cet Amour qui prend sa source dans les attraits de l'un & l'autre sexe, nous le nommerons Amour social.

TITRE PREMIER.

De l'Amour propre.

L'AMOUR propre poussé trop loin, est le plus vil de tous les flateurs; c'est un fils de l'orgueil qui nous rend fades & insipides. Il y a peu d'avantage de se plaire à soi-même, quand on ne plaît pas aux autres. L'amour propre dont nous parlons ici & que nous desirerions dans chacun des hommes, est cette noble émulation qui nous fait tendre aux grandes choses; cette émulation qui, une fois évanouie, nous feroit peut-être voir un *Alexandre* sans courage, un *Ptolémée* sans sçavoir, un *Scipion* sans continence & tant d'autres héros, sans la vertu fondamentale qui étoit la source de leurs plus belles actions; en un mot, cette émulation qui donne naissance à la gloire & à l'ambition restraintes dans de justes bornes. Gloire & ambition, quel plus beau motif pour entrer dans les Sciences? Quels chefs plus courageux pour leur avancement? Quels Docteurs plus infatigables pour tendre à leur perfection?

La gloire a paru à quelques Philosophes une chimere, un fantôme qui n'avoit aucune réalité, une ombre, une fumée qui séduisoient les regards des spectateurs. Nous la croyons moins vaine & plus réelle. C'est un feu allumé dans nos ames, qui par son mouvement direct éclaire & échauffe les autres, & qui par son mouvement réflechi retourne à son premier principe & lui sert de nourriture. La gloire a donc autant besoin de nous-mêmes que d'autrui; sans cela il n'y auroit rien qui nous l'appropriat; c'est une image qui paroît dans un miroir; elle dépend autant de la présence de l'objet que du miroir même. Mais pour parler sans allégorie, c'est un desir qui tend à nous rendre plus parfaits, afin de mériter une plus haute estime dans l'idée d'autrui. Nous soutenons qu'il n'y a pas de motif plus puissant ni plus certain pour nous exciter à embrasser ce qu'il y aura même de plus difficile,

L'Amour propre consideré comme auteur de la gloire, nous dispose aux Sciences.

pour nous contraindre à cultiver nos talens, & pour nous engager à les mettre dans tout leur jour, & par ce moyen être utile aux autres & à l'Etat.

Exemples. Voiez *Themiſtocle* que les victoires de *Miltiade* ſur les Perſes empêchoient de dormir. Voyez *Alexandre* qui pleuroit ſur les triomphes de ſon pere, craignant qu'il ne lui reſtat pas aſſez de peuples à vaincre & de royaumes à conquérir. Voyez *Jules Ceſar* qui ſe plaignoit en regardant la ſtatue d'*Alexandre*, de n'avoir encore rien fait à l'âge que le fils de *Philippe* de Macedoine avoit conquis toute la terre. Cette émulation n'a pas été infructueuſe dans ces grands hommes; elle leur a fait entreprendre des choſes qui tiennent du prodige, & les a fait réuſſir dans les projets qu'elle leur avoit dictés. Elle ne ſera pas non plus infructueuſe dans les perſonnes qui veulent ſe faire un nom dans les Sciences. Ils combatteront ſans ceſſe l'erreur & les préjugés, triompheront de leur ignorance & des obſtacles que la nature marâtre mettoit à leur avancement, & parviendront au temple de la vérité.

L'Amour propre regardé com- Quand nous parlons ici de l'ambition comme ſeconde fille de l'Amour propre, nous entendons cette noble ardeur qui nous fait abhorrer le néant, qui sert d'aiguillon à la vertu, & qui est la mere de toutes les grandes actions : il est naturel aux hommes dont les sentimens sont nobles & élevés, d'entreprendre de grandes choses, afin que de leurs cendres naissent des lauriers qui fassent l'admiration de la postérité, comme ils ont fait l'étonnement & l'ornement de leurs siecles. *Pline* le Jeune fait cet aveu : » Je confesse, » dit-il, que rien n'occupe plus mon » esprit que l'extrême desir d'immor- » taliser mon nom ; ce qui me paroît » un dessein digne d'un homme ver- » tueux : car qui connoît sa vie sans » reproche ne craint pas le souvenir » de la postérité. » C'est à cette pensée d'immortalité que nous sommes redevables des plus grandes choses. Pensée qui a bien pû pousser un *Erostrate* à brûler le temple de Diane d'Ephese. Pensée qui rend les hommes capables d'entreprendre les choses qui paroissoient impossibles au premier aspect.

meauteur de l'ambition nous dispose aussi aux grandes actions.

Concluons donc ici que l'Amour propre accompagné de ces deux soutiens, la gloire & l'ambition, fera parcourir les routes les plus épineuses des Sciences. Point de difficultés qui

Moyens Physiques pour se disposer à l'Amour propre légitime.

ne soient applanies, point de productions hardies qui soient negligées, point d'idées abstraites qui ne soient saisies. Nous avons vû que l'état de tranquillité & de paix Physiques étoit la cause efficiente de l'Amour propre. Concluons donc encore que toutes les causes non naturelles employées dans un juste milieu seront des causes secondaires de l'Amour propre ; par conséquent que l'air, les alimens, les exercices, &c. moderés, produiront ce tempérament que nous avons dit être le plus susceptible de cet Amour. Si l'on suit donc ces inductions, l'on se trouvera animé de cet esprit de gloire & d'ambition si desirable, de cet Amour propre si nécessaire pour tendre à la perfection. Par conséquent l'on se trouvera habile à la profession des Sciences ou des Arts que l'on aura choisi selon son caractere & l'inclination de son tempérament.

TITRE II.

De l'Amour social.

Puissance générale de l'Amour social, & ses dangers.

IL ne s'agit pas ici d'enseigner l'art d'aimer ; nous ne cherchons qu'à tirer tous les avantages possibles de nos desirs. En est-il un plus général que l'Amour social? Nul endroit de la terre ne lui est impénétrable; les deserts, les villes, la solitude, les palais, l'univers entier est son partage, il ne respecte aucune vertu, la force d'un *Samson*, la prudence d'un *David*, la sagesse d'un *Salomon* n'ont pû s'en défendre, mais aussi l'expérience nous a fait voir que si cette passion étoit la plus générale, elle étoit aussi celle qui étoit accompagnée de plus de foiblesse. *Hercule*, *Annibal*, *Ptolemée*, *Pyrrhus*, *Jules Cesar*, *Auguste* & mille autres sont des exemples incontestables & des preuves sans replique de ce que nous avançons.

L'Amour social quoique dangereux a cependant de grands avantages pour l'esprit.

Qu'on ne s'attende donc pas à trouver ici aucuns remedes propres à exciter à l'Amour; ce seroit à nous une témérité inexcusable de placer sur le bord d'un précipice celui qu'une nature tardive, ou qu'un défaut d'usage en a éloigné. Tout ce que nous pouvons faire ici sans blesser les loix d'aucune vertu, c'est de declarer avec un homme très-prudent, que » si une sa» gesse trop farouche, plûtôt rudesse » que vertu, nous inspire l'abandon » des femmes, peu-à peu notre esprit se » rouille, notre imagination s'épaissit, » nos manieres deviennent rudes. Au

» lieu d'un génie orné par cette envie
» de plaire, qui produit à la fin le je
» ne sçai quoi qui plaît, on ne se
» trouve plus que la sécheresse d'une
» Philosophie mal entendue. On fait
» l'esprit fort, & l'on n'est qu'un es-
» prit faux. Le renoncement au com-
» merce des femmes fait d'un galant
» homme un misantrope insupporta-
» ble aux autres, & sans ressource pour
» lui même (*a*).

Ne fuyez donc pas la societé des femmes comme on fuiroit celle des tigres & des pantheres, c'est une timidité inexcusable, une erreur & un aveuglement préjudiciable. De-là ne tombez pas dans une autre extrémité : aller jusqu'à la familiarité, c'est imprudence ou impudence. Mais si par hazard l'Amour se mettoit de la partie, ne craignez rien ; vous aurez d'autant plus d'esprit que vous aimerez davantage. Pour vous en convaincre, jettez les yeux sur un homme amoureux : qu'il a d'esprit dans les momens que sa passion se renouvelle dans son ame ! le sentiment le plus exquis, les pensées les plus délicates, les expressions le plus touchantes coulent de sa bouche. Voyez, dit *Longin* en parlant de

(*a*) Traité du vrai mérite, tom. 1. chap. 4.

Sapho

Sapho exprimant les fureurs de l'Amour (*a*), » voyez de combien de mou»vemens contraires elle est agitée, »elle géle, elle brûle, elle est folle, »elle est sage, ou elle est entierement »hors d'elle-même ou elle va mourir. »En un mot, on diroit qu'elle n'est »pas éprise d'une simple passion; mais »que son ame est un rendez-vous de »toutes les passions. C'est en effet ce »qui arrive à tous ceux qui aiment. »Dans ces momens pouvoit-elle man»quer d'être bien éloquente.»

Que l'Amour fournit de l'esprit même à ceux qui paroissent le plus imbécilles.

Il n'y a rien d'étonnant, dira-t-on; sans doute que les personnes dont nous alleguons l'exemple, jouissoient déja de tous les privileges d'une imagination vive & d'une étude consommée qui élevoit leur esprit au-dessus de celui du vulgaire. Ce n'est point là notre sentiment. Nous soutenons que les mêmes dispositions se rencontrent dans un rustre amoureux comme dans un homme lettré amoureux. Regardez ce paysan dont la phisionomie lourde & pésante feroit croire un imbécile, dont le peu d'éducation & les manieres dures indiqueroient un homme incivil & brutal. Il approche de l'objet de ses desirs; tout-à-coup il se trouve dé-

(*a*) Chap. 8.

pouillé de sa grossiereté ; c'est le plus habile & le plus flateur courtisan ; rien de plus enjoué que sa personne, rien de plus tendre que ses discours, rien de plus engageant que ses manieres (*a*). Il sçait parler tant de langages différens, qu'on le croiroit volontiers aussi sçavant que celui qui a passé toute sa vie à apprendre les langues les plus difficiles. L'espérance, la joie, la confiance, la crainte, la jalousie, l'ennui, les soupçons, la colere, le desespoir, la vengeance tout parle chez lui un jargon différent. L'on diroit d'une musique dont le dessus toujours uniforme, ennuiroit, mais qui relevée par l'accompagnement d'une basse tantôt vive, tantôt lente, tantôt affectueuse, tantôt impétueuse, forme le concert le mieux menagé & qui touche le cœur aussi agréablement qu'il a touché l'oreille.

L'Amour regardé comme l'inventeur de toutes les Sciences. & des plaisirs.

Ne soyons plus étonnés qu'on ait regardé l'Amour comme le pere de toutes les Sciences ; il est facile d'en

(*a*) Maître ne sçait meilleur pour enseigner
Que Cupidon ; l'ame la moins subtile
Sous sa férule apprend plus en un jour
Qu'un Maître-ès Arts en dix ans aux Ecoles.
Aux plus grossiers par un chemin bien court
Il sçait montrer les tours & les paroles.
M. de la Fontaine.

trouver les raisons. L'homme est dans cet état le plus proche de celui qui fait le génie le plus élevé. Etat dangereux, il est vrai ; mais il n'y a pas de victoire sans combat, & l'on ignoreroit ce que c'est que la sûreté s'il n'y avoit pas de peril. Ainsi ne nous faisons pas une gloire d'être insensibles ; mais que notre passion bien loin d'être un supplice pour nous, serve à notre bonheur. N'écoutons pas ces Philosophes qui par orgueil se vantent d'avoir un cœur à l'épreuve, il vaudroit autant qu'ils se vantent d'avoir toujours été stupides. Car enfin la tendresse pour le beau sexe est le plus noble present que nous ayons reçu du Ciel. C'est la délicatesse dans les sentimens qui nous distingue du reste des animaux ; c'est à l'ardeur de plaire que l'on doit les plus belles connoissances. La Sculpture & le Dessein ont été inventés par une ingenieuse amante (*a*), & l'on pourroit dire de cette passion,

(*a*) Les Auteurs qui ont écrit de l'invention de la Sculpture, veulent que ce soit un potier de Sicione nommé *Dibutade* qui fut le premier Sculpteur, & que sa fille donna le commencement à la portraiture en traçant l'image de son amant sur l'ombre que la lumiere d'une lampe marquoit contre une muraille. *Felibien* des principes de la Sculpture, liv. 2. pag. 219. Oeuvres de *Fontenelle*, tom. 6. pag. 253.

C'est d'elle que nous vient cet art ingenieux
De peindre la parole & de parler aux yeux,
Et par les traits divers des figures tracées
Donner de la couleur & du corps aux pensées (a).

Si nous examinons les évenemens les plus considerables, nous trouverons qu'ils prennent leur source dans la tendresse. L'Europe est redevable à cette passion de la plûpart de ses amusemens. Tous les plaisirs n'ont été inventés que pour plaire au beau sexe. Sans l'Amour tout languiroit dans la nature. Il est l'ame du monde & l'harmonie de l'univers. Le Ciel donne à l'homme en naissant le penchant qui l'entraîne vers les femmes & la tendresse que nous avons pour elles est un gage de notre bonheur present & de notre félicité future. Nous ne devons donc pas rougir d'être sensibles: en cela nous suivons les impressions naturelles qui n'ont rien de criminel qu'autant que nous les corrompons par nos vices & par nos débauches.

Dangers qu'il faut éviter dans l'Amour.

Pourrions-nous dire sans crainte: heureux celui dont le cœur est rangé sous les loix d'un Amour rangé lui-même sous les loix de la raison! chose rare & difficile à trouver. Nous avons vu que l'état qui nous disposoit le plus

(a) Vers de *Brebœuf* sur l'écriture en parlant de Cadmus.

au génie, étoit celui qui nous approchoit le plus de la folie. Cependant mettons-nous toujours en garde contre la précipitation & la force de l'Amour. Méfions-nous de cet aveuglement qu'il produit (*a*) & craignons sa dépravation qui entraîne avec elle la dépravation du cœur de l'homme.

Il est aisé de conclure de ce que nous avons dit jusqu'ici, que le ménagement qu'on peut garder à l'égard des causes non naturelles, & que leur direction à la plus grande sensibilité nous disposeront efficacement à l'Amour. Nous ne disons rien de plus, de peur de donner occasion à des expériences dont le succès seroit dangereux dans des personnes foibles ou téméraires. Il a toujours existé des esprits prêts à abuser même des choses les plus sacrées.

Nous ajouterons cependant sur ce que les Anciens ont écrit au sujet des philtres (*b*), que ces breuvages sont

Remarque sur les philtres, qu'ils sont des poisons, ou des potions sans effets. Exemple.

(a) Horat. *lib. Sat.* 3. *v.* 38. *Amatorem quod amicæ Turpia decipiunt cæcum vitia, aut etiam ipsa hæc Delectant, veluti Balbinum polypus Agnæ.*

(*b*) Cette matiere a été traitée par le Pere Delrio, *Disquisit. magicar*, *lib.* 3. *quæst.* 3. par Tiraqueau, *ad leg. connub.* 14. par Pomponace, *de incantat. cap.* 8. par Apulée, *apolog. lib* 1. par Cœlius Calcaginus, *de amatoriâ. mag.* ἐξέτασις *de mag. act.* à Martino Biermanno *Med. sub fin.*

des poisons ou des potions qui n'ont qu'une vertu chimérique. Un court examen des faits allegués prouvera évidemment ce que nous avançons. L'Aréopage ne condamna à aucune peine une fille qui avoit empoisonné son amant en lui donnant un breuvage pour le rendre fidele (*a*). Un philtre rendit furieux le Poëte *Lucrece* qui se tua lui-même (*b*). *Lucullus* & *Properce* perdirent la vie par de semblables breuvages qu'on leur fit prendre pour les rendre amoureux (*c*). *Césonie* ne contribua pas peu aux extravagances de *Caligula* en lui faisant avaler un philtre composé de l'*hyppomanes* (d). *Ferdinand le Catholique* fut empoisonné par un philtre qui lui fut donné par *Germaine de Foix* sa seconde femme, dans le desir d'en avoir un garçon (*e*). Un Prêtre nommé *Gaufridi* fut brûlé par Arrêt du Parlement de Provence du dernier

(*a*) Aristot. *magnor. moral. lib.* 1. *cap* 17.

(*b*) Ovidius 1. *Amor. Eleg.* 15. Vossius *de Poët. Lat.* Scaliger & Gassendi *in vitâ Epicuri*, *lib.* 2. Hieronymus *ad Rufinum*, Lilius Gregor. Giraldi *in vitâ T. Lucretii Cari.*

(*c*) Hieron. *in Rufin.* Polit. *in nutrit.* Plutarchus & Cornel. Nepos *in Lucull.* Plin. *lib.* 25. *cap.* 3.

(*d*) Juvenalis *Satyr.* 6. v. 462. & Joseph. *lib.* 11. *Antiquit.*

(*e*) Guichardin, *liv.* 12. Mariana, *liv.* 30. Sponde *aux Annales Ecclésiastiques.*

Avril 1611. rapporté dans le Mercure François, où l'on peut voir le détail des confessions de ce Prêtre & la maniere dont il avoua qu'il donnoit de l'Amour (*a*).

De la remore & de la sesche.

Les deux poissons appellés la *Rémore* & la *Seche* sont mis par *Aristote* au nombre des philtres (*b*). Ce Prince des Philosophes avance quelquefois des faits qui ne sont pas bien prouvés. Mais le plus renommé de tous les breuvages amoureux a été l'*Hippomanes*, l'objet des recherches de plusieurs Sçavans (*c*). Il est tout au plus un des exemples sensibles du plus grand nombre d'Auteurs qui concourent souvent à accréditer des fables (*d*). On a encore attribué faussement plusieurs vertus magiques à la *Mandragore* (*e*) : comme d'inspirer de l'Amour, de donner de la beauté, d'operer des transformations, de rendre brave & heureux à la guerre. Un

De l'hippomanes.

De la mandragore.

(a) Année 1611. pag. 19. Il y a un Traité particulier des confessions de *Gaufridi* au moment de son supplice.

(*b*) *Hist. animant. lib.* 2. *cap.* 14. *&* *lib.* 9. *cap.* 17.

(*c*) Solin. *cap.* 45. Salmasius *in Plin. exercitat. ad Solin. tom.* 2. *pag.* 397. *& seq.* Aristot. *animant. lib.* 6. *cap.* 18. *&* 22. Bayle à la fin du Diction. critique, &c.

(*d*) M. le Marquis de Saint-Aubin *liv.* 3. *chap.* 6. *de la magie.*

(*e*) Agrippa, *Philosoph. occult. lib.* 1. *cap.* 36.

des chefs d'accusation contre la Pucelle d'Orleans fut de porter sur soi la *Mandragore* (*a*). Les Anciens composoient encore des philtres avec le jus d'une herbe qui excite à l'amour, on la nommoit *Satyrion*, du nom des Satyres dont les saillies amoureuses sont si connues chez les Poëtes. C'est peut-être l'herbe de l'Indien qu'*Apulée* appelle *Priapiscon*, ou *Testiculus leporis* (*b*).

Du *satyrion*.

Les remédes qu'ils proposoient contre l'Amour n'étoient pas moins incertains. *Leonard Vaire* donne le foye du Caméleon pour un reméde contre les philtres (*c*). Plusieurs personnes firent le saut de *Leucade* pour se guérir de l'Amour; & les Auteurs rapportent que les uns s'en trouverent bien, & que les autres en perdirent la vie (*d*). *Pausanias* rapporte

Remédes contre les philtres proposés par les Anciens. Le foie de Caméléon.

Le saut de *Leucade*.

(*a*) Du Haillant, *Procès de la Pucelle d'Orleans. Histoire de* Charles VII.

(*b*) *Adeò ubique omnes mihi videbantur Satyrion bibisse.* Tit. Petron. *Satyr. sub. init.*

(*c*) *De Fascino, lib.* 1. *cap.* 14.

(*d*) Photius *bibl. cod.* 190. Servius *in Eglog.* 8. & *in Æneid.* 3. Athen. *lib.* 14. *cap.* 6. Scaliger *in Auson.* Il y avoit sur le promontoire de Leucade un temple d'Apollon; il falloit suivant l'ancienne coutume que tous les ans le jour de la fête de ce Dieu on précipita du haut de ce promontoire quelque criminel afin de détourner les maux dont on pouvoit être menacé On lui attachoit beaucoup de plumes & plusieurs oiseaux

que ceux de Patras croyoient qu'on pouvoit se guérir de l'Amour en se baignant dans le *Selemnus* par un privilege que Venus avoit accordé à cette riviere ayant pitié du Berger *Selemnus*, abandonné par l'inconstante Nymphe *Argyre* (*a*). Nous pensons que les eaux de cette riviere n'ont pas de vertus plus particulieres pour guérir de l'Amour que celle des autres fleuves ; & personne n'ignore l'efficacité des bains pour tempérer l'ardeur que l'Amour a allumé dans nos veines. L'*Anacampseros* a été regardé comme une herbe magique, de laquelle si on touche, disoient-ils, une personne qui aura eu autrefois de l'Amour pour une autre, elle l'oblige à l'aimer autant que jamais, quand même elle auroit conçu pour elle une extrême aversion. Cette fable nous fait voir que nos peres n'avoient pas moins de préjugés que nous. Nous aimons beaucoup mieux cette fiction dans laquelle ils nous peignent Venus cou-

L'eau du fleuve *Selemnus*.

L'*Anacampseros*.

vivans, afin que par le battement de leurs aîles ils rendissent moins rude la chûte de ce misérable. On tâchoit de le recevoir au bas du précipice sur de petites barques rangées en rond, & si l'on pouvoit le sauver, on le bannissoit. *Strabon*, *lib.* 10.

(*a*) Voyage de Dalmatie, de Grece, &c. par *George Wheler*, tom. 2. pag. 334.

chant ſur des laitues Adonis lorſqu'il fut mort. On ſent bien que par-là les Poëtes ont voulu nous faire entendre que cette plante & les autres rafraîchiſſans éteignent les feux de l'Amour.

Ne nous arrêtons pas davantage ſur les erreurs de nos peres, qui ne nous deviennent profitables qu'en ce qu'elles ſemblent nous dire qu'il faut avec grand ſoin nous garantir de la prévention. Ce que nous avons dit dans cet Article ſur l'Amour ſocial, doit auſſi s'entendre de la Sympathie, de même que ce que nous allons dire de la haine doit également s'entendre de l'antipathie.

ARTICLE II.

De la Haine.

La Haine n'eſt qu'un amour empêché dans la fin. Ses Avantages.

LES Manichéens ſe trompoient groſſierement, lorſqu'ils ſoutenoient qu'il y avoit un auteur du mal. Tout ce qui eſt, eſt bien: par conſéquent il n'y a rien de haïſſable en ſoi-même, & la Haine n'eſt qu'un deſir empêché dans la poſſeſſion de l'objet chéri, & attaché à éloigner toutes les cauſes qui tendent à l'empêcher d'en jouir. Ainſi outre que la

Haine possede toutes les prérogatives de l'amour, elle a encore cet avantage d'être un amour irrité. Donc la Haine est plus vive que l'amour. Elle tend à ses fins avec plus de violence & plus d'adresse, elle médite, elle recherche, elle pese exactement les moyens qui peuvent la faire atteindre à son but. Donc la Haine avec peut-être moins d'éclat, a autant de pathétique que l'amour. Elle atant de force, qu'on est quelquefois contraint de la retenir. Elle a tant de feu, qu'on est obligé dans quelques occasions d'en éteindre une partie. Elle parle avec tant de véhémence, qu'il faut souvent moderer ses discours, de peur qu'elle ne passe pour médisante, ou pour envieuse.

A ces traits, il n'y a personne qui ne s'écrie, qu'il est beau d'être agité par quelques mouvemens de Haine ! Nous unirons notre voix à la leur, pourvû qu'ils entendent cette Haine permise, telle que seroit celle qui se déchaîneroit contre les scélérats & les méchans, telle que seroit celle, qui prenant, pour ainsi dire, en main la cause Divine, poursuivroit vivement les prévaricateurs de la loi du Tout-puissant, telle que seroit celle qui chercheroit à punir les mauvais Citoyens? Nous le répeterons ici avec eux, qu'il est beau de ressentir de tels mouvemens de Haine ? La parole ne doit point alors manquer, les argumens doivent couler comme de source, & l'onction doit être nécessairement le fruit d'un discours qui sera toujours éloquent sans art, & toujours persuasif quoique opposé à nos penchans.

Autres Avantages de la Haine pour l'esprit.

Faut-il pour relever encore plus les titres de la Haine, mettre devant les yeux cette noble misantropie, qui nous fait juger des choses telles qu'elles sont en elles-mêmes ? Ce ne seroit que prouver des choses qui sont évidentes. C'est souvent par cette sombre Philosophie que nous devenons capables des plus grandes choses. Par elle nos livres sont nos amis ; notre cabinet, notre louvre ; la nature, notre promenade ; nos productions, nos enfans chéris ; notre plume l'objet de notre tendresse & de notre colere, selon qu'il plaît à notre fantaisie. Mere de la mélancholie, toutes les Sciences viennent lui faire hommage & se déclarent ses tributaires. Tels sont les droits de la Haine sur l'Esprit. Il y a des Philosophes qui ne se sont distingués que par leur Haine pour le enre humain, tels que *Diogene* le Cinique, *Pirrhon*, *Heraclite* & *Timon* l'Athénien, qui mérita le surnom de Misantrope par cette rigueur inflexible & ce caractere farouche qui le portoit à haïr tous les hommes. On pourroit croire que la Haine étoit le levain qui remuoit l'ame de ces Philosophes, & qui faisoit fermenter leur esprit.

On a vû ailleurs toute la méchanique de cette passion, l'on voit donc aussi qu'il est possible par des causes purement Physiques d'exciter en soi des mouvemens de Haine, & de haïr nécessairement un objet que l'on auroit aimé avant avec fureur. Mais les mêmes raisons qui nous ont engagés à nous taire sur l'amour, nous déterminent à ne rien avancer de plus sur la Haine. La considération seule de son tempérament & le régime contraire sont toutes les indications que l'on peut tirer de ce que nous avons avancé. Ces indications une fois remplies, suffisent pour réussir. Ajoutez encore que la Haine & toutes les autres passions qui en naissent, arrêtent la transpiration, comme l'a observé *Sanctorius*, & que tout ce qui peut supprimer cette excrétion salutaire

Méchanisme de la Haine & moyen de l'exciter.

rend triſte & atrabilaire. Tout ceci demanderoit un détail où l'on feroit voir comment on peut ne leſer, pour ainſi dire, que la ſuperficie de ſa ſanté, ce qui ſeroit ſuſceptible des plus grands abus. Tout ce que la prudence nous ſuggere ici, c'eſt de preſcrire deux principes moraux dont la connoiſſance eſt néceſſaire pour marcher ſûrement dans les ſentiers que nous ouvre la Haine.

Premiere regle morale. Exemples des faux jugemens par l'inobſervation de cette regle.

Evitez dans la Haine les préjugés, l'eſprit de parti, la véhémence & le peu de réflexions. Souvent ces quatre verres groſſiſſent les objets & font condamner en tout point nos ennemis, quoiqu'ils ne ſoient répréhenſibles que d'un côté. Les livres nous offrent à chaque page des exemples fameux de ce que produit la contravention à cette regle. Les Carthaginois avoient diſputé l'Empire aux Romains, & avoient ſoutenu pendant pluſieurs années cette prétention au milieu même de l'Italie par de très-grandes victoires. Les Romains victorieux ne l'ont jamais pardonné aux vaincus ; ils ſe ſont vengés avec fureur & ont porté leur Haine juſqu'à la ruine entiere de Carthage, & à la diſperſion de ſes Citoyens. Quand à

Rome l'on vouloit parler d'une mauvaise foi, on la nommoit *Foi des Carthaginois.* C'est peut-être sur ce principe que les Normans, qui ont été si souvent terribles par les armes à à leurs voisins, & dans leur établissement dans la Neustrie, passent encore aujourd'hui dans l'esprit de ceux qu'ils ont fait craindre, pour des gens d'une fidelité suspecte. C'est de-là que sont venus les guerres élevées avec tant de fureur entre les Philosophes, les dissentions invétérées parmi certains Sçavans; & l'oubli presque total de certains Maîtres respectables par leurs lumieres, qui n'ont commis d'autres fautes que d'avoir marché les premiers dans des routes qui n'avoient pas encore été pratiquées. C'est encore de-là que vient ce dégoût que l'on prend de quelques personnes, quoique le nombre de leurs vertus surpasse de beaucoup celui de leurs défauts; de ces amis qui ont un foible, mais effacé par un nombre infini de bonnes qualités, de ces caracteres qui nous ont plû lorsque nous les avons regardé dans leur plus beau jour, & qui cependant pour avoir eu le malheur de se faire voir sous un autre aspect, sont devenus le sujet de nos mépris.

Seconde regle morale, & pernicieux effets arrivés par son infraction.

L'autre regle que l'on devroit suivre dans la Haine, ce seroit de ne pas pousser sa Haine au-delà des temps que durent les choses qui nous empêchent la possession de l'objet desiré. Que de sang épargné si cette regle eut été suivie. Les querelles du Peuple & du Sénat eussent-elles duré à Rome sous différens noms jusqu'à l'asservissement de l'un & de l'autre par *Jules Cesar*? Les *Gracques*, les *Scipions*, *Silla* & *Marius*, *Cesar* & *Pompée*, *Auguste* & *Antoine*, *Brutus* enfin & *Cassius* furent successivement heritiers de cette Haine. Les *Guelfes* & les *Gibelins* depuis en Italie ont eu le même sort (*a*). Les aversions des anciens Chrétiens avec les nouveaux durent encore en Espagne. Combien en Angleterre les *roses blanches* & les *roses rouges* ont-elles eu de suites fâcheuses (*b*); & s'il falloit suivre en

(*a*) La Famille des Colonnes composoit les Gibelins, & la Maison des Ursins, les Guelfes. Theodoric *à niem. lib* 2. *de Schismate cap.* 34. Biondo, 2. *Dec.* 7. Sigonius, *lib.* 11. *&c.* Cuspinien, *in Fred.* II. Villani, *liv.* 4. *chap.* 78. Krantz, *liv.* 8. Saxon, *chap.* 8. Paul Emile *in Lud.* IX. Saint Antonin, tit. 17. *chap.* 8. Naucler, *gener.* 38. *&* 42. Sponde A. C. 1228. *n.* 4. *&* *seq.*

(*b*) Guerres entre ceux de la Maison de Lanclastre & ceux de la Maison d'YORCK, dont les partis se distinguoient par la rose rouge pour Lanclastre & par la rose blanche pour YORCK. On

France

France une ſucceſſion de partialité entre les Grands, on ſeroit étonné de voir depuis *Philippe de Commimes* une ſuite preſque continuelle d'oppoſitions entre certaines familles.

On ſent aiſément que de tout ce que nous venons de dire, On pourroit en tirer des conſéquences pour ces guerres Philoſophiques, qui n'ont d'autre but que d'attaquer le Philoſophe à cauſe de certains motifs, ſans toucher à ſa doctrine. On pourroit le dire encore de ces Orateurs, qui, maîtres de leur imagination, ne ſont pas maîtres de leur cœur, & ſe laiſſent emporter à la médiſance, fondés ſur quelques prétextes frivoles. On pourroit le dire encore de ces Juriſconſultes qui, accablés ſous le fardeau des loix, levent le bandeau de Themis & ſe laiſſent aller aux invectives, parce que leurs adverſaires les obligent de tenir droite la balance. Extrémités auſquelles on eſt entraîné auſſi-tôt que l'on perd de vûe les regles que nous venons de propoſer, & les conſéquen-

a remarqué que pendant ces guerres civiles on donna trente batailles, & que trois Rois & divers Princes y perdirent la vie. Duchene, *Hiſt. d'Angl. en Henri V. & ſuiv.* Polidore Virgile, *Hiſt. d'Angl. liv.* 25. Monſtrelet, &c.

ces qu'elles entraînent néceſſairement avec elles : mais inſenſiblement nous tombons dans des ſujets qui appartiennent à la Morale ; quittons cette route, & ſuivons le plan que nous nous ſommes preſcrits.

ARTICLE III.

Du Deſir.

Difficulté d'atteindre au Deſir par des voies Phyſiques.

NOUS avons indiqué le méchaniſme qui produiſoit le Deſir, mais il n'eſt preſque pas poſſible d'indiquer les moyens qui peuvent l'entretenir, par rapport à cette infinité de cauſes diverſes qui ſe trouvent réunies pour le produire. Tout ce que nous pouvons faire ici, c'eſt de découvrir le germe des Deſirs qui naiſſent avec tous les hommes & d'en faire ſentir toute l'utilité pour les Sciences.

L'homme déſire naturellement de connoître.

L'homme déſire toujours, parce qu'il recherche toujours la jouiſſance de quelque bien. Parmi les biens que l'homme pourſuit avec quelque ardeur, ſe trouve la multitude des connoiſſances. Sans nous embarraſſer de ce que l'on pourra nous objecter ici, que ce Deſir prend peut-être ſa ſource ou de l'orgueil, ou de la curioſité, nous ne laiſſerons pas d'être toujours attentifs à cette impreſſion de la nature ; parce que tout homme ſage doit ſçavoir ſe conduire, & réprimer tout ce qui ne part pas d'un motif légitime.

Source de ce Deſir.

Si nous conſiderons l'origine de ce deſir de connoître beaucoup, nous verrons qu'il part de l'idée que nous avons de notre imperfection. Ainſi aſpirant tous au bonheur, notre premiere démarche eſt de nous rendre le plus parfait qu'il eſt poſſible, parce que la perfection eſt le terme où nous devons trouver ce repos qui fera notre félicité. Or nous n'atteindrons à cette perfection, ſi, livrés à l'ignorance dès le ſein de notre mere, nous ne cherchons à briſer ce bandeau fatal, qui nous empêche de voir la lumiere. En effet, l'ame n'ayant que deux facultés, l'entendement & la volonté, elles ne peuvent être ſatisfaites que par la connoiſſance & l'accompliſſement des Deſirs. Chercher donc à contenter ce Deſir naturel de connoître, c'eſt courir après la poſſeſſion d'un bien qui doit rendre heureux par ſa jouiſſance. C'eſt de-là que dérivent les attraits qu'a pour tous les hommes la vérité à laquelle ils ne peuvent refuſer leur conſentement. De-là la multitude des connoiſſances

Origine de l'amour que nous avons pour la vérité.

vraies doit être le but auquel tous les hommes doivent viſer, comme étant un centre dans lequel ils ſe repoſeront.

Tous les Deſirs ne ſont pas également purs, mais leurs effets pour l'eſprit équivalent à ceux de l'amour.

Il eſt vrai qu'il y a beaucoup d'autres Deſirs qui agitent le cœur des hommes, tantôt c'eſt la poſſeſſion d'un objet aimable, tantôt la jouiſſance des choſes que la cupidité lui repréſente comme délectables. Toutes ces agitations n'approchent pas de la pureté du Deſir dont nous parlons, il faut ſe méfier de ſon intention toutes les fois qu'elle eſt guidée par les ſens. Cependant tous ces Deſirs ne laiſſent pas de réveiller les idées, échauffer l'imagination & étendre les limites du raiſonnement. On voit alors arriver les mêmes effets qui ſont produits par l'amour ; ſi ce n'eſt, comme nous l'augurons, que l'amour ne nous rend ſouvent ſpirituels, qu'à cauſe du Deſir que nous avons de poſſeder l'objet aimé.

Conſéquences que l'on doit tirer de tout ce que nous avons dit ſur le Deſir.

Nous ſommes donc aſſez fondés en raiſon pour conclure ici que nous devons nous en tenir au Deſir le plus pur ; que nous devons faire attention à ce Deſir naturel d'augmenter de jour en jour nos connoiſſances ; que, puiſque nous pouvons par les connoiſſances vraies acquérir une félicité auſſi parfaite qu'elle puisse l'être sur cette terre, nous devons prendre toutes les mesures nécessaires pour nous rendre sçavans ; que nous devons rejetter toutes les connoissances qui n'ont pas pour objet la vérité : la vérité étant elle-même l'objet de nos recherches ; que le Desir, quoique passion, nous dispose à être plus spirituels ; que le Desir en général est une aptitude aux Sciences ; enfin que l'on doit tâcher d'acquerir ou de conserver cette disposition organique, ou plutôt cette tendance des fibres qui nous contraint d'apprendre & de perfectionner nos connoissances.

ARTICLE IV.

De la Joie & de la Tristesse.

Effets généraux de la Joie & de la Tristesse.

LES mouvemens de l'ame, très-différens entre eux, qu'on ressent après la possession de l'objet désiré, & qu'on nomme Joie & Tristesse, produisent le même effet. Ils tendent à nous rendre plus spirituels, ou plus attentifs ; plus agréables, ou plus pathétiques. Ils ont encore quelque chose de contagieux qui se communique rapidement & sans qu'on s'en apperçoive à tous les objets qui nous environnent. L'homme gai & l'homme triſte montent les compagnies à leur ton & de même qu'ils changent l'air du viſage de ceux qui les écoutent, ils leur inſpirent auſſi un langage approprié à leurs paſſions. Le premier tel qu'un zéphire qui répand la ſérénité dans les airs, diſſipe les nuages qui voilent l'imagination de ceux qui l'approchent, anime les charmes de la converſation, ſeme par-tout l'enjouement & rappelle les ris & les jeux qui ſembloient être exilés. Le ſecond au contraire tel qu'un amas de vapeurs condenſées, qui obſcurcit l'air & qui menace de la pluie, rend toutes les humeurs mornes & taciturnes. Tous les eſprits deviennent ſombres en ſa préſence & par une compaſſion qui eſt naturelle pour tout ce qui afflige autrui, on gémit & l'on eſt prêt à répandre des larmes ſi les circonſtances l'exigent.

Malgré cette reſſemblance dans les effets généraux, ces deux paſſions ont des effets & des reſſorts qui leur ſont particuliers & ne ſe trouvent pas réunies en même temps par un monſtrueux accord dans le même ſujet. Elles ont chacune leur utilité dans diverſes circonſtances, elles ont chatune un langage qui eſt propre à un genre d'écrire déterminé, enfin elles doivent produire dans le cœur des hommes des émotions auſquelles ils ne réſiſtent que très-difficilement. C'eſt ce qui paroîtra plus évidemment par l'examen particulier que nous en allons faire.

PARAGRAPHE PREMIER.

De la Joie.

De la Joie modérée & immodérée.

NOUS ne parlons pas ici de la Joie immodérée, qui, auſſi vive qu'un éclair, n'en a ſouvent que la durée. Tous les ſentimens violens ne durent pas long-temps; l'ame n'y ſuffiroit pas & le corps agité par des mouvemens ſi rapides ſeroit bientôt détruit. Il faut donc fuir cet extrême qui touche de bien près à la folie. Les plaiſirs ſe font bien mieux ſentir lorſqu'ils ne ſont pas ſi vifs & qu'ils peuvent augmenter de prix par la réflexion. La Joie modérée laiſſe à l'eſprit la liberté de goûter ſon bonheur dans toute ſon étendue. Elle eſt toujours l'effet d'un certain contentement interieur, & jamais elle ne peut être pure ſi la conſcience eſt agitée de remords. Oppoſée à ces humeurs que fabrique Saturne de concert avec l'ennui & le dégoût, elle excite les ris sans devenir ridicule & raffine sur les plaisirs sans les corrompre. Compagne fidelle de la bienséance, elle cherche avec autant d'avidité la satisfaction d'autrui que la sienne propre, elle abandonne pour quelque temps les maximes sérieuses de la Politique, de la Morale & de la Philosophie, pour les goûter ensuite avec de nouveaux charmes; elle égaie les conversations par des saillies heureuses, des reparties agréables, un bon mot, une histoire plaisante, quelquefois par des riens qui deviennent d'un grand prix, puisqu'ils servent à notre amusement.

C'est cette Joie qu'*Horace* recommande à *Virgile*, lorsqu'il lui écrit de venir souper chez lui. Venez, lui dit-il, la tête parfumée de nard, abandonnez tous les soins de votre fortune, songez que vous devez mourir un jour, & que tandis que vous le pouvez il faut jouir des plaisirs qui se présentent. Il est doux de se livrer à propos aux transports de la folie. Par-tout cet aimable Ecrivain donne le même conseil à ses amis. S'il écrit à *Sestius*, il lui décrit les douceurs

du

du Printemps, qui peu-à-peu le doivent ramener à la volupté. S'il parle à *Thaliarcus*, il lui ordonne d'abandonner tout à la conduite des Dieux, & de ne point s'inquieter de l'avenir. Vous ſupputez, dit-il, à *Telephe*, le temps qui s'eſt écoulé depuis *Inachus* juſqu'à *Codrus*, tandis que vous negligez la jeune *Chloé*, qui ſoupire après vous, dont la tête eſt ſi belle, qu'elle reſſemble à l'aſtre brillant qui annonce le coucher du Soleil. C'eſt à ce génie libre & enjoué que nous ſommes redevables de cet aménité & de ces graces, que ce Poëte rival des *Alcées* & des *Pindares*, a répandu dans ſes Odes au milieu des figures les plus hardies & des expreſſions les plus heureuſes.

Effets de la Joie ſur le corps & ſur l'eſprit.

La Joie modérée eſt la puiſſance tutelaire de la ſanté & l'antidote des maladies. Elle mépriſe les caprices de la fortune & apprécie toutes choſes ſelon leur juſte valeur. Richeſſes & pauvreté, grandeurs & abbaiſſement, faveurs & diſgraces ſont égales à ſes yeux. Senſible aux ſeuls agrémens de la vie, elle la prolonge des années entieres exempte de ces infirmités, qu'entraînent à leur ſuite les chagrins, les embarras & les inquiétudes. Semblable à cette abeille qui ne cueille que le miel des fleurs & qui évite tout ce qui pourroit être soupçonné d'amertume, elle tient les esprits dans une certaine souplesse & une certaine légereté qui les font distinguer de ces esprits aiguillonnés par toute autre affection.

Exemple de *Petrone*, de *Rabelais*, de *Montagne*, de *Scaron*.

A la lecture des Ouvrages de *Petrone* on s'apperçoit aisement qu'il étoit addonné à la volupté la plus delicate. Aussi étoit-il un sçavant voluptueux ; ce qui lui donnoit la reputation de dépenser son bien non pas comme un débauché & un prodigue, mais comme un homme delicat & habile dans la science de bien goûter les plaisirs (a). *Rabelais* l'homme le plus sçavant de son siecle, étoit aussi le plus gai. Il voyoit tout du côté le plus propre à faire rire. Souvent dans ses Ouvrages à côté des peintures les plus sublimes & dignes d'Homere lui-même, on trouve une pensée comique, le trait le plus trivial, quelquefois aussi une bouffonnerie plus sale que risible. Ce bisarre assortiment de couleurs forme un contraste singulier qui

(a) *Habebatur non ganeo & profligator, ut plerique sua haurientium, sed erudito luxu.* Tacitus, *annal. lib.* 16.

divertit l'imagination en la surprenant ; mais qui la fatigue lorsqu'il se présente trop souvent. *Montagne* ennemi déclaré de la tristesse, a repandu dans ses Ouvrages un certain sel & une certaine amenité qui lui est particuliere *(a)*. *Scaron* malgré le nombre d'infirmités dont il étoit accablé, conserva toujours cet enjouement de l'esprit qui l'a fait autant connoître que ses Ouvrages. Il est pour ainsi dire, le pere de ce burlesque excellent qui a fait tant de mauvais imitateurs.

Moyens pour parvenir à la gaieté. Les alimens.

Si dans notre propre fonds nous ne trouvons pas cette gaieté dont la douce influence repand un vernis gracieux sur nos Ecrits les plus sérieux & sur nos conversations les plus intéressantes, nous avons des moyens faciles pour parvenir à cet état où l'esprit libre, enjoué & plus entreprenant ne voit & ne présente les choses que sous des images riantes. Tous les alimens qui facilitent la transpiration disposent à la Joie, de même que ceux qui tendent à la supprimer dis-

(a) *Michel* Seigneur de *Montaigne*, liv. 1. chap. 2. *de ses essais*, dit en parlant de la tristesse : » je suis » des plus exemts de cette passion & ne l'aime ni » ne l'estime, quoique le monde ait entrepris, » comme à prix fait, de l'honorer de faveur par» ticuliere ; ils en habillent la sagesse, la vertu, » la conscience : sot & vilain ornement.

posent à la tristesse. Le persil, l'ache & tous les apéritifs rendent l'humeur plus joviale. Les legumes, les viandes grasses & tous les incrassans qui retardent la circulation du sang, rendent tristes & pésans. C'est une observation qu'a fait *Sanctorius*, & qu'*Hippocrate* avoit fait avant lui (*a*).

Le vin. Exemple de *Zenon*, de *Caton*, &c.

Parmi les boissons le vin a les qualités les plus propres pour ramener à la gaieté un esprit qui panche vers la mélancholie. Cette précieuse liqueur le retire tout-à-coup de sa léthargie, lui transmet la vivacité & les saillies d'*Anacreon*, lui inspire les propos joieux, les discours amusans, le badinage le plus fin; en un mot, toutes les folies agréables qu'une imagination enjouée & reveillée par une seve délicate est capable de produire. Nous en trouvons plus d'un exemple dans l'histoire, & nous y voyons ces hommes d'un tempérament serieux, sombre & mélancholique, prendre un visage serain lorsque le vin a un peu échauffé leur cerveau glacé. *Zenon* ce Philosophe taciturne que l'on croyoit exemt des passions des autres hommes, n'avoit pas plûtôt bû un peu de vin, qu'animé par cette liqueur, il prenoit

(a) *Statica Medicina sect.* 7. *Aphor.* 30. 31. 32.

un air plus ouvert & plus ſociable ; la gaieté déridoit ſon front & bientôt il banniſſoit cette humeur noire, chagrine & miſantropique, qui ſouvent le rendoit à charge aux autres & à lui même. Il reſſembloit, diſoit-il, aux lupins, legume extrêmement amer, mais qui perd ſon amertume lorſqu'il eſt bien lavé (a). *Caton* qui a pouſſé ſi loin la ſévérité, étoit cependant un des plus agréables convives. Il ſentoit bien malgré toute ſa gravité Stoïque, que l'auſtérité avoit un terme, & que c'eſt une folie de vouloir être toujours ſage (*b*).

Il en faut uſer ſobrement.

Que ces exemples ne ſervent pas d'autorité pour tomber dans la crapule. Nous ne parlons ici que de l'uſage modéré du vin, & non pas de l'abus. Le vin chaſſe les ſoins qui rongent les ames, voyez-vous quelqu'un parler des miſeres de la guerre, ou des maux de la pauvreté, après qu'il a bien bû : mais buvez ſobrement ; c'eſt l'excès de la débauche qui a excité les combats entre les Centaures &

(*a*) Zeno, *ut aiunt, dicere ſolebat, quemadmodum lupini amari in aquâ madentes dulces redduntur, ita ſe vino affici & exhilareſcere.* Galenus *lib. quod animi mores corporis temp. ſeq. cap.* 3.

(b) *Narratur & priſci Catonis*
Sæpe mero caluiſſe virtus. Horat. *lib.* 3. *Ode* 21.

les Lapithes. C'eſt le précepte que nous donne (a) cet excellent Poëte, qui préconiſe Bacchus comme ſon maître dans la Poëſie, & qui entreprend l'Apothéoſe de *Ceſar*, le génie un peu échauffé par le jus de la treille.

Auſſi-bien que des boiſſons ſpiritueuſes.

Nous diſons la même choſe des autres boiſſons ſpiritueuſes, des infuſions ameres, des potions cordiales & céphaliques. Leur uſage modéré augmente la force tonique des arteres, accélere le cours du ſang, fournit une plus grande abondance de ſuc nerveux, donne plus de tenſion & de vibratilité aux fibres du cerveau, & nous diſpoſe par conſéquent à la joie, c'eſt-à-dire, à cet eſprit brillant, vif & amuſant, qui eſt le caractere propre de cette affection. Mais l'abus de ces liqueurs, bien loin de nous procurer ces bons effets, nous rend ſtupides, hébétés & inſenſibles.

Le vin ne convient pas à toutes perſonnes. Ce qu'elles doivent faire alors.

Cependant il y a certains tempéramens auſquels le vin eſt toujours nuiſible. Il y a encore des hommes tellement conſtitués, qu'une pointe de vin les rend ſombres, coleres, querelleurs, furieux. Ces ſortes de perſonnes doivent toujours fuir le vin, & au lieu de la joie mettre en œuvre

(a) Horat. lib. 1. Ode 18.

pour aiguillonner leur esprit une autre passion qui soit plus analogue à leur nature. Quoique buveurs d'eau, ils peuvent avoir des talens, & malgré cet air composé & ce flegme avec lequel ils s'annoncent, ils ne sont pas ennemis de tout plaisir.

Effets de la musique sur l'esprit.

Sans avoir recours à ces boissons qui agitent & qui subtilisent le sang, il y a encore d'autres moyens pour se disposer à la joie. Qui ignore avec quelle douce violence la Musique nous détermine à être gais. Chacun sçait par sentiment interieur qu'elle dissipe l'ennui, qu'elle chasse les affections les plus sombres de l'ame, qu'elle adoucit les mœurs, & que malgré nous elle excite dans nos cœurs des mouvemens qui se manifestent dans toute l'habitude du corps. On rapporte que le Centaure *Chiron*, cet habile Médecin, ne se servoit pas d'autre remède que de la Musique pour fléchir le naturel féroce d'*Achille* son éleve (*a*). Mais sans accumuler ici les exemples, rien nous prouve-t-il mieux les heureux effets de la Musique que celui que nous présentent les Livres sacrés au sujet de la fureur de

(a) . . . *Puerum citharâ perfecit Achillem*,
Atque animos molli contudit arte feros. Ovid.

Saül, qui s'appaisoit par l'harmonie de la harpe que touchoit *David* (a).

Dans tous les temps la Musique a fait le plaisir de toutes les nations, des plus barbares, comme de celles qui se piquoient le plus de politesse : tant il est vrai que la nature a mis dans l'homme un goût & un penhant secret pour le chant & l'harmonie, qui sert à nourrir sa joie dans les temps de prospérité, à dissiper son chagrin dans ses afflictions, à soulager sa peine dans ses travaux. Il n'est point d'artisan qui n'ait recours à cet innocent artifice : la plus légere chanson lui fait presque oublier toutes ses fatigues.

Les Anciens étoient persuadés qu'elle pouvoit contribuer beaucoup à former le cœur des jeunes gens en y introduisant une sorte d'harmonie, qui pût les porter à tout ce qui est honnête ; rien n'étant plus utile, selon *Plutarque* (b), que la Musique, pour exciter en tout temps à toutes sortes d'actions vertueuses, & principalement lorsqu'il s'agit d'affronter les

(a) *Igitur quandocumque Spiritus Domini malus accipiebat* Saül, David *tollebat citharam, & percutiebat manu suâ, refocillabatur* Saül *& levius habebat. Recedebat enim ab eo spiritus malus. lib.* I. *Regum. cap.* 16. ℣. 23

(b) *De Music. pag.* 1132.

périls de la guerre. Ils lui attribuoient de merveilleux effets, ſoit pour exciter ou pour réprimer les paſſions, ſoit pour humaniſer des peuples naturellement ſauvages & barbares. Nous en trouvons des exemples dans *Quintilien* (*a*), dans *Galien* (*b*), dans *Dion Chryſoſtome* (*c*), dans *Plutarque* (*d*) & dans *Polybe* (*e*), cet Hiſtorien ſi ſage & ſi exact qu'il mérite toute notre créance.

Avantages de la danſe pour l'eſprit.

Nous n'en dirons pas davantage ſur la Muſique, le court éloge que nous en venons de faire ſuffit pour en faire comprendre toute l'utilité. Nous ne nous étendrons pas non plus ſur la danſe, cet art preſqu'inſéparable de la Muſique. Outre la ſoupleſſe qu'elle procure à toutes les parties du corps, & la facilité avec laquelle elle fait circuler le ſang, elle donne encore à l'eſprit un certain contentement qui lui fait trouver les ſaillies les plus amuſantes, & le fait profiter de cette aimable liberté qui eſt l'ame de cet exercice.

(*a*) Pythagoram *accepimus, comitatos ad vim pudicæ domui afferendam juvenes, juſſa mutare in ſpondeum modos tibicina compoſuiſſe. Loco jam citato.*

(b) *De placit.* Hippocrat. & Plat. *lib.* 5. *cap.* 6.

(c) *Orat.* 1. *de regn. init.*

(*d*) De Fortun. *Alex.* pag. 335.

(*e*) Lib. 4. pag. 289--291.

Joie intérieure plus parfaite & plus estimable.

Il y a une autre espece de Joie bien différente de celle dont nous venons de parler : on l'appelle intérieure. Elle part d'un certain contentement de nous-mêmes, du témoignage d'une conscience sans reproche & de l'applaudissement secret d'une bonne action. Cette Joie est plus parfaite que la premiere. L'une n'est que momentanée, celle-ci est plus durable ; l'une excite les ris sans nous rendre pour cela plus heureux, celle-là peut forcer nos larmes à couler, mais pour nous faire goûter un vrai plaisir ; celle-ci est bouffonne, volage, affectée ou contrainte ; celle-là est modeste, permanente, & nous fait goûter de véritables délices. Cette derniere est donc en tout point préférable. » Je ne serois pourtant pas » d'avis, dit un homme sensé, après avoir parlé de la Joie intérieure (a), » qu'on rejettât pour cela toutes les » autres voluptés, ni qu'on les pour» suivît avec trop d'avidité ; mais je » crois qu'on peut jouir de toutes, » quand elles ne blessent pas la con» science, & ne s'opposent point à la » raison ; quand elles ne détruisent

(a) L. de la Forge, Médecin. Traité de l'Esprit de l'homme suivant le systême de *Descartes* ch. 24.

» point la ſanté, & qu'elles ne nous » détournent pas de nos fonctions » ſpirituelles. Ma raiſon eſt que pen» dant cette vie l'homme ne doit pas » ſe conſidérer comme un pur eſprit ; » mais comme une ſubſtance compoſée » d'eſprit & de corps, duquel l'eſprit » dépend dans la plûpart de ſes fon» ctions ; c'eſt pourquoi je penſe » que nous pouvons lui accorder tout » ce qui peut raiſonnablement entre» tenir ſa bonne diſpoſition, comme » nous devons lui refuſer tout ce qui » peut la corrompre.

Ainſi nous demanderions de l'homme (ſi cependant ce n'étoit pas trop exiger de la nature humaine) d'allier par une prudence preſque divine cette Joie extérieure avec la Joie intérieure.

PARAGRAPHE II.

De la Triſteſſe.

La Triſteſſe rend plus attentif que la joie.

QUOIQUE la joie & la Triſteſſe produiſent le même effet & que l'une & l'autre ſoit quelquefois accompagnée de larmes, il n'y a pas cependant de paſſions plus oppoſées entre elles ; auſſi ſe détruiſent-elles mutuellement. L'une eſt un priſme qui répand les plus belles couleurs ſur les objets, l'autre eſt un verre magique qui pénetre la ſurface des objets, qui les dépouille de leur ſurpeau, & qui ne laiſſe plus voir aux yeux du ſpectateur qu'un ſquelette hideux & décharné. Or il eſt dans l'ordre de la nature de nos ſentimens qu'un tableau amuſant nous frappe moins qu'une image effrayante. C'eſt pourquoi la Triſteſſe nous rend plus attentifs & plus recueillis que la joie. Nous devons donc obtenir plus d'avantages pour les Sciences par ces affections qui nous diſpoſent à la Triſteſſe, que par celles qui nous conduiſent à la gaieté.

Deux ſortes de Triſteſſe.

Il y a deux eſpeces de Triſteſſe, l'une réelle & poſitive, l'autre qui n'eſt qu'imaginaire & qui part d'un faux principe. La premiere eſt fille de la douleur. La ſeconde n'eſt qu'un enfant de l'opinion. En effet, y a-t-il dans cet univers quelque choſe de réel excepté la douleur, qui doive véritablement nous affliger? Tout paſſe, tout n'eſt que néant, c'eſt une perte à laquelle nous devons nous attendre, ou plûtôt c'eſt un bien imaginaire qui diſparoît. Toutes ces choſes peuvent-elles être les ſolides motifs d'un chagrin véritable ? Non : mais tous les hommes ne ressemblent pas à *Anaxagore*, qui apprenant la mort de ses fils, disoit qu'il sçavoit bien qu'il avoit engendré des mortels (*a*). Tous les hommes ne pratiquent pas les sages conseils que nous a laissé *Terence*. » Lorsqu'un homme, dit- » il (*b*), est le plus heureux, il doit » se disposer à souffrir avec plus de » soin les mauvaises rencontres de la » vie. S'il revient d'un voyage, il » doit se représenter les divers périls » où nous sommes exposés, les pertes, » les bannissemens, le déreglement » de son fils, la perte de sa femme, » la maladie de sa fille. Il doit songer » que ces choses sont possibles, qu'el- » les sont ordinaires, afin qu'aucun » accident ne le surprenne. S'il ne » tombe pas dans les malheurs auf- » quels il s'étoit déja préparé, qu'il » mette au nombre de ses bonnes » fortunes, toutes les mauvaises qui ne » lui sont pas arrivées. Des avis aussi sa-

(a) *Cum illi renuntiata esset, & damnatio sua, & filiorum mors, ad alterum dixisse, jampridem adversum illos atque se ex æquo maturam tulisse sententiam, ad alterum sciebam me genuisse mortales. Alii hoc ad* Solonem *referunt, alii ad* Xenophontem. Diog. Laert. *in vita* Anaxagoræ & Xenophont. *Vid. etiam* Tullium *lib* 3. *Tuscul. quæst.*

(*b*) Phormio. Act. 1. Scen. 5.

ges sont ordinairement relégués à la spéculation & deviennent le seul partage de la Philosophie.

* Dans quel temps la Tristesse rend ingénieux.

Quoiqu'il en soit, de quelque motif que parte la Tristesse, elle nous dispose à être ingénieux. Ce n'est pas dans ces premiers momens que la nature revendique ses droits, & que l'ame abbatue ôte à l'esprit la liberté d'imaginer des consolations ou des expédiens dans les malheurs. Alors *Agamemnon* garde un profond silence & donne les marques les plus sensibles de son désespoir en s'arrachant les cheveux. *Bellerophon*, les yeux baignés de larmes, se promene dans la solitude rongeant son propre cœur & fuyant la compagnie des hommes (*a*). *Niobé* pétrifiée de douleur, semble être changée en rocher (*b*). Voilà les tableaux que *Homere* & *Ovide*, ces grands Peintres, nous ont laissé des premiers instans de la douleur. Mais le chagrin nous donne-t-il le temps de respirer ? La raison nous fait faire mille réflexions, nous examinons la grandeur & la durée de nos maux & les moyens les plus propres pour éviter les derniers coups du sort qui nous

(*a*) Homer. *Iliad.* κ. & ζ.
(*b*) Ovid. *Metamorph. lib.* 6. *Fab.* 7.

persécute. Ici nous nous exhortons à la constance, là nous nous déterminons à la vengeance. Quelquefois semblables à *Hecube*, nous soulevons le fardeau de nos tourmens & nous laissons éclatter les sentimens les plus vifs de la colere & de la plus juste fureur. Ce n'est sans doute que le désespoir, disons mieux, la rage que fit paroître cette Reine désolée, qui donna occasion aux Poëtes de la métamorphoser en chien (a).

Comment elle nous rend ingénieux.

Rien de plus fort & de plus pathétique que les sentimens que peut faire enfanter la Tristesse. Concentrés en nous-mêmes & peu détournés par des objets qui nous touchent peu alors, nous nous abandonnons à des idées tantôt plus touchantes & plus effrayantes, tantôt moins timides & plus consolantes les unes que les autres. Devenus mélancholiques pour un certain temps, nous en avons toutes les mêmes propriétés, nous voyons les choses comme elles sont, elles ne nous éblouissent plus par une vaine apparence de lumiere, elles ne nous charment plus étant comparées avec la perte que nous venons de faire. En

(a) Id. lib. 13. Fab. 15.

un mot nous raisonnons avec justesse & nous jugeons exactement.

Exemple de Jérémie, de Cassius, de Ciceron.

Il n'est pas difficile de trouver des exemples de ce qui est avancé ici. On apperçoit dans les Prophéties de *Jeremie* un cœur vraiment touché de l'aveuglement du Peuple Juif. Ce n'est point par la beauté de l'expression, ni par l'enchainement des figures bien menagées qu'il excite la compassion: son style au contraire est fort simple. Mais on sent que c'est la grandeur de sa Tristesse qui forme ses soupirs, qui trace elle-même tous ses sentimens & qui par une impression réflechie amollit l'ame la plus dure & en arrache la pitié. Pour ne pas mêler ici le sacré avec le prophane, jettons seulement un regard sur ce qui concerne la Litterature. Un certain *Cassius* étoit grand orateur non pas tant par son éloquence que par son aigreur & sa sevérité (*a*). Le Plaidoyer fait par *Ciceron* pour obtenir sa Maison du Mont Palatin que lui avoit enlevé *Clodius*, fut traité avec tant d'énergie, qu'en étant lui-même extrémement satisfait, il le rendit aussi-tôt public.

(a) *Tum* L. Cassius *multum potuit non eloquentiâ, sed dicendo tamen : homo non lib ralitate ut alii, sed ipsâ Tristitiâ & severitate popularis*, &c. Cic. *de Claris Orat.*

public. Dans une Lettre à *Atticus* (a) il prétend que s'il a jamais eû quelque talent, il l'a fait éclater en cette occasion, où la grandeur de sa cause & la vivacité de sa douleur avoient ajouté quelque chose à sa force ordinaire.

Exemple d'*Ovide*.

Que dirons-nous d'*Ovide* qui reçut le talent de la Poësie dès le moment de sa naissance ? Son exil en Scithie nous a procuré ce Livre fameux sous le nom de *Tristes*. Que peut-on de plus touchant que ses Elegies ? La délicatesse & le sentiment y regnent par-tout, par-tout on est entraîné à la compassion. Soit qu'il parle à Auguste, soit qu'il écrive à ses amis, il nous intéresse toujours. Quand bien même nous pénétrerions sa fiction, lorsque emporté par sa verve nous l'entendons déclarer ses intentions à son Livre, nous ne pouvons nous empêcher de le plaindre.

De *P. Lalane* & de *Ph. Habert*.

Mais Rome n'a pas seule l'avantage de nous fournir des modéles accomplis en tout genre : la France aujourd'hui rivale de l'ancienne Italie, est en état de nous donner des exemples

(a) *Acta res est à nobis & si unquam in dicendo fuimus aliquid, aut si unquam alias fuimus, tùm profectò dolor & magnitudo vim quamdam dicendi dedit. Itaque oratio illa juventuti nostræ deberi non potest.* Ad Att. 4. 2.

des traits les plus rares & les plus singuliers. *Pierre Lalane* un de nos Poëtes François qui a écrit avec assez de pureté, conserva toujours le triste souvenir de la mort de son épouse. Il en parle dans ses Ouvrages avec tant de délicatesse & de tendresse, que l'on s'apperçoit bien que le seul tombeau pouvoit cacher une flamme que les larmes n'avoient pû éteindre, & une tristesse que le temps n'avoit pû diminuer (a). *Philippe Habert* étoit capable d'une si grande passion, qu'il pensa mourir d'amour pour une de ses maîtresses. Il composa *le Temple de la Mort*, qui est le seul Ouvrage imprimé que nous ayons de lui. Ce Poëme se ressent parfaitement de la Tristesse de son Auteur & en reçoit son plus beau lustre.

Caractere propre de la Tristesse.

De tous ces exemples & de toutes ces réflexions on peut conclure que la Tristesse rend ingenieux & qu'elle a son caractere particulier qui nous conduit au tendre, au touchant, au pathétique, au langage expressif & persuasif; que la Tristesse étant mé-

(a) Voici l'Epitaphe que lui fit M. *Menage* :
Conjugis ereptæ tristi qui tristior Orpheo
Flebilibus cecinit funera acerba modis.
Proh dolor! ille tener tenerorum scriptor amorum
Conditur hoc tumulo marmore Lalanius.

chanique & approchant de la mélancholie, on trouveroit bien l'art de la produire : mais qui voudroit se servir des moyens Physiques que nous proposerions ? Nous trouvons toujours assez de sujets qui nous chagrinent, sans chercher à devenir tristes. La douleur & la Tristesse font plus de la moitié de la vie des hommes.

CONCLUSION
de ce troisieme Livre.

Récapitulation des principes établis dans cet Ouvrage.

APRES avoir prouvé que les fonctions de l'ame unie au corps étoient méchaniques, & expliqué tout ce qui avoit rapport à ce méchanisme ; après avoir recherché toutes les Causes Physiques qui modifiant différemment les corps, différencioient aussi les esprits, & montré que nous étions les maîtres de menager tellement ces causes, qu'elles ne pouvoient, si nous le voulions, produire que des effets avantageux pour nous ; il ne s'agissoit plus que de tirer des conséquences de ces deux premieres parties. C'est ce que nous avons fait dans ce troisieme Livre :

nous ſommes donc entrés dans les détails les plus circonſtanciés pour appliquer nos principes aux cas particuliers, afin de ne pas établir ici que des loix générales & ſpéculatives, & voulant reduire à l'acte ce qui avoit été démontré comme poſſible.

Pour faire comprendre plus aiſement tout ce que nous avions à dire, & lever une multitude de difficultés, nous avons cru pouvoir admettre l'omogéneité des ames, ſelon qu'il nous a paru être de la Juſtice de Dieu. Ainſi cette variété infinie qui ſe rencontre dans les eſprits des hommes, ne peut partir que de la différente organiſation de leurs corps. Ainſi ayant examiné les diſpoſitions corporelles qui rendoient les actions de l'ame plus libres, il falloit encore ſur ce modéle corriger ces conſtitutions défectueuſes qui empêchent le libre exercice des fonctions animales. Les climats & le regime de vivre ont été les inſtrumens généraux que nous avons employé pour parvenir à cette fin. Ce ſont ces inſtrumens qu'on peut appeller de vrais moyens Phyſiques & méchaniques pour corriger les vices de l'eſprit, en augmenter toutes les bonnes qualités, ou le conſerver dans un bon état si heureusement il s'y rencontre. C'est par ces moyens que nous pouvons obtenir des sensations exquises & délicates, & par conséquent une imagination plus vive & plus abondante. Jouit-on une fois de ce privilege, on ne peut manquer de raisonner juste & de juger sainement des choses si l'on y joint l'attention & la réflexion. Ensuite ne nous dementant jamais de nos principes, nous avons fait voir q'en enlevant un peu d'humidité superflue, ou une médiocre séchleresse contre nature, la mémoire en devenoit plus prompte & plus heureuse. Voici tout ce qui concernoit les fonctions de l'entendement.

A l'égard de la volonté, nous l'avons vue accompagnée des vertus morales & des passions qui ont un germe nécessaire dans le cœur de l'homme. Les premieres nous ont ouvert un vaste champ couvert des pierres les plus précieuses : les dernieres nous ont présenté un jardin émaillé des plus belles fleurs. Dans ce trajet un méchanisme fort simple & une Physique comparée nous ont servi de guides : c'est tout ce qu'on pouvoit attendre de nous sur cet article. Nous pouvons donc affirmer ici 1°. Que l'entendement

& la volonté concourant à la formation des vertus morales, l'homme vertueux est spirituel : nous ne disons pas de même que l'homme spirituel soit vertueux. La proposition n'est pas reciproque, parce que l'on peut être spirituel n'ayant qu'une imagination vive & un certain raisonnement, tandis que la vertu est une aggrégation de toutes les facultés intellectuelles, quelquefois augmentées, comme dans la force. 2°. Qu'il résulte une infinité de biens de la pratique des vertus pour l'esprit qui en reçoit tout ce qu'il a de plus solide. 3°. Que l'examen des diverses causes concourantes à la variation des modalités des organes nous ayant fait voir combien les climats, l'éducation, le regime de vivre, &c. pouvoient sur l'entendement & en même temps sur la volonté, chacun pourra déterminer selon son tempérament, son âge, ses forces, &c. quel air il doit respirer, de quelle maniere il doit se comporter dans son régime, quelles loix il a à observer pour se rendre capable de posseder toutes les vertus morales. 4°. Que toutes ces causes pouvant aussi reveiller en nous les passions, ce sera aussi une direction particuliere de ces causes, qui nous mettra en état de profiter des avantages que les passions donnent à l'esprit, comme ce génie brillant & particulier qui fournit aux mouvemens de l'ame ce pathétique & cet entousiasme attribués jusqu'alors à d'autres causes.

Avantages particuliers & généraux qui doivent résulter de cet Ouvrage.

Un tel enchaînement de vérités conséquentes les unes des autres nous a paru entraîner avec soi la conviction. Sans doute chacun a conclu avec nous qu'il y avoit différens moyens Physiques & méchaniques pour regler les fonctions animales & corriger leurs défauts. Ce principe une fois posé, on conclut facilement qu'en menageant avec prudence ces diverses causes Physiques, il est en notre pouvoir d'avoir de l'esprit & de corriger ses vices. En faut-il davantage pour engager chacun à devenir spirituel; les moyens qu'on doit employer étant si faciles à exécuter? C'est l'intérêt de chaque citoien comme celui de tout l'Etat. Ici se formera le véritable esprit, c'est-à-dire le talent de penser juste & de s'exprimer de même; là se fera remarquer le bel esprit, c'est-à-dire ce parfait développement de conceptions pleines de netteté, vastes & élevées par la maniere noble dont elles présentent le sujet. Bientôt on verroit s'éclipser l'esprit qui a des idées opposées à l'essence des choses, c'est-à-dire l'esprit faux. Bientôt on verroit disparoître l'esprit superficiel qui n'ayant que les premieres idées des êtres, n'en embrasse & n'en peut présenter que l'écorce. Enfin on verroit regner partout le bon esprit consideré soit comme une dépendance de la morale, soit comme une vertu civile. Il y a donc dans notre objet un intérêt réel pour les Sciences, pour chaque homme en particulier & pour l'Etat. Quels plus puissans motifs pouvoient nous engager à travailler, à tenter diverses expériences, à pousser les conséquences le plus loin qu'il nous étoit possible? Heureux, mille fois heureux, si nous avons rempli l'attente du Lecteur & si nous avons atteint le but que nous nous étions proposés.

HISTOIRE

HISTOIRE ANALITIQUE

Des Ouvrages avec lesquels le nôtre a quelques rapports.

IL se trouve tant de belles connoissances sur le même sujet, les Livres sont tellement multipliés sur la même matiere, les Bibliotheques sont tellement fournies d'Ouvrages qui traitent des mêmes Arts & des mêmes Sciences, qu'il seroit à souhaiter que ceux qui travaillent dans le même genre, prissent la peine de consulter les Auteurs qui se sont distingués dans la carriere qu'ils entreprennent de fournir, aussi-bien que ceux qui y ont fait quelque faux pas & dont la chûte inattendue doit apprendre aux autres à éviter un pareil chemin, ou à être en garde contre les obstacles qui s'y rencontrent. Il seroit encore à souhaiter qu'ils donnassent une courte analyse des sentimens de ceux qui les ont précédés, & une idée générale de leurs succès & de leurs défauts pour servir de boussole sur une mer si féconde en naufrages, & où les écueils pour être cachés n'en ſont pas moins dangereux. Par ce moyen, on auroit une Hiſtoire ſuivie de la façon de penſer des hommes dans les différens âges, on verroit les progrès de l'eſprit humain, on auroit en peu de volumes une Bibliotheque complette, on ſçauroit où en ſont reſtés nos peres, & l'endroit où l'on doit commencer à travailler. Ce ſeroit ſans doute abréger le travail pour la poſtérité, tracer la route la plus courte & la plus sûre pour avancer dans les Sciences, & ne pas répéter ſous différens termes ce qui avoit été dit avant nous dans un différent langage, ou avec une autre méthode.

Ce que nous conſeillons ici nous commençons par l'exécuter. On ne doit cependant regarder cette exécution que comme un projet qui s'aggrandira ſi le Public applaudit à notre idée. Ce n'eſt pas que l'on trouve déja bien des matériaux amaſſés pour former l'Ouvrage que nous avons entrepris: au contraire nous n'en avons trouvé preſque aucun qui ait un rapport bien direct avec le but que nous nous ſommes propoſés dans notre Traité. Au moins ceux qui travailleront après nous ſur le même ſujet ne s'épuiſeront pas par beaucoup de recherches, ne ſe laiſſeront pas ſéduire par les mêmes titres, & tâcheront de trouver en eux-mêmes aſſez de forces pour ſoutenir une entrepriſe dans laquelle ils auront peu de ſecours à eſperer.

On nous dira peut-être que ſur ce principe, l'Hiſtoire que nous entreprenons ici eſt finie avant que d'être commencée. Point du tout : car quoiqu'il ne ſe trouve pas d'Ouvrages qui ayent des rapports directs avec le nôtre, il s'en rencontre d'autres dont les rapports ſont indirects, & dont les fondemens ſervent auſſi de baſe à notre ſyſtême. Il faut en rendre compte au Public, lui en déduire la cauſe & les raiſons.

Ceux qui ont avant nous parlé des facultés de l'ame comme un ſujet de la Médecine, ſe ſont contentés d'en décrire les affections les plus apparentes & les défauts les plus remarquables qui dépendent des vices manifeſtes de l'économie animale. Ce ſont de vrais Traités de Pathologie de l'ame : qu'on nous paſſe ce terme, il peint mieux notre idée que tout autre. Tandis que nous nous ſommes appliqués à considérer l'état parfait & les vices soit de l'entendement, soit de la volonté lorsque les hommes paroissent jouir de la meilleure santé. Jusqu'alors on n'avoit trouvé d'autre remède pour obvier à ces vices que les avis, les préceptes, l'éducation, les leçons. Pour nous, envisageant de plus près les loix de l'union de l'ame & du corps, nous prétendons les déraciner par des causes Physiques & des mouvemens qui ébranlant d'abord les organes, sont ensuite communiqués à la plus noble partie de nous-mêmes. Un pareil Ouvrage pourroit s'appeller l'hygiene de l'ame. Il est certain que les affections décrites par les Auteurs qui nous ont devancés sont plus sensibles que les nuances que nous peignons ici. Il étoit donc juste qu'elles se fissent remarquer les premieres & qu'on cherchat au plûtôt à apporter à l'ame les secours les plus efficaces, d'autant plus que dans ces momens le corps approche de sa destruction, & que sa ruine est certaine si l'on tarde à lui procurer les remédes les plus prompts & les plus salutaires.

Nous commençons notre Histoire par *Hippocrate*, qui est à juste titre regardé comme le pere de la Médecine, non-ſeulement parce qu'il eſt le ſeul Médecin depuis le commencement du monde juſqu'au temps de la guerre du Peloponeſe, dont les écrits ſoient parvenus juſqu'à nous, mais parce qu'il eſt le premier qui ait joint un raiſonnement ſolide à une expérience éclairée, & que ſa pratique eſt ſi ſage que tous ſes ſucceſſeurs ſe ſont fait un devoir de ne pas s'en écarter. On trouvera dans ſes Œuvres une grande partie de notre doctrine. Il fait voir dans pluſieurs de ſes Livres les relations de l'ame avec le corps. Dans le Livre ſurtout *De aëre, locis & aquis*, il expoſe ſçavamment la puiſſance des climats ſur les eſprits & leur pouvoir pour différencier les mœurs, les caracteres & le génie. » Si les vents, » dit-il, agiſſent ſi puiſamment ſur les » corps les plus fermes, comment n'a- » giroient-ils pas ſur le foible cerveau » des hommes? ... C'eſt de la diſpo- » ſition de cet organe que l'ame reçoit, » pour ainſi dire, toutes ſes formes. » Ce n'eſt pas à d'autre cauſe qu'il faut » attribuer toutes ces viciſſitudes de » joie & de triſteſſe, de ris & de pleurs, » de bien être & de tourmens qu'on » remarque en elle. C'eſt principale- » ment à l'occaſion de cette partie qui

» est supérieure à toutes les autres, que » nous acquerrons la sagesse & le dis» cernement, que nous voyons & que » nous entendons, que nous distin» guons les choses honnêtes de celles » qui ne le sont pas, le bien d'avec le » mal, &c. (*a*) On trouvera encore dans le Livre I. *De victûs ratione*, & dans beaucoup d'autres endroits plusieurs choses sur le régime de vivre, qui tend à la perfection de l'ame, c'est-à-dire, qui peut lui procurer une plus grande intelligence & un effort plus libre dans ses opérations.

La diversité de tempéramens fait voir une variété surprenante de génies, de caracteres, de mœurs & de passions. C'est ce que *Galien* a tâché de prouver dans un Traité particulier sur cet article (*b*). Malgré cette prolixité qui lui est ordinaire, cet habile Commentateur d'*Hippocrate*, soutenu de l'autorité de *Platon*, nous découvre plusieurs vérités importantes

(a) *Ac nosse homines convenit, non aliundè nobis voluptates lætitias, risus & jocos, quam hinc contingere, itemque molestias, dolores, tristitias, ejulatus. Hacque parte* (cerebro) *præcipuè sapimus, & intelligimus, videmus & audimus, turpia & honesta cognoscimus, malaque & bona*, &c. Lib. de Morbo sacro.

(b) *Quod animi mores corporis temperaturam sequantur. tom.* V. *in-fol. pag.* 444. *ex edit.* Charterii.

dans la Physique & dans la Morale. Tantôt il soutient contre *Aristote* & *Praxagore* que les nerfs ne prennent pas leur origine du cœur & que l'ame n'a pas son siége dans ce viscere comme le prétend *Chrysippe* (*a*). Tantôt il sonde plus avant notre nature & cherche la maniere la plus facile pour connoître les vices, & les moyens les plus simples pour y remédier (*b*). L'homme le moins austere prend un vrai plaisir à lire ce Traité, & y découvre les conseils les plus sages qu'on puisse donner pour réprimer les passions.

Nous ne nous arrêterons pas ici à faire l'analyse des Livres des Médecins qui ont paru après ces deux illustres chefs de la Médecine. Il y a peu d'Ouvrages concernant la santé du corps, où il ne soit en même temps fait mention des maladies de l'ame, de son empire sur les corps, & de sa dépendance des organes. Ce que nous avons dit de *Hippocrate* & de *Galien*, doit suffire à l'égard des autres Traités généraux de Médecine dans lesquels on trouvera quelques Problêmes, dont on trouvera la solution dans notre

(a) *De* Hippocratis *&* Platonis *decretis.*
(b) *De dignoscendis curandisque animi morbis.*

Ouvrage. Examinons ſeulement les écrits qui s'annoncent comme tendant à remplir les mêmes vûes que celles que nous nous ſommes propoſés.

Daniel Vlierdenus a écrit une lettre, par laquelle il exhorte les Médecins à donner également des ſecours à l'ame comme au corps (*a*). Cet Ecrit eſt peu conſidérable & ne peut donner aucun jour à notre Traité. L'Auteur a plûtôt écrit en homme dévot qui s'attache à la lettre de l'Ecriture Sainte, qu'en ſçavant Phyſicien qui cherche à décider les Problêmes de la nature. Parmi pluſieurs raiſons qu'il apporte pour prouver ſon texte, il ſe trouve celle des dérangemens de nos corps dans leſquels notre ame ſemble languir & s'éteindre. Toutes les autres raiſons rentrent dans celle-là. Pour analyſer cet Ouvrage en un ſeul mot, on peut dire que c'eſt une exhortation & non pas des préceptes pour ſecourir l'ame dans ſes maladies.

(*a*) Daniel Vlierdenus Bruxellanus. *Epiſtola non minùs Theologica quam Medica, oſtendens Medicum non corpori ſolum, verùm etiam animæ ſuppetias dare. Cujus occaſione illud explicatur : virtus in infirmitate perficitur. Cum infirmior, tum potens ſum : atque vera & legitima carnis mortificatio enarratur. Quibuſdam obiter præmiſſis de originali peccato atque immortalitate animæ.* Froben. *Baſileæ* 1544.

Jean de Valverde, Mèdecin Eſpagnol, qui a écrit ſur l'art de conſerver la ſanté du corps & de l'eſprit, n'a fait qu'extraire ce qu'avoient dit ſur l'uſage des ſix choſes non naturelles *Hippocrate*, *Platon*, *Ariſtote*, *Galien*, *Paul Eginete*, *Aëtius*, *Soranus* & *Celſe*, comme il l'avoue lui-même (*a*). Quoique dans ce Traité l'on n'y voye rien qui regarde particulierement l'eſprit; on ne peut cependant accuſer l'Auteur d'avoir manqué de remplir une partie de l'objet qu'il s'étoit propoſé: puiſqu'il dit lui-même que l'eſprit a tant de relations avec le corps, qu'on ne peut chercher à conſerver la ſanté de l'un, qu'on ne cherche en même temps à conſerver la ſanté de l'autre: ce qui revient parfaitement à nos principes. Nous ajouterons encore ici pour confirmer ce que nous avons dit dans d'autres endroits, qu'il penſe de même que nous au ſujet de l'éducation. L'on n'enſeigne pas, dit-il, la vertu par la ſeule éducation, & jamais d'un homme mauvais vous n'en ferez un bon, ſi vous ne trouvez dans lui-même cette diſpoſition. C'eſt le

(*a*) Joannis Valverdi Hamuſcenſis *de animi & corporis ſanitate tuendâ libellus. Lutetiæ* 1552.

ſentiment de *Platon*, qui penſe que cela n'arrive que par la mauvaiſe diſpoſition des corps, & la mauvaiſe éducation (*a*).

Marinelli, Vénitien, & célébre Médecin, nous a laiſſé un Traité ſur les maladies qui affligent la plus noble partie de nous-mêmes (*b*). Cet Ouvrage, diviſé en trois Parties, n'a preſque point de rapports avec le but auquel nous tâchons d'atteindre. Dans le premier Livre, il eſt vrai, il parle des vices & du dérangement total des fonctions animales, de la phrénéſie, par exemple, de la léthargie, de la folie, de la ſtupidité, de la mélancholie, &c. Mais il ne nous apprend rien que *Galien* n'ait enſeigné. Dans le ſecond, il détaille ce que c'eſt que le mouvement, & les manieres dont il peut être léſé ou aboli. Enfin dans le troiſiéme, il examine les ſens & les différentes façons dont ils peuvent être viciés ou abolis. On eſt obligé à

(a) *Sic omnis voluptatum incontinentia quæ perindè ac ſi ſponte ſimus improbi, vituperari ſolet, non rectè ità vituperatur. Nemo enim ſponte malus, ſed propter pravum quemdam corporis habitum, rudemque educationem malus redditur . . . Rurſus dolore afflictus animus ſimiliter propter corpus in pravitatem plurimam incidit.* In Timæo verſus fin.

(b) Curtius Marinellus *de morbis nobiliores animæ facultates obſidentibus, Libri tres. Venetiis apud Juntas* 1615.

l'Auteur d'avoir donné un peu plus de régularité aux systêmes des Anciens : mais il seroit bien difficile de décider s'il a rendu leurs idées plus claires ou plus obscures.

C'est dans le même temps qu'a paru le Livre d'*Antoine Zara*, un des plus sçavans hommes de son siécle, & qui ne jouit pas aujourd'hui d'une réputation proportionnée à son mérite. On trouve dans son excellent Traité de l'*Anatomie des esprits* (*a*), une analyse assez étendue de toutes les sciences, & presque toujours un jugement certain sur les différentes opinions qui ont partagé les hommes à leur sujet. La premiere Section de cet Ouvrage est celle qui a le plus de rapport avec le plan que nous avons suivi. Il y examine toutes les causes naturelles, humaines & divines qui peuvent différencier les esprits des hommes. Il range sous ce titre les élémens, les quatre premieres qualités, les alimens, les humeurs, les températmens, la génération, les climats, l'éducation & l'influence des astres. On peut encore reconnoître,

(a) *Anatomia ingeniorum & scientiarum sectionibus 4. comprehensa Auctore* Antonio Zara *Aquileiensi, Episcopo Petinensi.* 1615.

dit-il, ces différences par les Songes; la Chiromantie, la Phisionomie, les Loix & les Coutumes. L'on voit bien quel fondement on peut faire sur quelques-uns de ces articles : mais nous pouvons dire en général que tous les titres nous paroissent remplis & qu'on y trouve une profonde érudition.

L'Ouvrage de *Jean Huartes* Médecin Espagnol (*a*) dont nous allons rendre compte, a eu beaucoup plus de réputation que le précédent, quoiqu'il soit à notre gré bien moins digne d'estime. Par les diverses dispositions que donnent à chaque homme les différens tempéramens, il est facile de juger à quel genre d'étude chaque personne est propre. L'Auteur de l'Examen des Esprits a recours à des causes plus éloignées & distribue les Sciences à chaque individu selon le concours de ces différentes causes. L'on pourroit comparer son Livre à une Tapisserie dont le cannevas seroit bon, le dessein irrégulier, les pieces de rapport mal

(*a*) Examen de ingenios para las Sciencias par *Juan Huarte*, Amst. 1662. * Traduit par d'*Alibray* 1675.

* Nous ne sçavons pas précisément en quelle année il a été imprimé pour la premiere fois. Ce qui est certain, c'est qu'il fut réfuté en 1631. par *Jourdain Guibelet*.

distribuées & les teintes mal fondues. Cet Ouvrage se ressent fort des préjugés de la nation. Par-tout y domine la Philosophie Péripatéticienne mariée de temps en temps avec la Doctrine de *Platon* & de *Galien*. Ce Médecin auquel nous ne refusons pas cependant beaucoup de mérite, ne comprenoit pas bien ce que c'est que l'entendement, ou du moins il s'étoit formé une fausse théorie sur les opérations de l'ame. De-là naît une multitude d'erreurs. Ici il avance que l'éloquence & la politesse du langage ne peuvent se rencontrer dans des hommes de grand entendement. Là il veut prouver que la théorie de la Théologie appartient à l'entendement, & que la prédication qui en est la pratique, appartient à l'imagination. Tantôt il dit que la science de gouverner une Republique n'est dûe qu'à l'imagination; tantôt il assure que les hommes d'un grand entendement ne sont pas propres à l'Art Militaire. De pareilles erreurs sont assez refutées en les rapportant seulement.

Le Livre de *Jean Huartes* a été critiqué par *Jourdain Guibelet* Médecin du Roi à Evreux (*a*). Ce Cen-

(*a*) Examen de l'examen des Esprits par Jour-

ſeur reprend l'Auteur Eſpagnol d'avoir admis l'omogeneité des ames; mais nous ne voyons pas ſur quel principe mieux prouvé il admet leur hétérogénéité. Il le reprend encore de trop attribuer au tempérament, d'autant plus qu'il y a beaucoup d'autres cauſes Phyſiques qui influent ſur le caractere. On pourroit les concilier ſur cet article. Il releve d'ailleurs quelques mépriſes, quelques bévues même; mais quel eſt l'Auteur qui peut dire qu'il n'en a pas fait? On trouve des épines parmi les roſes. Le Médecin d'Evreux condamne le Médecin Eſpagnol de ce qu'il ramene tout à ſon ſyſtême. C'étoit là ſans doute la meilleure maniere de le faire valoir, & ne pourroit-on pas reprocher au critique d'être trop attaché à ſon ſentiment & à celui de ſes maîtres *Hippocrate* & *Platon* qu'il veut qu'on croie aveuglement ſur leurs paroles. Le reproche qu'il lui fait de ſa vanité n'eſt pas mieux fondé; comme ſi les Eſpagnols devoient être modeſtes. La vertu contraire auroit été en lui un défaut; il n'auroit plus reſſemblé à ſa nation. Seroit-ce parce qu'il ne le croit

dain Guibelet, Docteur en Médecine, & Médecin du Roi à Evreux, *à Paris* 1631. *vol. in* 8. *de* 813 *pages.*

pas inventeur de son systême? C'est ce qu'il ne prouve pas par de bonnes raisons. *Huartes* a pû trouver, il est vrai, les idées fondamentales de son systême dans les Ouvrages de quelques anciens Philosophes; mais il est le premier, à ce que nous croyons, qui ait fait un corps de doctrine sur cette matiere. En général le Livre de *Jourdain Guibelet* est fort bon, plein d'érudition, & peut s'accorder avec la plus grande partie de notre Ouvrage.

De même que personne n'avoit osé achever la célebre Venus qu'*Appelles* avoit commencée, de même personne ne s'étoit encore chargé de finir & de completter l'Ouvrage qu'avoit commencé *Galien* sur la maniere de connoître & de guérir les affections de l'esprit. *Barthelemy Pidoux* plus hardi que ses ancêtres & que ses contemporains, a osé l'entreprendre avec autant de succès qu'en auroit dû esperer *Galien* lui-même (*a*). Cet illustre Médecin de la Faculté de Paris plein de la lecture d'*Hippocrate* & des autres grands Maîtres dans l'Art des *Machaons*, cherche avec soin toutes

(*a*) Bartholomæi Perdulcis *Doctoris Medici Parisiensis, de morbis animi liber; inter quos agitur de maniâ demoniacâ, de energumenis, de Ectasi. Parisiis, apud Joan.* Le Mire, 1639. *in* 4.

les causes de la mélancholie, du délire, de la frénesie, de la folie, de l'extase, de la rage, de la lycanthropie, de la fureur des possedés, de la perte de la mémoire ; en un mot, de toutes les maladies qui détruisent l'empire de la raison & qui portent les hommes à faire envers eux & envers les autres mille actes d'injustice & d'inhumanité. Il détaille sçavamment tous les simptômes qui accompagnent ces maladies, ou qui les distinguent de toute autre espece. Il établit ensuite une cure méthodique qui souvent doit être couronnée des plus grands succès. Quoique les matériaux qui forment la base de ce systême, soient à peu près de la même nature de ceux que nous avons employés pour élever un édifice dont le lecteur vient de voir toutes les faces ; quoique ce soit toujours par l'entremise des corps qu'on parvienne à rectifier tous ces égaremens de l'ame, cependant notre Ouvrage différe de celui de *Pidoux* en ce qu'il embrasse la partie pathologique des fonctions animales comme ont fait *Galien*, *Marinelli* & plusieurs autres, & que nous n'avons prétendu traiter que d'une certaine gêne dans la liberté des facultés intellectuelles

sans

ſans aucune leſion apparente dans les fonctions vitales & naturelles.

Le Livre de *Sebaſtien Wirdig* eſt un de ceux avec leſquels notre Ouvrage a plus de conformité (*a*). Nous pouvons dire cependant qu'il eſt moins étendu que le nôtre, puiſqu'il n'embraſſe que le phyſique, & qu'il ne tend pas au même but, puiſqu'il ne conſidere que les affections naturelles & contre nature des eſprits animaux ſans en tirer diverſes conſéquences pour les différens états de l'ame modifiée différamment par ces affections. Les formes ſubſtantielles dit *Wirdig*, ou les ames ſenſitives des animaux, ne ſont autre choſe que ces eſprits. C'eſt l'ame des végetaux, du ciel, des aſtres, de l'air, de la lumiere, des ténébres; en un mot, de tous les corps qui en ſont pétris. Notre ſanté,

(a) *Nova Medicina Spirituum. Curioſa ſcientia & doctrina unanimiter huc uſque neglecta, & à nemine meritò exculta, Medicis tamen & Phyſicis utiliſſima. In quâ 1. Spirituum naturalis conſtitutio, vita, ſanitas, temperamenta, ingenia, calidum innatum, phantaſiæ vires, ideæ, aſtrorum influentiæ, μετεμψυχώσις, rerum magnetiſmi, ſympathiæ & antipathiæ, qualitates hactenus occultæ ſenſibus tamen manifeſtæ, aliaque cæteroquin paradoxa, dehinc ſpirituum præternaturalis ſeu morboſa diſpoſitio, cauſæ, curationes per naturam, per diætam, per arcana majora, palingeneſiam, magnetiſmum, amuleta ingenuè ac dilucidè demonſtrantur Hamburgi, apud* Gottofredum Schulzen 1673.

nos mœurs, nos caracteres en dépendent. Ce ſont ces eſprits qui forment ce prodigieux magnetiſme & cette ſympathie que l'on admire dans toute la nature. Il va plus loin, *liv.* 2. Il nous aſſure qu'on peut reconnoître la nature de ces eſprits dans l'homme par la conſtitution des peres, par le climat & l'éducation, par le genre de vie & les mœurs, par la conformation des corps, par les fonctions vitales, naturelles & animales. Ce détail eſt d'autant plus intéreſſant, qu'il y joint les indications curatives, & la thérapeutique des vices de ces mêmes eſprits qui peuvent être ſelon lui trop obſcurs ou trop denſes, impurs ou mêlés de parties hétérogènes, trop abondans, ou en trop petite quantité, acides, froids, humides, &c. Les moyens qu'il propoſe ſont les contraires, la ſimple nature, la diéte, le jeûne, le changement d'air, les bains, les topiques, la ſaignée & les évacuans.

Tout ceci eſt exactement raiſonné; mais bientôt notre Auteur ſe livre aux préjugés de ſon ſiecle. *Liv.* 2 *chap.* 20. Il parle des arcanes des Alchimiſtes & de la Pierre Philoſophale à laquelle il prodigue les plus grands éloges,

Chap. 22. Enfin il vient à la cure diaſtatique des eſprits ; c'eſt-à-dire, celle qui ſe fait par les amulettes, les tranſplantations & les ſecrets de la Palingénéſie. Nous louerons donc ſincerement ici le travail de *Wirdig* ſans le blâmer de ſes erreurs. Cette louange peut être un peu intéreſſée de notre part. Nous vivons dans un ſiecle où nous pouvons être approuvés ; mais nos deſcendans, à la perfection deſquels nous travaillons tous les jours, penſeront ſans doute d'une façon bien plus juſte que nous ſur bien des articles.

Les mêmes titres n'annoncent pas toujours des Ouvrages ſemblables. *Tſchirnaus* a donné un Livre qui porte le même titre que le nôtre (*a*) : mais l'objet en eſt bien différent. Cet Ouvrage eſt diviſé en deux parties. La premiere eſt intitulée *Medicina mentis, ſive ars inveniendi generalia præcepta :* la ſeconde *Medicina corporis, ſive cogitationes admodum probabiles de conſervandâ Sanitate.* Nous ne parlerons que de la premiere partie comme ayant plus de rapport à notre ſujet. C'eſt une eſpece de Logique dans laquelle l'Auteur fait voir

(a) *Medicina mentis & corporis. Lipſiæ.* 1695.

que l'homme qui desire naturellement d'être heureux, ne peut parvenir à un bonheur véritable que par la découverte de la vérité. *A pag.* 1. *ad pag.* 21. Le moyen de connoître si nous possedons la vérité est fort simple. Ce que nous concevons est vrai, dit-il; ce que nous ne concevons pas est faux. On doit entendre ici ce mot de *concevoir* dans un sens fort étendu, c'est-à-dire, par la liaison & le rapport des choses entre elles; & l'impossibilité de concevoir par leur disconvenance, *A pag.* 22. *ad pag.* 66. Pour ne jamais tomber dans l'erreur, & faire des découvertes, il faut avoir recours aux définitions dont il explique les regles, en y mêlant une si grande foule de Démonstrations Mathématiques, que l'on prendroit ce Livre pour un Traité de Géométrie fort étendu. *A pag.* 66. *ad pag.* 117. Les définitions une fois trouvées, si l'on en considere l'essence, les différences, les rapports, en un mot toutes les qualités qu'elles renferment, on en tirera autant de conséquences qui doivent être regardées comme des axiomes. Joignez ensemble deux ou plusieurs de ces définitions, qui prises séparément avoient chacune leur nature, il en résulte une nature nouvelle, mixte & dépendante mutuellement des unes & des autres. Il en résulte donc un nouveau possible, ou plûtôt une nouvelle vérité qu'on doit nommer Théorême. *A pag.* 117. *ad pag.* 124. On peut renfermer dans les Théorêmes des choses plus ou moins générales. De-là vient que l'on en peut déduire immédiatement de nouvelles vérités ; ce qui constitue les Corollaires & les Scholies. *Pag.* 127. C'est ainsi qu'il veut que l'on joigne toujours la méthode analitique à la synthese. C'est ainsi, dit-il, qu'on peut résoudre tous les Problêmes tant Physiques, que Mathématiques. *A pag.* 128. *ad* 163. Ensuite il nous montre avec combien de facilité nous pouvons marcher dans le chemin de la vérité, & en surmonter tous les obstacles. *A pag.* 163. *ad* 272. De tous ces obstacles, nous n'avons parlé que du quatriéme lorsque nous avons traité du raisonnement. *Liv.* 3. Parce que c'est le seul qui ait rapport à la méthode que nous proposons pour avoir de l'esprit. Enfin dans la troisiéme Partie il s'occupe entierement à faire voir à quel sujet l'on doit s'appliquer pour passer la vie agréablement & avec la plus grande ſatisfaction poſſible. *A pag.* 272. *ad* 289. Par ce détail il eſt facile de voir qu'il n'y a que le titre de cet Ouvrage qui ſoit conforme au nôtre, & que nous avons ſuivi une route toute oppoſée.

Verdries a travaillé ſur l'équilibre de l'eſprit & du corps (*a*). Voici ce que cet Auteur entend par le terme d'équilibre » *Eam virium corporis » & animæ in ſe mutuò agentium » proportionem, quâ cum libero par- » tium fluidarum & ſolidarum motu » & actionum integritas, & mentis » animique vigor conſervatur.* Pag. 51. Cet Ouvrage peut être diviſé en deux Parties. Dans la premiere, l'Auteur examine comment l'équilibre eſt rompu, ou entretenu de la part du corps, qui ſouvent (nous dirions toujours) force l'ame à ſuivre tous ſes mouvemens. Dans la ſeconde, il fait voir comment l'ame par ſa propre force fait pancher la balance & ſoumet les corps à ſa puiſſance, comme

(*a*) Jo. Melchior. Verdies. D. *Philoſ. & Medicinæ* P. P. *in Academiâ Giſſenâ de æquilibrio mentis & corporis commentatio quâ ſtatus hominis ſani & morboſi, nec non affectuum, Phantaſiæ & imaginationis in corpus humanum vires & agendi modus, ex genuinis principiis deducuntur & ad experientiæ & ad rectæ rationis leges expenduntur. Giſſæ, apud* Joan. Mullerum 1716.

dans la joie, la terreur, la colere, &c. Ce Livre entier peut servir de preuve aux principes de notre Ouvrage, & après en avoir fait la lecture on ne sera plus étonné si nous avons eû la hardiesse d'aller plus loin, c'est-à-dire, de regler toutes les opérations de l'ame par les différentes dispositions Physiques qu'on donneroit aux corps.

Gaubius a enfanté le même project que nous *(a)*. Il trace d'une main hardie le plan d'un Ouvrage qui a beaucoup d'affinité avec le nôtre, mais qui en differe en ce que l'on n'y trouve que des axiomes généraux sans les conséquences pratiques. C'est ce que l'Orateur ne pouvoit faire sans entrer dans des détails qui conviennent mieux dans un Traité Métaphysique, que dans un Discours Académique. Il prouve l'assujettissement de l'ame au corps par les différentes vicissitudes Physiques qui affectent différemment les esprits. De sorte que l'une des deux substances ne peut pas être affectée sans que l'autre ne le soit par contre coup. Pour expliquer les relations de ces deux substances, il

(a) Hieronymi Davidis Gaubii *Sermo Academicus de regimine mentis quod Medicorum est. Habitus* 8 *Febr*. 1747. *Lugduni Batavorum*. Voiez l'Histoire de Martinus Scriblerus, traduite de l'anglais de Pope et des docteurs Arbuthnot et Swift, p. 120. Londres (Paris) 1755.

admet deux principes actifs qui réagissent l'un sur l'autre. *A pag.* 35. *ad* 46. Ce qui nous paroît faux : car ou ces deux principes sont spirituels, ou ils sont matériels, ou bien l'un est spirituel & l'autre matériel. Dans chaque supposition il se trouve une impossibilité manifeste d'action de l'ame sur le corps, ou du corps sur l'ame. En effet s'ils sont 1°. Tous deux deux spirituels ? ils ne peuvent agir physiquement sur les corps, les esprits n'ayant aucune prise sur la matiere. 2°. S'ils sont tous deux matériels ? l'ame n'en sera pas plûtôt affectée que de certains mouvemens du sang. 3°. Si l'un est spirituel & l'autre matériel ? la même impossibilité subsiste, puisqu'un principe étendu ne peut agir sur un autre qui est inétendu.

Mais comme notre objet est plûtôt d'analyser que de critiquer, nous passons à d'autres maximes que nous dicte ce sçavant Orateur. Il soutient que de même qu'il est du devoir du Médecin de guérir les maladies qui arrivent aux corps par les différentes affections des ames, de même il doit s'appliquer à corriger les défauts des ames, qui sont occasionnés par les différens

férens vices des corps. *Pag.* 48. Or personne ne peut revoquer en doute que le Médecin par le même Art qui entretient les corps dans une santé parfaite, ne puisse procurer aux ames ces dispositions heureuses qui mettent en œuvre toutes leurs facultés. *Pag.* 63. C'est ce que pensoient *Pythagore*, *Platon* & plusieurs autres Philosophes de l'Antiquité. Les avis, les préceptes, les menaces peuvent bien pour quelque temps reprimer les passions: mais la racine étant dans le corps, c'est en vain que l'on cueille l'herbe; elle repoussera au moment qu'on s'y attendra le moins. *Pag.* 76. C'est donc au Médecin à détruire tous ces mouvemens que les sens excitent dans les ames, par le même motif qu'ils entreprennent de guérir la manie, la phrénésie & la mélancholie. *Pag.* 89. Il a en main des moyens pour y parvenir. *Pag.* 105. Notre Auteur rapporte à ce sujet un fait bien singulier. L'on a vû, dit-il, des hommes ausquels l'excès de chagrin, ou la violence de l'amour avoient fait perdre l'esprit, se précipiter dans la riviere. Ces malheureux retirés de l'eau, jouissans encore à peine d'un souffle de vie, recouvrerent la santé & le bon sens

& furent guéris de leurs funestes passions (*a*). Cette expérience engagea les Médecins à mettre en œuvre un reméde que le hazard leur avoit indiqué. On noya méthodiquement en Angleterre des personnes que des violentes affections de l'esprit avoient rendues folles. Cette tentative réussit, comme l'atteste *Vanhelmont*. Terrible reméde, il est vrai, mais le plus efficace que l'on puisse employer lorsque l'ame est ébranlée jusques dans ses fondemens. Enfin notre Orateur finit son Discours par exhorter les Médecins à s'appliquer sérieusement à cette partie de la Médecine qui est la plus négligée quoique la plus belle, & celle qui nous approche davantage de la divinité. Nous souhaitons avoir rempli une partie de ses desirs.

Mais il est temps de finir cette histoire sans introduire davantage sur la scène de nouveaux personnages qui dans leurs Ecrits auroient pû mettre quelques traits de ressemblance avec le dessein que nous proposons aujourd'hui. Il suffisoit de mettre le public à portée de juger des secours que nous avons pû tirer des Ecrivains qui ont

(*a*) Joan. Helmontii *Ortus Medicinæ de ideâ demente*. Pag. 175.

vécu avant nous, & si la matiere que nous traitons est nouvelle. La difficulté de trouver quelques uns de ces Ouvrages a été cause que nous n'avons pû les lire qu'après avoir composé notre Traité. Nous pensons que c'est un avantage pour le public qui rencontrera divers jugemens sur les mêmes matieres travaillées dans différens temps par des Auteurs qui ne se connoissoient pas, & par conséquent non susceptibles de prévention les uns pour les autres. Nos recherches auroient été moins penibles, il est vrai, mais notre Ouvrage auroit pû être moins médité & moins réflechi.

Fin du second Tome.

APPROBATION.

J'AI lu par ordre de Monseigneur le Chancelier un Manuscrit intitulé *Médecine de l'Esprit*, *ou* &c. dans lequel je n'ai rien trouvé qui ne fut très-digne de l'impression. A Paris ce 18 Novembre 1751.

POISSONNIER, Censeur Royal & Professeur au College Royal.

Approbation de la Faculté de Médecine de Paris.

NOUS soussignés Docteurs-Regens de la Faculté de Médecine en l'Université de Paris, nommés par ladite Faculté pour examiner un Manuscrit qui a pour titre *Médecine de l'Esprit*, *ou* &c. par M. *Le Camus*, notre Confrere, certifions, après avoir lu cet Ouvrage avec la plus grande attention, que la maniere sçavante & ingenieuse dont l'Auteur a traité une matiere aussi difficile, nous a paru mériter l'Approbation de la Faculté. Fait à Paris ce 18 Mai 1751.

PAYEN Bibliothécaire, LETHIEULLIER Professeur de Chirurgie en Langue Françoise, POISSONNIER.

OUI le rapport de Meſſieurs Payen, Le Thieullier & Poiſſonnier, Commiſſaires nommés par la Faculté pour examiner le Livre de M. *Le Camus*, notre Confrere, intitulé *Médecine de l'Eſprit*, &c. la Faculté conſent que ledit Ouvrage ſoit imprimé. Fait aux Ecoles de Médecine en l'Aſſemblée tenue le 2 Août 1751.

BARON Doyen.

PRIVILEGE DU ROI.

LOUIS par la grace de Dieu, Roi de France, & de Navarre : A nos Amés & Feaux Conseillers, les Gens tenans nos Cours de Parlement, Maîtres des Requêtes ordinaires de notre Hôtel, Grand Conseil, Prevôt de Paris, Baillifs, Sénéchaux, leurs Lieutenans Civils & autres nos Justiciers qu'il appartiendra ; SALUT. Notre bien amé LOUIS-ETIENNE GANEAU, Libraire à Paris, Ancien Adjoint de sa Communauté, Nous a fait exposer qu'il désireroit faire imprimer & donner au Public un Manuscrit intitulé *Médecine de l'Esprit* ; s'il nous plaisoit lui accorder nos Lettres de Privilége sur ce nécessaires. A CES CAUSES voulant favorablement traiter l'Exposant ; Nous lui avons permis & permettons par ces Présentes de faire imprimer ledit Manuscrit en un ou plusieurs Volumes, & autant de fois que bon lui semblera, & de les vendre, faire vendre & débiter par tout notre Royaume pendant le tems de six années consécutives, à compter du jour de la date des présentes. Faisons défenses à tous Imprimeurs, Libraires & autres personnes de quelque qualité & condition qu'elles soient, d'en introduire d'impression étrangere dans aucun lieu de notre obéissance ; comme aussi d'imprimer ou faire imprimer, vendre, faire vendre, débiter, ni contrefaire lesdits Livres, ni d'en faire aucuns extraits, sous quelque prétexte que ce soit, d'augmentation, correction, changement ou autres, sans la permission expresse & par écrit dudit Exposant, ou de ceux qui auront droit de lui, à peine de confiscation des Exemplaires contrefaits, de trois mille livres d'amende contre chacun des Contrevenans, dont un tiers à nous, un tiers à l'Hôtel-Dieu de Paris, & l'autre tiers audit Exposant, ou à celui qui aura droit de lui, & de tous dépens, dommages & intérêts; à la charge que ces Présentes seront enregistrées tout au long sur le Registre de la Communauté des Imprimeurs & Libraires de Paris, dans trois mois de la date d'icelles; que l'impression desdits Livres sera faite dans notre Royaume & non ailleurs, en bon papier & beaux caractères conformement à la feuille imprimée attachée pour modele sous le contrescel des Présentes, que l'Impétrant se conformera en tout aux Réglemens de la Librairie, & notamment à celui du 10 Avril 1725; qu'avant de les exposer en vente, le Manuscrit qui aura servi de copie à l'impression desdits Livres, sera remis dans le même état où l'Approbation y aura été donnée, ès mains de notre très-cher & féal Chevalier Chancelier de France le Sieur DE LA MOIGNON, & qu'il en sera ensuite remis deux Exemplaires de chacun dans notre Bibliotheque publique, un dans celle de notre Château du Louvre, un dans celle de notredit très-cher & féal Chevalier Chancelier de France, le Sieur DE LA MOIGNON, & un dans celle de notre très cher & féal Chevalier Garde des Sçeaux de France le Sieur DE MACHAULT, Commandeur de nos Ordres, le tout à peine de nullité des Présentes: du contenu desquelles vous mandons & enjoignons de faire jouir ledit Exposant & ses ayans causes, pleinement & paisiblement, sans souffrir qu'il leur soit fait aucun trouble ou empêchement. Voulons que la copie des Présentes qui sera imprimée tout au long, au commencement ou à la fin desdits Livres, ſoit tenue pour duement ſignifiée ; & qu'aux Copies collationnées par l'un de nos amés & feaux Conſeillers Secretaires, foi ſoit ajoutée comme à l'original. Commandons au premier notre Huiſſier ou Sergent ſur ce requis de faire pour l'exécution d'icelles tous Actes requis & néceſſaires, ſans demander autre permiſſion & nonobſtant Clameur de Haro, Chartre Normande & Lettres à ce contraires : CAR tel eſt notre plaiſir. Donné à Verſailles le vingt-deuxiéme jour du mois de Janvier l'an de grace mil ſept cent cinquante-deux, & de notre Regne le trente-huitiéme. Par le Roi en ſon Conſeil, SAINSON.

Regiſtré ſur le Regiſtre douze de la Chambre Royale des Libraires & Imprimeurs de Paris, N. 700. *f.* 560. *conformément au Réglement de* 1723. *A Paris, le* 25 *Janvier* 1752. COIGNARD, *Syndic.*

TABLE DES MATIERES

Contenues en cet Ouvrage.

Nota. *Les chifres qui désignent le second volume sont précédés de cette* †

A

Abbadie (Jacques) cité Notes ms. p 142.

ABELARD, son opinion sur les idées, 46. Commentée par le P. *Bouhours*, 47.

Abyssins, leur caractere, 222.

Académiciens, leur opinion sur les idées, 44.

Accius ancien Poëte Latin, † 160

Achille, son naturel féroce fléchi par la Musique, † 295.

Addisson comparé avec *Racine*, 237.

Adonis, † 274.

Adrien VI. Pape, son goût dépravé, † 81.

Æschile Poëte Grec, † 161.

Aëtius, † 321.

Affection hystérique, 34.

Africains, 223. Femmes Africaines, 235.

Agamemnon, sa douleur, † 302.

Agatharcus, † 231.

Age, son pouvoir sur l'esprit, 1 †; état de l'esprit dans l'enfance, la jeunesse, † 2, l'âge viril, 3 †; la vieillesse, † 4; comparaison de l'âge avec les climats, † 7; avec les tempéramens, † 8; si l'on peut empêcher son pouvoir † 9 ; ses progrès sur les tempéramens, † 45.

Agésilaus, † 21.

Aglaophon Peintre, † 160.

Agneau, effets de sa chair, 323.

Agrippa Philosophie occulte, † 229 & 271,

Air, son action sur l'ame, 247. *Voyez* aussi climats, 210, & saisons, 247 ; celui qu'on doit respirer pour avoir une mémoire heureuse, † 223.

Albret (le Maréchal d') s'évanouissoit en voyant une tête de marcassin, 155.

Alcée, † 289.

Alexandre le Grand, † 22, son amour pour la gloire, † 260.

Algarotti sur la vûe, 30.

Alimens solides & liquides ; leur nécessité, 308 ; quantité des alimens solides, 309 ; quantité des alimens liquides, 316 ; qualité des alimens solides, 318 ; simples, 319 ; composés, 326 ; qualité des alimens liquides, 330 ; naturels, *ibid* ; artificiels, 333 ; quels sont les plus propres pour entretenir la liberté des fonctions animales, † 42 ; pour la mémoire, † 224 ; ceux qui facilitent la transpiration disposent à la gaieté, † 291.

Allemands, 235.

Ames sont essentiellement les mêmes, 7 ; sont différenciées par leur union à la matiere, 8.

Ame est inétendue, immatérielle, invisible, &c. 3 ; immortelle, capablede penser, 8 ; a deux puissances générales, l'entendement & la volonté, 13 ; a son siege dans le cœur selon *Platon*, *Aristote*, *Herophile*, *Arétée*, 21 ; *Hippocrate*, 77 ; *Chrysippe*, † 319 dans le *cardia* selon *Van-Hel-*

mont, 79; ses opérations divisées en trois classes, 168; a son siege dans la glande pinéale selon *Descartes*, 176, existe dans l'intelligence de Dieu, 177; est modifiée par différentes causes, 179, comme par la génération, 185, le sexe, 197, les climats, 210, les saisons, 247, l'éducation, 257, les tempéram. 279, le régime de vivre, 304, l'âge, † 1; la santé & les maladies, † 12; démonstration de son existence, † 62.

Amour de Dieu est un devoir, 123; du prochain, 124; de l'amour en général, 138.

Amour propre, ses avantages, 138; son origine, 139; son méchanisme, *ibid*; personnes qui y sont les plus sujettes, 140; ses propriétés, † 257; consideré comme auteur de la gloire nous dispose aux sciences, † 259; comme auteur de l'ambition il dispose aux plus grandes actions, † 260; moiens Physiques pour se disposer à l'amour propre légitime, † 261.

Amour social, son étendue, 141; son méchanisme, *ibid*. Dépend de la même cause que l'amour propre, 143; est déterminé par les sensations, 144; pourquoi on peut aimer des personnes très-difformes, 145; sa puissance & ses dangers, † 262; ses avantages pour l'esprit, † 263; il en donne à ceux-mêmes qui paroissent les plus imbecilles, 265 †; est l'inventeur de toutes les sciences & de tout ce qui sert aux plaisirs, † 266; dangers qu'il faut éviter, † 268; remarques sur les philtres, † 269.

Amour du vin, de certains mets, de la débauche, 146; de la musique; du jeu, 147.

Amphion, ſon hiſtoire, † 103.
Anacampſeros regardé comme herbe magique, † 273.
Anacréon, ſon enjouement, † 292.
Anaiſthéſie, ce que c'eſt, † 66.
Anaxagore, 26, ſur la mort de ſes fils, † 301.
Anaximene le Rheteur, † 15.
+ Androgynes, leur caractere, 207.
Anglois, leur caractere, 227; ſpectateur Anglois, ſon exercice, 347.
Annibal, † 263.
Antiochus le Sophiſte, † 5.
Antiparos (grotte d') 245.
Antipathie, 153; pour les choſes animées, *ibid*; pour les choſes inanimées, 154; particulieres, 155, ſon méchaniſme, 157.
Antoine, † 16; excellent orateur, † 161.
Apollodorus, † 231.
Apollonius de Thiane; ſa ſobriété, † 224.
Apelles Peintre, † 96 & 160; ſa Venus, † 327.
Appréhenſion, premiere perception de l'ame, 16.
Apulée, † 269; ſur le *priapiſcon*, † 272.
Arabes (Médecins) leur ſentiment ſur le méchaniſme des fonctions animales, 62; (Nation) ſon aptitude pour les ſciences, 225.
Archias Poëte, un des maîtres de *Ciceron*, 199.
Architas, ſa colombe de bois, 171.
Architecture, d'où elle naît, † 96.
Arétée a placé le ſiege de l'ame dans le cœur, 21.
Argyre, Nymphe, † 273.
Arion, ſon hiſtoire, † 103.
Arioſte, 231.
Ariſtippe ſur le bonheur, 114.
Ariſtote a regardé le cœur comme le principe commun du mouvement & du ſenti-
+ André (Jean) celebre Canoniste : ce qu'il repondit à sa femme qui [illegible] une fille. p. [illegible]

ment, 21 & † 319; son opinion sur l'imagination, 44; sur la vertu, 111; sur le bonheur 114; sur les climats, 223; sur la mélancholie, 228 & 301; sur la constitution tempérée, 282; avoit l'estomac foible, 358; étoit d'une foible santé, † 21; sur les grands génies, † 144; cite l'exemple de *Maracus*, † 145; maniere dont il travailloit, † 227; sur les philtres, † 271.

Armide (l'Opera d') † 105.

Asiatiques, leur caractere, 221.

Astrologie, son ridicule, 283.

Ataxie ou désordre des esprits animaux, 34.

Attention, sa définition, 16.

Atticus, lettre de *Cic.* à † 305.

Attribut d'une proposition, ce que c'est, 80.

Aubignac, sa pratique du théâtre, † 146.

Aubin (le Marquis de St.) sur la magie, † 271.

Averroës sur la gaieté, 302; sur le regime de vivre, 307.

Auguste, † 263.

Avicenne sur le raisonnement, 63; conseille le changement de climat dans les maladies chroniques, † 130.

Aulnoi, (la Comtesse d') 205.

Aulugelle sur la joie, 162.

Automne, son effet sur l'esprit, 251.

B

BAGNOLET, (le parc de) inspire la mélancholie, † 174.

Baillet, enfans illustres, † 5.

Barbier (Mlle) 205.

Baronius, 231.

Barthole, sa sobriété, 315.

Bartholin (*Thomas*) † 19 ; sur la mémoire, † 219.

Basile (Saint) † 21.

Baudouin Ronsseus, † 55.

Bayle, † 5 & 271. Et tom. 1. p. 144.

Behm, 5.

Bellerophon, sa tristesse, † 302.

Bentivoglio, 231.

Bergerac (*Cyrano de*) son imagination déreglée † 153.

Berkeley sur la non existence de la matiere, 166 ; réfutation de l'immatérialisme, 167.

Bernier sur le Mogol, 222.

Bernouilli, † 98.

Bien, différentes opinions sur le bien & sa nature, 114.

Biermann (*Martin*) † 269

Bierre, ses effets sur le corps & sur l'esprit, 336.

Bile, sa sécrétion nécessaire pour le corps & pour l'esprit, 353.

Bilieux, nature de ce tempérament, 296 ; caractere des personnes bilieuses, 297 ; les personnes rousses sont ordinairement de ce tempérament, 298.

Blondel Médecin, sur l'imagination des femmes enceintes, † 157.

Boëce, 244.

Boerrhave sur le fluide animal, 11 ; sur le regime, 307 ; sur les phtysiques, † 17.

Bœuf, effet de sa chair, 323.

Boileau, voyez *Despreaux*,

Boisson, 316 ; naturelle, 330 ; artificielle, 333 ; qu'elle est la plus convenable pour l'esprit, † 43 ; pour la mémoire, † 225.

Bonaccioli (*Louis*) sur le pouvoir de la lactation, 276.

+ Boissi. sa comedie du Triomphe de l'interest, cité p. 140.

Borduni, sa tête prodigieuse, † 24.
Borelli, nature des esprits animaux, 11.
Bossuet, son éloquence mâle, † 108 ; le climat qui lui étoit propre † 142.
Bossus, on leur accorde plus d'esprit qu'aux autres, † 22.
Bouhours (le P.) commente l'opinion d'*Abelard* sur les idées, 47.
Boulainvilliers (le Comte de) 66.
Bourdaloue, le climat qui lui étoit propre, † 142.
Brebis, effet de leur viande, 323.
Brebœuf, 229 ; travailloit pendant la fievre, † 146 ; ses vers sur l'écriture, † 268.
Bretons, leur caractere, 229.
Bruiere (de la) sur l'amour, 145.
Brutus, † 16.
Bruxius, † 235.
Buffier (*le P.*) Son sentiment sur la vérité des raisonnemens, 68 ; sur la mémoire artificielle, † 235.
Buckingham (le Duc de) comparé avec *Euripide*, 238.
Buffon sur la génération, 188.
Bussi, pensée singuliere sur le Maréchal d'*Albret*, 155.
Buveurs d'eau, leur génie, 331.

C

CADA-MOSTO, ses voyages, 223.
Caffé, ses effets sur le corps & sur l'esprit, 340.
Caligula, † 270.
Callimachus, † 231.
Campistron, † 162.
Carbon, son harmonie, † 161.
Cardan sur l'odorat, † 89.

Carneades sur le bonheur, 114; étoit d'une foible complexion, † 21; se purgeoit avant d'écrire, † 127.
Carthaginois, † 278.
Cassini, † 98.
Cassius, sa sévérité, † 304.
Castro, (*Jean de*) son Journal, 222.
Caton, sa tempérance, 314; quelquefois animé par le vin, 335 & † 293.
Catulle, 238 & † 161.
Cécilius, † 255.
Celse, sur la digestion des gens de Lettres, 357; propose le changement de climat dans les maladies du cerveau, † 130.
+ *Cervantes*, 233.
Cerveau plus considérable dans l'homme que dans le reste des animaux, 10; si l'ame y a son siége, 175.
Cesar, † 16; excellent Orateur, † 161; sa capacité, † 245; son amour pour la gloire, † 260; asservit le Sénat & le Peuple Romain, † 280.
Césonie, † 270.
Chaleur, son pouvoir sur les corps & sur les esprits, *à* 221 *ad* 227 & 249.
Champenois, 230.
Chappus, (*Nicolas*) sur la Mémoire, † 225.
Charlemagne tâche de relever les Sciences, 244.
Chasteté, ce que c'est, 128.
Chaud, tempérament, sa nature, 286; caractere des personnes de ce tempérament, 287.
Chilon meurt de joie,
Chiron fléchit le naturel féroce d'*Achille* par la musique, † 295.
Chocolat, ses effets sur le corps & sur l'esprit, 339.
+ Celte (Conrad) poete allemand, co[illegible] Nom m/s p. 164

Choses non naturelles, 307 ; leur combinaison, 370.
Chrysippe avoit une foible santé, † 21 ; étoit de petite taille, † 22.
Chymistes sur la nature des tempéramens, 283.
Ciceron, 43 ; son sentiment sur la vertu, 111 ; sur le bonheur, 114 ; sur la prudence, 118 ; comment il s'est formé dans le commerce avec les femmes, 198 ; sur la mélancholie, 228, comparé avec *Demosthene*, 236 ; décadence des Lettres après sa mort. 242 ; comparé avec *Pline* le jeune, 243 ; remarque sur son fils, 262 ; sa sobriété, 315 ; son exercice, 346 ; sur le discours de *Crassus*, † 19 ; sur la demeure des ames, † 52 ; sur les sens, † 59 ; est défié par *Roscius*, † 100, son style nombreux, † 108 ; le climat qui lui étoit propre, † 142 ; sur la variété des génies, † 160 ; sur l'inventeur de la mémoire artificielle, † 231 ; exerçoit souvent sa mémoire, † 236 ; contre *Clodius*, † 304.
Cidre, ses effets sur le corps & sur l'esprit, 338.
Claude, Empereur, † 225.
Claudien, 239.
Clement VI. (Pape) sa mémoire prodigieuse, † 55.
Climats, ce que c'est, 210 ; leur pouvoir sur les esprits, *ibid* ; différence du génie des peuples selon la différence des climats, *ibid* ; preuve de la puissance des climats pout différencier les génies 211 ; cette puissance est générale & constante, 234 ; comparaison des Auteurs de différens climats, 236 ; leur puissance est

quelquefois altérée & renversée par d'autres causes générales qui tiennent à la politique, 241 ; trop chauds, ou trop froids sont peu favorables pour l'esprit, † 34 ; les tempérés sont les plus avantageux, † 35 ; changement de climat proposé pour remédier au défaut d'imagination, † 129 ; maniere d'imiter ce changement de climat, † 132.

Clodius, plaidoyer de *Ciceron* contre, † 304

Cloud, (le Parc de saint) inspire la tendresse, † 175.

Cœlius Calcaginus, † 269.

Cœlius Rhodiginus, 307.

Cœur, l'ame n'y a pas son siége comme le prétendent *Platon*, *Aristote*, *Herophile*, *Aretée*, 21 ; *Hippocrate*, 77 ; *Chrysippe*, † 319 ; donne l'origine aux tempéramens, 284 ; n'est pas la source des nerfs comme le disent *Aristote* & *Praxagore*, † 319.

Colere, ses effets, 38.

+ *Commines*, (*Philippe de*) † 281.

Comus, (les dons de) † 83.

Conception, d'où elle naît, 16.

Condé, † 245.

Congreve au dessous de *Moliere*, 237.

Connoissance de soi-même, 3 ; procurée par la Médecine, *ibid* ; d'où nous viennent nos connoissances, † 58 ; comment nous les acquerrons, 263.

Constipation, ses effets sur l'esprit, 361.

Continence, sa nature & ses différentes parties, 127 ; son méchanisme, 129 ; nécessaire pour la mémoire, † 226 ; pour conserver les forces du corps & de l'esprit, † 250 ; deux sortes de moyens pour vivre dans la continence ; Physiques, † 252 ; Moraux, † 253.

+ Colombe de bois d'Architas, p. 171.

Conversations influent sur l'esprit, † 47.
Corinne, 205.
Corneille comparé avec *Sophocle*, 238; son caractere, † 162.
Cornelius Nepos, † 270.
Cotta excellent Orateur, † 161.
Coypel fameux Peintre, † 110.
Crainte, sa nature, 158; déprave l'esprit, 245.
Crapule, ses effets sur l'esprit, 309 & 335.
Crassus, † 19.
Cratippe Philosophe, 263.
Crebillon, sa force, † 162.
Cresson conseillé pour fortifier la mémoire, 228.
Crousas, sur l'éducation, 269.
Cuisine, † 83.
Cyneas, sa mémoire, † 211.
Cyrus, sa mémoire, † 211; son régime, † 220.

D

Daniel, (le P.) 229.
Danois, leur caractere; 215.
Danse, d'où vient le plaisir dont elle nous affecte, 363; son origine, † 106; avantages qu'elle procure à l'esprit, † 297.
David, † 263; appaise la fureur de *Saül*, † 296.
Davila, 231.
Déclamation, son origine, † 107.
Delrio, (le P.) sur la magie, † 269.
Démocrite, sur le bonheur, 114; retarde l'heure de sa mort, † 88.
Demosthene comparé à *Ciceron*, 236; la vivacité & la force de son style, † 108 & 161; la maniere dont il étudioit, 114

& 116 ; le climat qui lui étoit propre, † 142 ; ne buvoit que de l'eau, † 156.

Descartes pensoit que l'on pouvoit par la Médecine remédier aux vices de l'esprit, 5 ; sur les sensations, 33 ; sur les idées, 48 ; sur la glande pinéale, 64 ; prétend que l'homme n'est pas un moment sans avoir des idées, 103 ; sur les passions, 133 ; sur la joie & la tristesse, 161 ; conformité de notre systême avec le sien, 165 ; où il place le siége de l'ame, 176.

Desir, sa définition, 113 ; le desir de persévérer dans son être est commun à tous les hommes, *ibid* ; est la même chose que tendre à son bien être, *ibid* ; ce desir subordonné à la raison ou aux loix divines & humaines forme la vertu, 115 ; dirigé par les sensations produit les passions, *ibid.* ; son méchanisme général, 116 ; desir particulier, 157 ; son méchanisme, 158 ; difficulté d'y atteindre par des voies physiques, † 282 ; l'homme desire naturellement de connoître, *ibid* ; source de ce desir, † 283 ; tous les desirs ne sont pas également purs ; mais leurs effets pour l'esprit équivalent à ceux de l'amour, † 284 ; conséquences qu'on doit tirer sur tout ce qui a été dit sur le desir, *ibid.*

Despreaux comparé avec *Horace*, 237 ; avec *Pope*, 238 ; sur la tranquillité des lieux lorsqu'il s'agit de méditer, † 112.

Diagoras meurt de joie, 163.

Diarrhée, ses effets sur l'esprit, 361.

Dibutade, † 267.

Digbi sur l'antipathie du Roi *Jacques* I. 155.

Diodore de Sicile sur les Nourrices de *Neron* & de *Caligula*, 274.

Diodore le Stoïcien, 199.

Diogene, † 15; surnommé le Cynique, † 277.

Diogene Laerce sur *Thalès*, 2; sur *Empedocle*, 208.

Distractions, d'où elles viennent, † 111; *voyez* Inattention.

Dolabella, † 16.

Dorset comparé avec *Euripide*, 238.

Douleur dans un membre coupé, 34; son origine, 116; il n'y a qu'elle qui puisse causer une vraie tristesse, † 300. *Voyez* Maladies.

Dryden, 228.

Duhalde, Voyages du Nord, 217.

Duncan, son opinion sur le méchanisme de la mémoire, 92.

E

EAU, 330; qualité de l'eau à l'égard du corps & de l'esprit, 331; mélange de l'eau avec le vin, 332; *Voyez* Buveurs d'eau.

Eaux spiritueuses, leur impression sur la membrane pituitaire, † 92; comment réveillent les idées, † 151.

Ecossois, 235.

Ecriture, son origine, † 99.

Education, son pouvoir sur l'esprit, 257; distinguée en spirituelle & corporelle, 258; nécessité de l'éducation spirituelle, *ibid*; elle n'est pas indépendante des sens, 259; est divisée en nature, 260; raison, 263; usage, 266; dispositions qu'elle requiert, 262; maniere dont nous acquerons nos connoissances, 263; explication de notre sentiment, 268; éducation corporelle, ce que c'est, 270;

avantages qu'on retire de la bonne éducation morale, † 36; de la bonne éducation corporelle, † 39.
Eleonor, sœur du Duc de Ferrare, dont le *Tasse* devint amoureux, † 145.
Eloquence, son origine, † 107.
Embonpoint du corps n'est pas aussi avantageux pour l'esprit que la maigreur, † 14.
Empedocle, 208.
Enaut, mémoire organique singuliere. 100.
Enfance, état de l'esprit pendant cet âge, † 2.
Enjoument, *voyez* Joie.
Ennius, ancien Poëte Latin, † 160; quelquefois animé par le vin, 335.
Entendement, sa définition; principes dont il résulte, 15.
Entousiasme, ce que c'est, † 143; ses causes Physiques, † 146; divers moyens pour y parvenir, † 147; le vin, les boissons spiritueuses, les grandes passions, l'exercice, † 148.
Egyptiens, 225; leur caractere, 226.
Eobanus Hessus, Livre sur la santé, † 252.
Epicure, sur le bonheur, 114; sur les différentes habitudes du corps, † 25; ses atômes, † 184.
Epimenides, son sommeil, 368.
Erasme étoit d'une foible santé, † 21.
Eratosthene, † 231.
Erostrate, † 261.
Eschile échauffé par le vin, 334; son élégance, † 161. En preface, p. 22.
Esope, † 21.
Espagnols, leur caractere, 232.
Esprit, causes qui influent sur l'esprit; *voyez* tout le *liv.* 2. homme d'esprit, ce
+ Elisabeth (la Reine) p. 156.

que c'est, † 51 ; moyens qu'on doit employer pour avoir de l'esprit, *ibid* ; ceux qu'on employe ordinairement sont insuffisans, † 52 ; si un stupide peut devenir homme d'esprit par notre systême, † 55.

Esprits animaux, leur nature, 11 ; même chose que le suc nerveux, liquide animal, &c *ibid* ; leur quantité trop petite occasionne le défaut d'imagination, † 121 ; de même que leur qualité imparfaite, † 127 ; & leur mouvement trop foible, † 128 ; prodigieuse variété de leur nature, de leur quantité & de leur mouvement, † 162.

Eté, son effet sur l'esprit, 249.

Etienne, (*Henri*) son dégoût pour les Lettres après une fiévre quarte, † 126.

Ettmuller cité sur le pouvoir de la lactation, 276 ; sur les vices de l'odorat, † 91 ; sur la mémoire, † 217.

Euclide, † 137.

Evidence des idées, 57 ; Sciences qui portent ce caractere, 73 ; Jugemens évidens, 86 ; ce que c'est, † 186 ; on ne raisonne pas toujours suivant elle, on a quelquefois recours à l'analogie, *ibid*.

Euphorion, † 231.

Euriphyle, *ibid*.

Euripide, 238 ; loué par *Ciceron*, † 161.

Excrémens, ce que c'est, 352 ; des matieres fécales, 360 ; de l'urine, 362 ; de la transpiration, 363 ; de l'humeur muceuse des narines, 364 ; des regles & des hémorrhoïdes, 365 ; relatifs à l'esprit, † 44.

Exercice, ses différences, 344 ; son excellence pour les corps, 345 ; pour les esprits, 346 ; objection contre l'exercice relatif au bien de l'esprit, 348; est un délassement pour l'ame, 349; cause de l'entousiasme, † 148; nécessaire pour la mémoire, † 225.

F

FAIM, ses effets sur l'esprit, 312.
Favorinus, Philosophe Androgyne, 208.
Felibien, 267.
Femmes, leur caractere distinctif, 198; ne sont pas plus chaudes que les hommes, 201; sont propres aux Sciences qui appartiennent à l'imagination, 204; ne sont pas propres aux études longues, sérieuses & qui appartiennent au jugement, 206.
Fenelon, sur l'éducation, 269.
Ferdinand le Catholique, sa mort, † 270.
Fibres, leur relâchement est une cause prochaine de l'altération du sentiment, † 67; ceux dans lesquels il se rencontre † 68; comment on doit y remédier, † 69; leur trop grande tension est encore une cause prochaine de l'altération du sentiment, † 71; comment on doit y remédier, † 72; causent le défaut d'imagination par leur degré de tension, † 133; par leur difficulté à se mouvoir, † 134; prodigieuse variété dans leur nature, leur tension & leur mouvement, † 164; induction par laquelle on peut concevoir cette variété infinie, † 165; effets que doit produire la tension particuliere de quelques fibres, † 181; & leur relâchement particulier, † 182; si l'on peut prévenir ces effets, † 183.
Flechier, son style brillant & orné, † 108;
+ financiers, gens d'affaires &c apostrophés: p. 140.
le

le climat qui lui étoit propre, † 142.

Fonctions animales, ce que c'est, 14; si le méchanisme que nous en avons établi est vrai, 170: *voyez* Entendement & volonté.

Fontaine, (M. *de la*) sur l'amour, † 266.

Fontaines singulieres de Béotie, † 228.

Fontenelle, 229; son grand âge, † 7.

Force, sa définition & sa nature, 120; son méchanisme, 121; son étendue & ses noms divers, † 243; sa puissance sur l'esprit, † 244; moyens de s'y disposer, † 245.

Forge, (*Louis de la*) Médecin, Traité de l'esprit de l'homme, 103 & 298.

François I. restaurateur des Lettres, † 244.

François, leur caractere, 229.

Froid, son pouvoir sur les corps & sur les esprits, *à* 213 *ad* 221, & 252.

Froid, tempérament, sa nature, 290; caractere des personnes de ce tempérament, *ibid.*

Fumanelle, (*Antoine*) Médecin de Veronne, † 217.

G

GAIETE', *voyez* Joie.

Galba, sa concision, † 161.

Galien, sur une fiévre pestilentielle qui ôtoit la mémoire, 89; son sentiment au sujet du pouvoir des tempéramens sur l'esprit, 182; au sujet du pouvoir des climats sur l'esprit, 212; sur la mélancholie, 301; sur le régime de vivre, 307; conseille le changement de climat dans les maladies chroniques, 130; son Livre au sujet de l'influence des tempéramens sur l'esprit, † 318; sur la maniere de connoître & de remédier aux vices, † 319.

Gascons, 230.

Gassendi, ses atômes, † 184.

Gaubius, (*Jerome-David*) analyse de son Livre sur la maniere de gouverner l'ame, † 335.

Gaufridi prétendoit donner de l'amour, † 271.

Gendre, (le) 229.

Génération, son pouvoir sur l'esprit, 185. sentiment des Anciens à ce sujet, 186; maniere dont elle se fait, & dont se communiquent les qualités des peres, 187; objections à ce sujet, & solution, 189 & 190; maniere dont les qualités des meres se transmettent, 191; les qualités de l'entendement & de la volonté communiquées par cette action, 192; s'il est au pouvoir des peres d'engendier des enfans spirituels, 196; comment cela se peut faire, † 32.

Génie, sa médiocrité, † 137; sa différence de l'esprit, † 138; causes qui produisent cette médiocrité, † 139; moyens pour combattre cette cause, † 140; le génie heureux est très-proche de la folie, † 144; variété infinie des génies, † 159; remarquée par *Ciceron*, † 160; remarquable dans notre siecle, † 161; très-conforme aussi a l'état Physique de l'homme, † 162.

Géométrie, dans quelle classe de Sciences, 73; son objet, 266.

Germaine de Foix empoisonne Ferdinand son époux, † 27[illegible].

Germanicus ne pouvoit souffrir ni la vûe, ni le chant des coqs, 156.

Gestes influent sur l'esprit, † 47.

Gibelins, † 280.

Glaucus, † 231.
Gomez, (Madame de) 205.
Gorgias, son grand âge, † 7.
Goût, sa nature & ses rapports avec l'esprit, † 81; il existe une science du goût, † 82; c'est par elle qu'on connoît la qualité & la vertu des alimens & des médicamens, † 84; ses vices, † 85; remédes, † 86.
Grandeur de la taille, si elle peut quelque chose sur l'esprit, † 22.
Gratarole, (*Guillaume*) sur la mémoire, † 214 & 217.
Gravure, son origine, † 98.
Grecs, ce qu'ils furent, 244; ce qu'ils sont, 245.
Grynæus, ses collections, 223.
Guarini, 231.
Guelfes, † 280.
Guibelet, (*Jourdain*) Examen de l'examen des esprits, 196; sur la qualité de l'estomac des gens d'esprit, 358; sur une suffocation hystérique, † 20; réfute le livre de *Jean Huartes*, † 325.
Guicciardin, 231.
Guichard, 229.
Guillaume le Conquérant, *ibid.*
Guyot de Merville : voir notes p. 372.

H

HABERT, (*Philippe*) sa tendresse, 306.
Habitude ou mémoire des organes, 100.
Haillant, (*Bernard de Girard* Seigneur du) Histoire de France, † 272.
Haine, sa nature & son méchanisme, 151; il y a autant d'especes de haines que de sortes d'amours, 152; est un amour empêché dans sa fin; ses avantages pour l'es-

prit, † 274; moyens de l'exciter, † 277; Regles morales pour faire un bon usage de la haine, † 278 & 280.

Hartsoëker, sur la génération, 187.

Hecube, son désespoir, † 303.

Heineckem, (*Henri*) † 5.

Helvetius, Traité des maladies, † 17.

Hémorrhoïdes, ce qu'elles peuvent sur les fonctions animales, 365.

Henri IV. la vivacité de son esprit, † 244.

Heraclite, sur les climats, 225; sa misantropie †, 277.

Hercule, † 263.

Hermogene de Tarse, † 5.

Herophile a placé le siége de l'ame dans le cœur, 21.

Hiperide, sa vivacité, † 161.

Hippocrate a placé le siége de l'ame tantôt dans le cerveau, tantôt dans le cœur, 77; son sentiment au sujet du pouvoir des climats sur l'esprit, 180; sur le régime de vivre, 306; sur les alimens composés, 327; sur l'yvresse, 335; sur le changement de tempérament, † 10; conseille le changement de climat dans les maladies chroniques, † 130; dit que nos natures ne sont enseignées par personne, † 136; analyse de sa doctrine relative à notre Ouvrage, † 316.

Hippomanes, philtre, † 271.

Hobbes, Philosophe Anglois, 237.

Hoffmann, (*Fréderic*) sur la semence, 130; propose le changement de climat dans les maladies du cerveau, † 130.

Hollandois, 235.

Homere échauffé par le vin, 334; peinture de la tristesse, † 302.

Horace, son sentiment sur la vertu, 111;

Nomme l'amour propre, Caecus amor sui p. 139.

sur le pouvoir de la génération sur l'esprit, 185; comparé avec *Despreaux*, 237. avec le comte de *Rochester*, 238; sur l'oisiveté † 225; sur les passions, † 256; sur l'amour, † 269; ses dispositions à la gaieté, † 288; s'animoit quelquefois par le vin, † 294.

Hortensius. sa mémoire, † 211.

Houlieres, (Madame *des*) 205.

Huartes, (*Jean*) Examen des esprits, 196; analyse de son livre, 324; critiqué par *Jourdain Guibelet*, † 325.

Humide, tempéramment, sa nature, 291; caractere des personnes de ce tempérament, *ibid.*

Hydrophobes, 125.

Hygiene, les choses dont elle traite, 307; de l'ame, † 316.

Hypponax, † 21.

Hyver, son effet sur l'esprit, 252.

I

JACQUES I. ne pouvoit voir une épée nue, 155.

Idées, leur nature, 42; sentiment d'*Aristote*, *Pythagore*, *Socrate*, *Platon*, *Proclus*, 44; ne sont pas innées comme le prouve *Locke*, 45; opinion d'*Abelard*, 46; de *Malebranche*, 47; de *Descartes*, 48; Dieu en est la cause efficiente, nos corps en sont les causes occasionnelles, 49; méchanisme par lequel elles sont produites, *ibid*; distinguées en simples & en composées, 52; idées simples qui viennent des sens, *ibid.* qui viennent de la réflexion, 54; qui viennent des sens & de la réflexion, *ibid.* idées composées qui viennent des ſens, 55; qui viennent de la réflexion, 56; qui viennent des ſens & de la réflexion, *ibid*; leur diſtinction en vraies & en fauſſes eſt chimérique, *ibid*; evidence des idées ſenſibles, 57; probabilité des idées réfléchies, *ibid*; incertitude des idées mixtes, *ibid*; diſtinction des idées en claires & en obſcures n'eſt pas exacte, 58; ſi le mouvement des fibres du cerveau peut occaſionner des idées, 174; vraie nature des idées, 175; défaut d'idées d'où il naît, † 120; idées réelles & chimériques, † 1·2; leur comparaiſon ou raiſonnement, † 168; cette comparaiſon dépend de l'organiſation des corps, † 169; moyens de multiplier ſes idées ſur le même ſujet, † 170; idées conformes aux lieux où l'on eſt, † 174; moyen choiſi incapable de faire ſentir la liaiſon ou la ſéparation des idées, † 180.

Idioſyncraſie, ce que c'eſt, † 13.

Jeremie, (le Prophète) ſa triſteſſe, † 304.

Jerôme, (ſaint) ſur l'oiſiveté, † 225.

Jeuneſſe, état de l'eſprit pendant cet âge, † 2; prématurée, † 5.

Imagination, ſa définition, 42; ſentimens divers, 43; notre ſentiment ſur ſon méchaniſme, 49; c'eſt aux Médecins à guérir ſes défauts, † 117; défaut d'imagination, † 119; qui vient de la trop petite quantité des eſprits, † 121; de leur qualité imparfaite, † 127; du mouvement des eſprits, † 128; du degré de tenſion des fibres, † 133; de la difficulté des fibres à ſe mouvoir † 134; du concours de pluſieurs de ces cauſes, † 135; trop forte, † 152; quels ſont ceux dans leſquels elle ſe rencontre, † 153; dans les tempéramens chauds ou secs, † 155; ou sanguins, † 156; imagination des femmes enceintes, *ibid*; son état parfait, † 158; moyens de le conserver, *ibid*; que cet état est réel, † 159.

Immatérialisme, 166.

Imprimerie, à quel sens on en est redevable, † 100.

Inattention qui vient d'une occupation antécédente, † 202; de la précipitation, † 203; remédes, *ibid*; personnes qui y sont sujettes, 204; *voyez* distraction.

Inconstance dans les jugemens; d'où elle naît, † 205.

Infusions théiformes, 343.

Innocence, sa nature, 128.

Insensibilité, † 66.

Intelligence, d'où elle naît, 16.

Joie, ce que c'est, 160; sentiment de *Descartes*, 161; son méchanisme, *ibid*; ses effets généraux, † 285; moderée & immoderée, † 287; ses effets sur le corps & sur l'esprit, † 289; moiens pour y parvenir, † 291; les alimens, *ibid*; le vin, † 292, dont il faut user sobrement, † 293; aussi bien que des autres boissons spiritueuses, † 295; la danse, † 297; joie intérieure plus parfaite & plus estimable, † 298.

Jornandez, 220.

Joseph, ses antiquités, † 270.

Isaure (Clemence) 205.

Isocrate, son grand âge, † 6; la douceur de son éloquence, † 108 & 161.

Italiens, leur caractere, 231.

Jugement; sa définition, 76; dépend des organes corporels, *ibid*. Sentiment d'*Hippoc*. sur son méchanisme 77; de *Van-Helmont*, 79;

les Jugemens sont sensibles, ou réflechis, ou mixtes, 80; sensibles, affirmatifs, 81; negatifs, 82; dans quel cas on n'en doit pas porter 84; réflechis, *ibid*; mixtes, 85; quels sont ceux qui sont évidens, certains, probables, 86; universels, communs, particuliers, 87; les propriétés; maniere dont on en parle dans les Ecoles, † 189; d'où naît le manque de jugement, † 190; sa nécessité, † 192; manque de jugement dans les choses sensibles, † 193; † incertitude des jugemens qu'on porte lorsqu'on est malade, 195; manque de jugement réflechi, † 197; remedes, † 200; manque de jugement mixte, *ibid*; application antécédente, † 202; rémedes, † 203; précipitation, *ibid*; rémedes, *ibid*; personnes qui y sont sujettes, † 204; causes de l'inconstance des jugemens, † 205.

Justice, sa définition; sa nature, 123; son mechanisme, 125; moiens pour s'y disposer, † 246; avantages qu'elle procure à l'esprit & vertus qui l'accompagnent, † 247; celui qui est juste est vraiment raisonnable, † 248.

Juvenal, † 23 & 270.

K

KALMOUCKS, *voyez* Tartares.

Kepler, † 98.

Krantz, † 280.

L

LACTATION, son pouvoir sur l'esprit, 274.

Lælia femme de *Ciceron*, 199.

Lælius,

Lælius orateur, pere de *Lælia*, 200; son agrément, † 161.

Lait, ravages qu'il peut-faire dans les femmes en couche, 271; celui des meres est plus propre aux enfans que celui de toute autre nourrice, 272; influe sur les esprits, 274.

Lalane (Pierre) Poëte François, sa tendresse, † 306.

Lamprias animé par le vin, 334.

Lanclastre, (la maison de) † 280.

Lapin, effets de sa chair sur l'esprit, 323.

Laure, 205.

Laurier, ses feuilles conseillées pour fortifier la mémoire, † 229.

Lecture, ses avantages, † 37.

Leevvnoëck, 10, sur la génération, 187; célébre observateur, † 98.

Leocrate, † 231.

Leon X. Pape, † 23.

Leontium, 205.

Legumes, leurs effets sur l'esprit, 319.

Leibnitz, son harmonie préétablie, 24.

Leucade (le saut de) † 272.

Leucippe, ses atômes, † 184.

Licetus (Fort.) cité sur le pouvoir de la lactation, 276.

Licinia, 200.

Licurgue sur l'éducation, 258.

Lievre, effet de sa chair sur l'esprit, 323.

Lievre (Guillaume le) sur la mémoire, † 227.

Lieux influent sur l'esprit, † 47; quels sont les plus propres pour y méditer † 112; comment ils multiplient nos idées, † 171; idées conformes aux lieux où l'on est, † 174.

Limosins, 230.

Liquide animal, *voyez* esprits animaux.

Lisandre, 301.

+ Languet de Gergi (Jean Joseph) sa vie de Marg. Marie Alacoque, citée p. 156.

+ Lessius (Leonard) Jesuite, auteur d'un traité du Regime de vivre pour la conservation de la santé du corps et de l'ame &c. que j'ai joint à la fin de ce volume.

Lisias, sa subtilité, † 161.

Lisippe, Sculpteur, † 160.

Locke a avancé que nos connoissances partoient de trois principes, 15, refute les idées innées, 45 ; connoissance sensitive, 66, sur les passions 132 ; rival de *Malebranche*, 237, sur l'éducation : 269.

Logique ; dans quelle classe de sciences, 73 ; sa fin, 266.

Longin compare *Cic.* à *Demosthene* ; le climat qui lui étoit propre, † 142 ; sur les passions, † 255.

Lucain sur les climats, 221 ; sa patrie, † 142.

Lucrece sur l'ame, 176 ; sur les sens, † 58 ; devint frénétique, † 146 ; sa mort, † 270.

Lucullus, sa mort, † 270.

Luisinus (*Aloysius Med. Utinensis*) son traité des passions, † 254.

Luxembourg (jardin du) † 175.

M

MAGDELAINE (Auteur du Poëme de la) † 154.

Mahomet porta le coup mortel aux Belles-Lettres, 245.

Maigreur du corps plus avantageuse pour l'esprit que l'embonpoint, † 14.

Maimbourg, maniere dont il s'animoit, † 149.

Maladies, leur pouvoir sur l'esprit, † 12 ; quelquefois avantageuses ; † 17 ; constitutions vicieuses du corps avantageuses, † 21 ; le plus grand nombre des maladies empêchent l'exécution des fonctions animales, † 26 ; on doit s'abstenir de porter aucun jugement lorsqu'on est malade, † 195.

Malebranche, son opinion sur les idées, 47; conformité de notre systême avec le sien, 165; rival de *Locke*, 237.
Malpighi, célébre observateur, † 98.
Mandragore, sa vertu magique, † 271.
Manichéens, † 274.
Maracus, Poete, † 145.
Marasiotus, † 235.
Marchini, † 6.
Marcuce, sur la mélancholie, réfute *Averroës*, 302.
Marescot, (*Alphonse*) 63.
Marguerite de Valois, Reine de Navarre, 205.
Mariana, † 270.
Marinelli, (*Curtius*) son livre sur les maladies qui assiégent l'ame, † 322.
Marino, 231.
Marly, (jardins de) préparent à la galanterie, † 175.
Marsilius Ficinus, 208 & 307.
Martial, sur l'antipathie, 153; sur la finesse de l'odorat, † 89.
Mascrier, (l'Abbé le) sa Description de l'Egypte, 226.
Mathématiques, d'où vient leur certitude, 73; naissent du tact, † 78; marche de cette science, † 192.
Matthieu, (saint) 123.
Mayou, nature des esprits animaux, 11.
Médecin, doit songer à régler les penchans & les fonctions animales des hommes, † 30; *voyez* Ulierdenus.
Médecine, son étendue, 1; procure la connoissance de soi-même, 2; son union avec la Métaphysique, 3; l'esprit est aussi un de ses objets, 4; dans quelle classe de sciences elle doit être rangée, 74; sa fin, 266; nécessaire pour l'éducation,

270 ; son pouvoir sur les ames, † 30.

Mélancholie, sentiment des Anciens, 301 ; de *Marcuce*, *ibid* ; quelle espece est désirable, † 140.

Mélancholiques par l'épaississement du sang, 225 ; sont spirituels, 228 ; les Anglois sont fort mélancholiques, *ibid* ; tempérament, 299 ; caractere des personnes de ce tempérament, *ibid*.

Melisse conseillée pour fortifier la mémoire, † 228.

Memnon, sa statue, 171.

Mémoire, sa définition, 88 ; dépend autant du corps que de l'ame, *ibid* ; systême de ceux qui admettent différens portraits gravés dans le cerveau, 90 ; de ceux qui admettent différentes routes, 91 ; de *Vvillis* & de *Duncan*, 92 ; hypothèse des plis & replis des membranes du cerveau, 94 ; son alliance avec l'imagination, 97 ; trois especes, 98 ; sensible, ou ressouvenir, *ibid* ; son méchanisme, 99 ; réfléchie, ou reminiscence, 101 ; mixte, ou mémoire proprement dite, 103 ; différente dans les différens âges, 106 ; porte différens caracteres, 107 ; son éloge, † 209 ; marchand de mémoire, † 210 ; mémoire heureuse de quelques grands hommes, † 211 ; naturelle & artificielle, † 212 ; causes de la lenteur de la mémoire naturelle, † 213 ; sentiment des Anciens sur les défauts de la mémoire, † 214 ; signes ausquels on peut connoître la cause Physique du défaut de mémoire, *ibid* ; sécheresse, chaleur, humidité, froid à combattre comme causes du défaut de mémoire, † 216 ; remédes contre le défaut de mémoire qui provient du froid ou de l'humidité, *ibid*; de la chaleur ou de la séchereſſe, † 218; mémoire affoiblie par les grandes maladies; régime à obſerver, *ibid*; infidelle ce que c'eſt, 219; prompte & infidelle, † 220; remédes, *ibid*; lente & infidelle, † 221; remédes, *ibid*; moyens d'avoir une mémoire prompte & heureuſe, † 223; qualité de l'air qu'on doit reſpirer, *ibid*; des alimens, † 224; de la boiſſon, † 225; de l'exercice, *ibid*; remédes regardés comme ſpécifiques, † 228; mémoire artificielle. Sa définition. Son inventeur, † 231; maniere dont elle fut trouvée, *ibid*; ſes avantages, † 233; autres eſpeces, † 234; le plus sûr moyen eſt de l'exercer ſouvent, † 235.

Ménage, Epitaphe de P. *Lalane*, † 306.

Meres doivent nourrir leurs enfans par rapport à elles-mêmes, 270; par rapport à la ſanté de leurs enfans, 272; pouvoir de la lactation ſur l'eſprit, 274; quand elles doivent s'abſtenir de nourrir leurs enfans, 275; communiquent leurs vices & leurs vertus à leurs nourriſſons, † 31; *voyez* Génération.

Meſſala Corvinus perdit la mémoire par un coup, 89.

Métaphyſique eſt néceſſaire au Médecin, 3; ſon union avec la Médecine, *ibid*; dans quelle claſſe de ſcience elle doit être rangée, 73.

Meudon (le parc de) † 175.

Meyſonnier, ſur la mémoire, † 235.

Midi, caractere de ces peuples, 221; ſont lâches, 222; raiſon de leur foibleſſe & de leur lâcheté, *ibid*; ſont inconſtans, menteurs, 223; inaptitude de ces peu-

+ Mercure de 9bre 1753. cité p. 164.

ples pour les ſciences, 224.
Midleton, Vie de *Ciceron*, 200.
Miltiade, † 260.
Milton, 228 ; rival d'*Homere*, 238 ; compoſoit plus facilement dans un temps que dans un autre, 254 ; ſon exercice, 347.
Miſantropie, † 276.
Mithridate, ſa mémoire, † 211.
Mnemoſine, † 209.
Moliere au-deſſus de *Vuicherley*, *Vanbrugh*, & *Congreve*, 237.
Montagne, (*Michel* ſieur de) ſur l'antipathie, 156 ; ſon enjouement, † 290.
Montagne, analyſe des idées qui naiſſent au haut, 172 ; au milieu, & au bas d'une montagne, † 173.
Morel, (*Julienne*) † 6.
Mort, ſon mépris part du deſir de la perſéverance dans ſon être, 120 ; n'exiſte pas, 121.
Morve, ſon excrétion retardée ou trop abondante nuit à l'eſprit, 364.
Moſchion cité ſur le pouvoir de la lactation, 276.
Moſchus, ſes atômes, † 184.
Moſcovites, leur caractere, 215.
Moutons, effet de ſa chair ſur l'eſprit, 323.
Mouvement, ſa néceſſité, 344 ; *voyez* Exercice.
Mucia, fille de *Lælia*, 200.
Muret, hiſtoire rapportée par † 211.
Muſique, dans quelle claſſe de ſcience, 73 ; d'où elle naît, † 103 ; ſes avantages, † 104 ; donne les premieres notions de la danſe, † 106 ; retire l'ame de ſa langueur, † 179 ; diſpoſe à la gaieté, † 295.
Myron, Sculpteur, † 160.

N

NARCOTIQUES nuisibles à la mémoire, † 227.

Nature de l'homme, ce que c'est, 260; n'est enseignée par personne, † 136.

Néedham, sur la génération, 187.

Nerfs, principes du sentiment, 21; leur vibratilité pour expliquer les sensations, 22; *voyez* Sensations.

Nevvton, 228; rival de *Descartes*, 237; sa sagacité, † 98.

Niobé, sa douleur, † 302.

Nord, caractere des peuples Septentrionaux, 213; leur constitution Physique, & raison de cette constitution forte & vigoureuse, *ibid*; relativement à leur esprit, 214; ils sont guerriers, courageux, intrépides, 215; preuves historiques, 216; effets conséquens du caractere général de ces peuples, 218; la fécondité est une suite de leur force, 219; leur inaptitude pour les sciences, 224.

Normans, leur caractere, 229.

Nuit, son calme est propre à favoriser l'étude, † 115.

O

ODEURS, les impressions qu'elles font sur l'ame, † 90; réveillent les idées, † 151; pour fortifier la mémoire, † 230.

Odorat, son siége, son utilité, † 87; ses rapports avec l'esprit, † 89; ses vices, † 91; remédes, *ibid*.

Oeufs, leurs effets, 324.

Oiseaux, (les cerveaux) conseilllés pour fortifier la mémoire, † 228.
Olaus Borrichius, † 19.
Ongles, pourquoi on les ronge en travaillant, † 150.
Opera, sa description, † 104.
Optique, d'où elle naît, ses parties, † 97.
Orphée, son histoire; † 103.
Osiris montre l'usage de la bierre, 336.
+ cit. p. 135. *Ovide*, † 231; peinture de la tristesse, † 302; délicatesse de ses sentimens, † 305.
Ouie, ses avantages, connoissance de la Musique, † 103; origine de l'Eloquence, de la Poësie & de la Déclamation, † 107; ses vices, † 110; remédes, *ibid.*
Ours, sa graisse conseillée pour fortifier la mémoire, † 228.
Ouvrage, (principes de notre) 4 *ad* 8, 168, † 30, † 50, &c. Récapitulation de ces principes, † 307; avantages particuliers & généraux qui doivent en résulter, † 311; histoire analitique de ceux avec lesquels le nôtre a quelques rapports, † 313.
Ozene, ce que c'est, † 91.

P

PACUVIUS, ancien Poëte Latin, † 160.
Paëpp, (*Jean*) † 235.
Pain, quel est le meilleur, 319.
Pancréatique, (humeur) nécessité de sa sécrétion pour le corps & pour l'esprit, 355.
Pantomimes, † 100.
Paracelse, son imagination trop forte, † 354.
Pardies (Ignace Gaston) Jesuite, sur l'ame des betes. Rotenof. p. 157.

Paré, (*Ambroise*) cité sur le pouvoir de la lactation, 276.
Parmenides, † 60.
Pascal, 233; sa jeunesse, † 5; étoit d'une foible santé, † 21; devint Géométre par sa propre réflexion, † 137; sa mémoire, † 212.
Pasquier, ses recherches, † 6.
Passions, leur nature, 132; sentiment de *Descartes*, 133; dépendent autant du corps que de l'ame, 134; en quoi elles differrent des vertus, 135; peuvent être réduites à une seule, 137; il y en a qui rendent les opérations de l'ame plus vives, d'autres qui les rallentissent, † 187; raison de l'alliance des vertus & des passions, † 239; sont essentielles à l'homme. Usage qu'on en doit faire, † 254; avantages que l'esprit peut en retirer, † 255; sans elles on ne peut ni plaire, ni toucher, † 256.
Pathologie de l'ame, † 315, & † 328
Paul, (saint) sur l'amour du prochain, 124; sur les passions, 135.
Paul Eginete, † 321.
Paul Jove, sur *Adrien* VI. † 81.
Pausanias, † 272.
Peinture, d'où elle naît, † 96.
Pensée, ce que c'est, 54.
Perception, 16.
Peres communiquent leurs vices & leurs vertus à leurs enfans, † 31; *voyez* Génération.
Periclès avoit la tête fort grosse, † 25.
Perrault, (*Claude*) célébre Médecin & Architecte, † 96.
Persans, 222; ce qu'ils furent, 238; sous *Sapor*, *Cosroës* & les descendans d'*Hali*, 240.

Perron. (le Card. *du*) sa mémoire, † 23.
Perse, Auteur satyrique, 231.
Petitesse de la taille; si elle peut quelque chose sur l'esprit, † 22.
Petrarque, son observation, † 109.
Petrone recommande la sobriété, 311; étoit un sçavant voluptueux, † 290.
Peur, ses effets, 35.
Phaëton, son histoire, † 105.
Phedre l'Epicurien, 199.
Phidias, Sculpteur, † 96.
Philon l'Académicien, 199.
Philtres, sont des poisons ou des boissons sans effets, † 269; remédes proposés par les Anciens, † 272.
Phlegmatique, nature de ce tempérament, 295; caractere des personnes de ce tempérameut, *ibid.*
Photius, † 272.
Phrisius, (*Laurent*) sur la mémoire, † 223.
Phtisiques, ont beaucoup de pénétration, † 17.
Physique, de quel sens elle naît principalement, † 78.
Pic, (*Jean*) Comte de la Mirandole, sa mémoire, † 211.
Picards, 230.
Pidoux, (*Barthelemi*) son livre sur les maladies de l'ame, † 327; comment il differe de notre Ouvrage, 328.
Pie-mere regardée comme l'organe immédiat des sensations, 21.
Pierres précieuses leur vertu, † 229.
Pindare, † 289.
Pirrhon, † 21; sa misantropie, † 277.
Plantes échauffantes, 320; rafraîchissantes, 321.
Platon a mis le siége de l'ame dans le cœur,

21 ; son opinion sur les idées, 41 ; sur le bonheur, 114 ; étoit mélancholique, 301 ; sur le régime, 307 ; son grand âge, † 6, son embonpoint, † 15 ; sur les grands génies, † 144 ; étoit sobre, † 224 ; dormoit peu, 367.

Pline le Naturaliste, sur la mémoire, 89 ; sur le régime, 307 ; sur la bierre, 336 ; sur les personnes grasses, † 14.

Pline le jeune, son genre d'écrire, 243 ; son desir de s'immortaliser, † 261.

Plotin, † 21.

Plutarque, sur l'éducation, 260 ; sur la mélancholie, 301 ; sur l'embonpoint, 322 ; sur la mémoire, † 209 ; sur la Musique, † 296.

Poësie, son origine, † 107.

Poissons, leurs effets, 324.

Policlete, Sculpteur, † 160.

Politien, (*Ange*) 359.

Polonois, leur caractere, 215.

Polybe, † 297.

Pomponace, (*Pierre*) † 22 ; sur les enchantemens, † 269.

Pope sur l'amour propre, 138 ; son génie, 228 ; comparé avec *Boileau*, 238 ; composoit plus facilement pendant le Printems, 253.

Porc, effets de sa chair sur l'esprit, 321, ses préparations, 322.

Porée, 229 ; sur sa mémoire, † 221.

Portugais, leur caractere, 233.

Possidonius, sur la mélancholie, 301.

Praxagore soutient que les nerfs tirent leur origine du cœur, † 319.

Prevôt, (l'Abbé) son histoire de la Vie de *Ciceron*, 200 & 232 ; son histoire générale des Voyages, 222.

Principe composé des sensations & de la réflexion, appellé mixte. Sa nature, 17; dans l'imagination, 54 & 56; dans le raisonnement, 72; dans le jugement, 85; dans la mémoire, 103; les connoissances mixtes ne sont pas aussi évidentes que les connoissances sensibles, † 60.

Principes de cet Ouvrage; *voyez* Ouvrage.

Printems, son effet sur l'esprit, 248.

Proclus, son opinion sur les idées, 45.

Promenades, d'où vient le plaisir dont elles nous affectent, 364; influent sur l'esprit, † 47.

Properce, 231; sa mort, † 270.

Provençaux, 235.

Prudence, sa définition & sa nature, 117; son méchanisme, 118; dépend autant du corps que de l'ame, 119; est une des vertus les plus propres pour former l'entendement, † 241; maniere Physique de l'acquerir, † 242.

Ptolemée, † 258 & 263.

Publicius, sur la mémoire, † 235.

Pudeur, ce que c'est, 128.

Pureté, ce que c'est, *ibid.*

Pyrrhus, † 263.

Pythagore, son opinion sur les idées, 44, sur le bonheur, 114; sur les légumes, 319.

Q

QUINTILLIEN, sur les esprits prématurés, † 6; regarde les bois comme peu propres à favoriser l'étude, † 114; sur la mémoire, † 209; artificielle, † 234; sur les passions, † 256.

+ Proposition, voiez Sujet.

R

RABELAIS animé par le vin, 335, sa gaieté, † 290.

Rachitiques ont beaucoup de pénétration, † 17.

Racine comparé à *Addisson*, 237; le climat qui lui étoit propre, † 142; enseigné par *Despreaux*, † 145; son caractere, † 162.

Raisonnement, sa définition, ses différences des autres opérations de l'ame, 60; est avant le jugement, *ibid*; dépend autant du corps que de l'ame, 62; sentimens de divers Auteurs sur son méchanisme, *ibid*; notre sentiment, 65; ils sont tous composés, *ibid*; sensibles; leur nature & leur méchanisme, *ibid*; affirmatifs, 66; négatifs, 67; sont tous vrais, 68; réfléchis. Leur nature, 69; leur méchanisme, 70; leur certitude, 71; mixtes. Leur nature, méchanisme & certitude, 72; avantages de cette division, 75; examiné seulement comme comparaison des idées, † 168; cette comparaison dépend de l'organisation de nos corps, † 169; ce que c'est que le raisonnement défectueux, *ibid*; du défaut de raisonnement, † 170; raisonnement conforme à la nature des lieux où l'on est, † 174; obstacles Physiques qui l'empêchent, † 176; premiere cause des raisonnemens défectueux, † 180; seconde cause, † 186; souvent nous suivons nos préjugés & nos passions, † 187.

Ramusio, ses collections, 223.

Ravellin, † 235.

Récrémens, ce que c'est, 352; de la bile;

353 ; de l'humeur pancréatique, 355 ; des sucs digestifs, 356 ; de la semence, 358.
Réflexion, sa définition, 16 ; unie avec les sens, 17 ; dans les sensations, 33 ; dans les idées simples, 54 ; dans les idées composées, 56 ; dans le raisonnement, 69 ; dans le jugement, 84 ; dans la mémoire, 101 ; les connoissances réfléchies ne sont pas aussi évidentes que les sensibles, † 60.
Régime de vivre, son pouvoir sur l'esprit, 304 ; sentiment d'*Hippocrate*, 306 ; de *Socrate*, de *Platon*, &c. 307 ; ce qu'il comprend, *ibid* ; *voyez* Alimens, Exercice, &c.
Regles, ou tribut lunaire, ce qu'elles peuvent sur les fonctions animales, 365.
Regnault, (le P.) sur la vûe, 30.
Relâchement des fibres comme cause prochaine de l'altération du sentiment, 67 ; ses causes, † 68 ; ceux dans lesquels il se rencontre, *ibid* ; comment on doit y remédier lorsqu'il vient des mauvaises digestions, † 69 ; lorsqu'il vient de la trop grande quantité de sérosité, † 70 ; lorsqu'il vient du défaut de ressort, *ibid*.
Reminiscence, *voyez* Mémoire.
Remore, poisson, † 271.
Repos du corps, sa puissance sur l'esprit, 350 ; repos de l'esprit, *ibid*.
Ressouvenir, *voyez* Mémoire.
Reyes, sur le pouvoir de la lactation, 276.
Richard, Duc de Normandie, 229.
Riviere, sur la mémoire, † 227.
Robert, Duc de Normandie, 229.
Rochester, (le Comte de) comparé avec *Horace*, 238.
Rodogune, tragédie de Corneille, p. 148.

Rollin, ſur l'éducation, 269.
Romains, leur haine contre les Carthaginois, † 278.
Rondelet rapporte un exemple de mémoire perdue par un coup, 88.
Roſcius, ſa gageure contre *Ciceron*, † 100.
Roſcomon comparé avec *Euripide*, 238.
Roſes blanches & roſes rouges, factions d'Angleterre, † 280.
Rufus, ſur la mélancholie, 301.
Ruyſch, anat. 10.

S

SABLIERE, (Madame de la) 305.
Sainte-Marthe, (Scévole) ſur la lactation, 276.
Saiſons, leur pouvoir ſur l'eſprit, 247; effets du Printems, 248; de l'Eté, 249; de l'Automne, 251; de l'Hyver, 252; comparés avec les climats, 253; attention qu'il faut faire aux ſaiſons relativement à la nature de ſes travaux 255 & 35.
Salomon † 263.
Saluſte, 231.
Samſon, † 263.
Sanctorius, ſur la quantité des alimens, 314; ſur la tranſpiration, 363.
Sanguin, nature de ce tempérament, 292; caractere des perſonnes de ce tempérament, 293.
Sannazar, 231.
Santé, ſon pouvoir ſur l'eſprit, † 12; prix de la ſanté, ſes eſpeces, *ibid*; liberté des fonctions animales, † 14; robuſte quelquefois peu avantageuſe pour l'eſprit, † 16; foible ſouvent avantageuſe, † 17.

Santeuil, sur le pouvoir de la génération sur l'esprit, 185 ; animé par le vin, † 147 ; comparé à *Horace*, † 148.
Sapho, 205, sa passion la rend éloquente, † 265.
Satyrion, † 272.
Saül, sa fureur appaisée par la musique, † 296.
Savoyards, 235.
Scaliger, (*Jules*) † 23 & 272.
Scaron, sa gaieté, † 290.
Sceaux, (les jardins de) † 175.
Scipion, sa fermeté, † 161.
Sclarée conseillée pour fortifier la mémoire, † 228.
Scopa, † 231.
Sculpture, d'où elle naît, † 96.
Scævola, Jurisconsulte, 199.
Schoneick, (*Chrétien de*) † 5.
+ Sciences, leur division & leur degré de certitude, 73.
Scudery, (Mademoiselle) 205.
Sec, tempérament, sa nature, 288 ; caractere des personnes de ce tempérament, 289.
Seche, poisson, † 271.
Seelen, (*de*) † 5.
Sel, ses effets, 325.
Selemnus, fleuve, † 273.
Semence, ses propriétés, 130 ; ses bons & mauvais effets pour l'esprit, 358 ; *voyez* Continence.
Seneque, † 20 ; sa patrie, † 142 ; sa mémoire, 211 ; sa sobriété, † 224.
Sennert, sur la mémoire, † 227.
Sens, fournissent à l'ame des idées simples, claires & distinctes, 16 & 52 ; unis à la réflexion, 17 ; méchanisme général par lequel ils agissent, 27 ; donnent des idées composées,

+ Scriblerus (Martinus) son histoire : (Satire de Pope sur les pedans) [illegible] † p. 335.

composées, 55 ; dans les raisonnemens, 65 ; dans les jugemens, 81 ; dans la mémoire, 98 ; fournissent les connoissances les plus évidentes, † 58 ; état des sens le plus propre pour avoir des idées conformes à la nature des objets, † 64 ; anatomie des sens, † 76 ; de ceux qui reçoivent immédiatement l'impression des objets, † 77 ; de ceux qui ne la reçoivent que médiatement, † 93 ; sont causes des distractions, † 111.

Sensations, définition, 18 ; le nombre en est infini, on le réduit à cinq, ce qui n'est pas exact, 19 ; elles se réduisent au tact, *ibid* ; pie-mere regardée comme l'organe immédiat, 21 ; attribuées à la vibratilité des nerfs, 22 ; expliquées par l'Ecriture-Sainte, 24 ; trois choses à considerer, 27 ; directes, 28 ; comment communiquées au cerveau, 29 ; sont vraies, 31 ; réfléchies, 33 ; douleur dans un membre coupé, 34 ; moins certaines que les directes, 36 ; il n'y en a pas de fausses, 37 & 40 ; mixtes, 38 ; sont douteuses, 39 ; en général elles sont toutes agreables ou désagreables, 40 ; leur différence des autres opérations animales, 41 ; leur connexion avec toutes les facultés de l'ame, † 58 ; toutes les connoissances sensibles sont évidentes, 59 ; ce principe n'est pas incompatible avec ceux de la morale, † 62 ; altérées par le relâchement des fibres, † 67 ; par leur roideur, † 71 ; du toucher, † 77 ; du goût, † 81 ; de l'odorat, † 87 ; de la vûe, † 94, de l'ouie, † 103 ; sont causes de nos distractions, † 111.

Sentiment, définition, 18 ; pourquoi les

corps des animaux en ont tandis que les végétaux & les mineraux n'en ont pas, 116; ses effets, † 65; diminué & aboli, † 66; altéré par le relâchement des fibres, † 67; par leur trop grande tension, † 71; son état de perfection relatif à l'homme, † 73; quelquefois moins parfait que celui des bêtes, *ibid*; mais souvent seroit pernicieux, *ibid*.

Sexe, sa puissance sur l'esprit, 197; contrariétés dans le caractere des hommes & sa prééminence sur celui de femmes, *ibid*; avantages du génie particulier des femmes sur celui des hommes, 198, cette différence vient de la conformation primordiale, 200; on peut approcher de ce caractere distinctif par des voies purement Physiques, 202; différencie les esprits, † 33.

Shakespeare, 228.

Simonide inventeur de la mémoire artificielle, † 231 & 232.

Sobriété, sa nature, 126; est nécessaire pour l'esprit, 309; exempte des maladies & dispose à avoir de l'esprit, † 249.

Socrate, son opinion sur les idées, 44; sur le bonheur, 114; étoit mélancholique, 301; sur le régime, 307; sa sobriété, 314; sur l'exercice, 346; sur les gens de bien † 19; étoit malfait, † 21.

Sommeil, son pouvoir sur les fonctions vitales & animales, 366; de sa durée, 367; d'*Epimenide*, 368; relatif à l'esprit, † 45; à la mémoire, † 226.

Somniferes nuisibles à la mémoire, † 227.

Sopater, Poëte, 320

Sophocle, son grand âge, † 73 loué par *Ciceron*, † 161.

Sodomie (invective contre la) p. 129.

Solanum (ses effets) p. 125.

Soranus, † 321.
Spagenberg, † 235.
Spasme, ses effets, † 196; *voyez* Tension.
Spectacles influent sur l'esprit, † 47.
Spinosa, sur les idées, 66.
Sponde, Ann. Eccl. † 270.
Stenon, anat. du cerveau, 64.
Strabon, † 273.
Suc nerveux, *voyez* Esprits animaux.
Sucs digestifs, nécessité de leur sécrétion pour le corps & pour l'esprit, 356.
Suédois, leur caractere, 215.
Suetone, sur l'Empereur *Claude*, † 225.
Sujet d'une proposition, ce que c'est, 80.
Sulpitius, excellent Orateur, † 161.
Suze, (la Comtesse *de la*) 205.
Swift, conte du tonneau, 44.
Sydenham, son observation sur l'épuisement des esprits, † 125.
Syllogisme, ses propriétés, 82; ses regles principales, *à* 81 *ad* 84.
Sylvius, 64.
Sylvius Antoniano, † 5.
Sympathie, ce que c'est, 148; système plaisant par lequel on prétendoit l'expliquer, *ibid*; son méchanisme, 150.

T

TABAC, ce qu'il opere sur la membrane pituitaire, † 92; comment il réveille les idées, 151.
Tacite, 231; son style concis, † 108; sur *Petrone*, † 290.
Tact, connoissances qu'il nous donne, † 77; les Mathématiques, la Physique, † 78; est l'organe du plaisir & de la douleur, & donne les premieres idées de la

morale, † 79; ses vices. Remedes, † 80.
Tartares, leur caractere, 217; sont distingués en Precops, Nogais, ibid; Circasses & Kalmoucks, 218.
Tasse, 231; devint fou, † 145.
Tempéramens, celui des femmes n'est pas plus chaud que celui des hommes, 201; leur puissance sur l'esprit, 279; sentiment des Anciens sur leur nature, 280; sont infinis, 281; constitution tempérée rejettée, *ibid*; sont réduits à huit classes, 282; recherches sur leur principe, *ibid*; ridiculité de l'Astrologie, 283; opinion des Chymistes, *ibid*; notre doctrine, 284; simples, 286; chaud, *ibid*; sec, 288. froid, 290, humide, 291, composés 292, sanguin, 293, phlegmatique, 295; bilieux, 296, mélancholique, 299; quels sont les plus avantageux pour l'esprit, † 39; quel genre d'occupation est le plus propre ponr chacun, † 40.
Tempérance, définition & division, 126; ce qu'on doit considerer en elle, † 249; son pouvoir sur l'esprit, † 250; *voyez* Sobriété, continence.
Tension trop grande des fibres altere le sentiment, † 71; causes de cette trop grande tension, *ibid*; remédes contre ces causes, † 72; *voyez* fibres, spasme.
Terence, sur l'inconstance des choses, † 301.
Tête doit être bien conformée, † 23; pourquoi on la frotte en travaillant, † 150.
Thamas-Kouli-Kham releve le courage des Perses, 240.
Thé, ses effets sur le corps & sur l'esprit, 342.

Themistocle, sa mémoire, † 211; son amour pour la gloire, 260.

Theodore de Beze, sa mémoire, † 221.

Theologie, dans quelle classe de science doit être rangée, 73.

Theophraste, son grand âge, † 7.

Thomas d'Aquin, (saint) avoit la tête fort grosse, † 25.

Thucidide, décrit une peste qui ôtoit la mémoire, 89.

Thuilleries, (le jardin des) † 175.

Timidité déprave l'esprit, † 245.

Timon le Misantrope, † 277.

Tiraqueau, † 269.

Tite-Live, sur les Affriquains, 223; grand Historien, 231.

Ton de voix influe sur l'esprit, † 47.

Toucher, *voyez* Tact.

Tournefort, ce qui lui arriva dans la grotte d'*Antiparos*, 245.

Transpiration des peuples du Nord, 213; des peuples du Midi, 224; ce qui doit en résulter pour l'esprit, 263; examinée par *Sanctorius*, *ibid*; est arrêtée par la haine, † 277; alimens qui la facilitent, disposent à la joie, † 291.

Tristesse, sa nature, 160; sentiment de *Descartes*, 161; son méchanisme, *ibid*; ses effets généraux, † 285; rend plus attentif que la joie, † 299; il y en a deux sortes, 300; dans quel tems la tristesse rend ingénieux, † 302; comment elle rend ingénieux, † 303; exemples, † 304; son carrctere propre, † 306.

Tschirnaus, sa maniere de travailler, 254; sur l'exercice, 346; sa conduite cité pour exemple, † 177; son livre de la Médecine de l'esprit & du corps, † 331;

comment il differe de notre Ouvrage ; *ibid.*

Turenne, † 245.

V

*V*AIRE, (*Leonard*) sur les philtres, † 272.

Valois, sur le sexe, 204.

Valverde, (*Jean de*) son livre sur la maniere de conserver la santé de l'ame & du corps, † 321 ; sur l'éducation, *ibid.*

Vanbrugh, au-dessous de *Moliere*, 237.

Vanhelmont, place l'ame dans le *cardia* ou orifice superieur de l'estomac, 79 ; son *Archeus*, 148 ; sur le pouvoir de la lactation, 276 ; son imagination trop forte, † 154.

Vanier, (le P.) Jésuite, † 113.

Vapeurs, 34 & 365.

Varron, sur les Philosophes, 43 ; son grand âge, † 7.

Vaucauson, habile Méchanicien, 172.

Vavveick, (*Gerard*) sa tête prodigieuse, † 24.

Veau, effets de sa chair sur les fonctions animales, 323.

Vega, (*Christophe de*) rapporte qu'un Franciscain perdit la mémoire pour une fiévre aigue, 89.

Veille, sa nature, 368 ; son pouvoir sur les fonctions animales, 369 ; à l'égard de la mémoire, † 226.

Verdries, (*Jo. Melchior*) son ouvrage sur l'équilibre de l'esprit & du corps, † 334.

Verin, (*Michel*) 359.

Vérité, origine de l'amour que les hommes ont pour elle, † 283.

Veronneau, (*Paul*) son imagination trop forte, † 154.

Vers techniques, † 234.

Versailles, ses jardins, † 175.

Vertot, 229.

Vertu, on n'a pas encore bien déterminé jusqu'à présent ce que c'étoit, 111; sa définition, 113; a le même principe générique que les passions, 115; raison de l'alliance des vertus & des passions, † 239; il est en notre pouvoir d'être vertueux, † 240; que l'homme vertueux est nécessairement spirituel, *ibid.*

Vesale, anat. 10.

Vieillesse, état de l'esprit pendant cet âge, † 4; tardive, † 5.

Vieussens, anat. 10.

Villedieu, (Madame *de*) 205.

Vin, ses qualités, 333; ses effets sur le corps & sur l'esprit, 334; cause l'entousiasme, † 148; dispose à la joie, † 292; il en faut user sobrement, † 293; il ne convient pas à toutes personnes. Ce qu'elles doivent faire alors, † 294.

Virgile, 231; a plus de graces que *Milton*, 238; sa sobriété, 315; sur la continence, † 252.

Virgile, (*Polidore*) † 281.

Vitruve, † 96.

Vlierdenus, (*Daniel*) Lettre sur ce que le Médecin doit remédier aux vices de l'ame, † 320.

Vlysse, † 22.

Voiture, † 23.

Volaille, ses effets sur les fonctions animales, 324.

Volonté, autre faculté de l'ame, 109; dépend également des corps, 110; est le sujet des vertus & des passions, 111; sa définion, 113; considerée en elle-même ne fournit pas de grandes ressources à l'esprit, † 237 ; mais considerée comme sujet des vertus & des passions, sa puissance est bien plus étendue, *ibid.*

Voltaire, la beauté de son expression, † 162.

Urine, sa nature, 362 ; nécessité de son excrétion, *ibid.*

Usage de ses connoissances, 266.

Vue, ses avantages, † 94 ; elle donne naissance à la Peinture, à la Sculpture, à l'Architecture, à l'Optique, &c. † 96 ; à l'Astronomie, † 97 ; à l'Ecriture, à l'Imprimerie, à la Gravure, aux Pantomimes, † 98 ; elle donne quelques idées de politique, *ibid* ; ses vices. Remédes, † 101.

W

WALLER, 238.

VVheler, (*George*) Voyage de Dalmatie, † 273.

VVicherley, au-dessous de *Moliere*, 237.

VVillis, nature des esprits animaux, 11 ; sur le méchanisme des fonctions animales, 63 ; sur la mémoire, 92, & † 227.

VVinslovv, 10 & 64.

VVirdig, (*Sébastien*) sa Médecine des esprits, † 329 ; examen de ce livre, *ibid.*

X

XENOPHON, sur le régime de vivre, 307 ; sur *Cyrus*, † 221.

Y

YANGUIS, leur pratique singuliere, † 149.

Yorck, (la Maison d') † 280.

Yvresse,

Yvresse, ses effets sur l'esprit, 335.

Z

ZARA, (*Antoine*) sur les climats, 230; sur le régime, 307; sur le choix de l'eau, 330; sur l'omogéneité des ames, 7; sur le raisonnement, 63; son livre sur l'anatomie des esprits, † 323; causes naturelles, humaines & divines qui différencient les esprits, *ibid.*

Zenon, sur le bonheur, 114; ses atômes, † 184; s'animoit quelquefois par le vin, † 292.

Zeuxis, Peintre, † 160.

Zoïle, † 115.

Fin de la Table des Matieres.

Fautes à corriger.

Page	ligne		*lisez*
Page 5,	*ligne* 3,	embrassé,	*lisez* embrassée
15,	25,	fait,	faites.
28,	31,	*ôtez* que,	
111,	28,	*Ruos*,	*Quos.*
124,	16,	les,	ces
144,	25,	détails,	détail.
153,	25,	*amo*,	*amo te.*
163,	18,	qu'e'lle,	qu'elle
233,	26,	polteronerie,	poltronerie.
266,	30,	surfaces,	grandeurs.
311,	18,	tempérence,	tempérance.
354,	12,	diminuant,	en diminuant.
358,	4,	d'un,	d'une
ibid.,	30,	*cap.* 1.	*cap.* 2.
† 58,	10,	veillesse,	vieillesse.
† 84,	2,	la,	à la
† 105,	11,	dans,	de
† 108,	3,	vouloir,	de vouloir
† 139,	3,	embrasse,	embrase
† 151,	7,	paroître,	s'éteindre
† 190,	30,	énoncés,	énoncées.
† 334,	*not.* 1,	*Verdies*,	*Verdries.*

Montaigne L.2. ch.12. To.2.
p. 164. de l'Edit. du Damas 4°.

Les animaux ont choix comme nous en leurs amours, et font quelque triage de leurs femelles. Ils ne sont pas exempts de nos jalousies, et d'envies extremes et irreconciliables. Les cupiditez sont ou naturelles et necessaires, comme le boire et le manger; ou naturelles et non necessaires, comme l'accointance des femelles; ou elles ne sont ni naturelles ni necessaires: de cette derniere sorte sont quasi toutes celles des hommes: elles sont toutes superflues et artificielles: Car c'est merveille combien peu il faut à nature pour se contenter, combien peu elle nous a laissé à desirer: les apprests de nos cuisines ne touchent pas son ordonnance. Les Stoïciens disent qu'un homme auroit dequoi se substanter d'une olive par jour. La delicatesse de nos vins n'est pas de sa façon, ni la recharge que nous adjoustons aux appetits amoureux: . . neque illa Magno prognatum deposcit consule cunnum. (Horat. lib. 1. s. 2. v. 69. 70.)

Valetudo sustentatur notitia sui corporis, et observatione quae res aut prodesse soleant aut obesse: et continentia in victu omni, atque cultu, corporis tuendi causa; et praetermittendis voluptatibus; postremo arte eorum, quorum ad scientiam haec pertinent. Cicero, de Offi: L. 2. C. 24.

— — Venienti occurrite morbo.
Pers. 6. 2.

Orandum est, ut sit mens sana in corpore sano.
Juvenal.

www.ingramcontent.com/pod-product-compliance
Ingram Content Group UK Ltd.
Pitfield, Milton Keynes, MK11 3LW, UK
UKHW020320200726
13857UKWH00001B/235

9 782012 803695